严安生 著
陈言 译

灵台无计逃神矢

近代中国人留日精神史

生活·讀書·新知 三联书店

NIHON RYUGAKU SEISHIN SHI
by Yan Ansheng
©1991 by Yan Ansheng
Fisrt published 1991 by Iwanami Shoten, Publishers, Tokyo.
This simplified Chinese edition published 2018
by SDX Joint Publishing Co., Ltd., Beijing
by arrangement with the proprietor c/o Iwanami Shoten, Publishers, Tokyo
Simplified Chinese Copyright © 2018 by SDX Joint Publishing Company.
All Rights Reserved.

本作品简体中文版权由生活・读书・新知三联书店所有。
未经许可，不得翻印。

图书在版编目（CIP）数据

灵台无计逃神矢：近代中国人留日精神史／严安生著；陈言译．—北京：生活・读书・新知三联书店，2018.1
ISBN 978 - 7 - 108 - 06068 - 6

Ⅰ.①灵… Ⅱ.①严… ②陈… Ⅲ.①留学生－学生生活－研究－日本 Ⅳ.① G649.313

中国版本图书馆 CIP 数据核字（2017）第 195467 号

责任编辑	叶　彤	
装帧设计	蔡立国	
责任印制	徐　方	
出版发行	生活・讀書・新知 三联书店	
	（北京市东城区美术馆东街 22 号 100010）	
网　　址	www.sdxjpc.com	
图　　字	01-2017-8375	
经　　销	新华书店	
印　　刷	北京隆昌伟业印刷有限公司	
版　　次	2018 年 1 月北京第 1 版	
	2018 年 1 月北京第 1 次印刷	
开　　本	880 毫米×1230 毫米　1/32　印张 12.25	
字　　数	274 千字	
印　　数	0,001－8,000 册	
定　　价	40.00 元	

（印装查询：01064002715；邮购查询：01084010542）

目 录

第一章 留学日本与"中体西用"

风云起处是舞台 ……… 001

出洋一年,胜过读书三年 ……… 005

不要仿效"舍己耘人"的日本 ……… 007

重新确认"忠孝为本" ……… 012

树立"国家之观念" ……… 015

从"姿三四郎"热说起 ……… 019

嘉纳—杨度辩论揭幕 ……… 023

嘉纳也说:不要学日本 ……… 027

"到日本来,然而又是拜么?" ……… 030

从怀疑到警惕 ……… 031

第二章 神山·梁山泊·"文明商贩"
——留学生心中的日本像

不服输的一群人 ……… 035

"文明的母国"对"积极进取的母国"……… 042

梁山泊与松阴塾 ……… 048

"至东瀛兮，乃以汉魂而吸欧粹"……… 053

"一半是异域，一半是古昔。"……… 057

于异域"振大汉之天声"……… 061

被激励的国民教育理念 ……… 068

连林黛玉都被唤醒的女子留学 ……… 075

"兴学"现场的氛围 ……… 081

"速成法政"与猎官的洪水时代 ……… 091

潮流的变迁 ……… 097

第三章 "人类馆"现象与"游就馆"体验

大阪博览会上的人类馆 ……… 104

"太平之民安从而知"吾心之痛 ……… 110

遭人指戳之后的耻辱烙印 ……… 115

在"文明"与"野蛮"的夹板中 ……… 120

"踯躅于东京之市的拖尾奴才"……… 127

蓄发、断发皆为受难之源 ……… 132

台湾馆里听警报 ……… 138

"人以纪其功，我以铭其耻"的游就馆 ……… 142

附录——代结语 ……… 149

第四章　在日留学生与日俄战争

喜迎对俄开战的中国人 ……… 153

与开战前史相关的日本留学事始 ……… 157

"真正令人羡慕死了"的光景 ……… 163

蔡锷的思考与主张 ……… 167

"军国民"热 ……… 173

得不到回报的声援与期待 ……… 178

当听到"我们为中国而与俄国开战" ……… 184

日俄战争刺激下的士官留学 ……… 188

士官留学的变迁 ……… 192

登上时代舞台的那群人 ……… 197

被拉到列强争夺的场域 ……… 206

第五章　到达日本的前后·软硬两种摩擦

"奋身东渡探神山" ……… 213

浮槎海上 ……… 222

"黄海旧战场" ……… 230

被叩开的海，忧郁的海 ……… 234

登陆长崎之后 ……… 240

抵日第一餐 ……… 245

榻榻米上的安宁与焦灼 ……… 251

入浴摩擦 ……… 257

"自治公约"的表与里 ……… 264

服装上的拘执 ……… 270

第六章　留学生活诸样态

"畸形的学校生活" ……… 280

师生之间 ……… 288

国旗事件与教科书问题 ……… 295

与就学状况相关的公使报告 ……… 303

"留学界的普遍风气"及其暗流 ……… 310

留学界"满汉相克"的图景 ········ 319
留学生管理诸相 ········ 327
讨人嫌的游历官绅 ········ 344
精英的哀欢 ········ 352

后记 ········ 365

译后记 ········ 371

第一章　留学日本与"中体西用"

风云起处是舞台

　　似乎有这样一种定说：甲午战争之后的 1896 年，驻日公使裕庚通过时任日本外务大臣兼文部大臣的西园寺公望，把十三名中国年轻人的教育事务委托给东京高等师范学校的校长嘉纳治五郎，始开近代中国人留日之先河；两年之后，清末开明派名臣、湖广（湖北、湖南）总督张之洞撰写的《劝学篇》，则吹响了中国人大规模留学日本的进军号。①

　　然而众所周知，中国近代留学运动并非始自留日。甲午战争前三十余年，1862 年左右，中国近代留学运动的先驱、最初的推动者容闳（曾因就读教会学校的关系而于 1847 年至 1854 年间到美国留学。这位非政府公派的人物，是近代中国最早的留学生）就开始宣传派遣留学生的意义。然而他为说服清政府高层，竟然耗费了十年时间，直到 1872 年，才说动了当时洋务派的高官曾国藩们，使他们决定正式派遣留学生。历史上有名的

---

① 参考实藤惠秀：《中国人日本留学史》，くろしお出版，1960 年；实藤惠秀：《中国留学生史谈》，第一书房，1981 年；黄福庆：《清末留日学生》，（台湾）"中央研究院"近代史研究所专刊（34），1975 年。

一百二十名学童渡美留学、预定修业期限十五年之事，在当初是个果断大胆的计划。① 它反映了自新大陆归来的容闳的远大胸襟，让人感到了他为改造祖国而培育人才的热切期盼。然而与这种意图相违异的是，赴美留学生的派遣从一开始就被限定在了体制内的近代化事业即所谓"洋务运动"的框架之内。

1856年的"亚罗号事件"引发了第二次鸦片战争。那之后不久的1860年代初期，洋务运动肇兴。部分有买办色彩的满洲贵族和以镇压太平天国运动而起家的地方实权派人物曾国藩、李鸿章们是这场运动的主角。有观点认为，虽然洋务派官僚们常常把西洋的"坚船利炮"挂在嘴边，但直到遭到了英法联军的进攻，国人才痛切地感受到这一点。不过这都是二十年前经历了鸦片战争后就理应明白的事儿。相比较之下，第二次鸦片战争更具有本质意义的重要事实在于：曾国藩、李鸿章们在被太平天国运动吓得魂不附体的同时，却更是被那些在1860年与太平军决战中起关键作用的雇佣军折服了。那些由英国人、法国人和美国人组成的雇佣军勇猛善战，意志力顽强。曾国藩、李鸿章们亲眼目睹了"洋枪队"的战斗力，认识并且尝到了"坚船利炮"的厉害，以及跟它所象征的西洋侵略势力相勾结的甜头。正是由此而掀起的洋务运动，在容忍了英法等国势力侵略的同时，也获得了后者的技术指导，创办了一两家造船厂和兵工厂，训练了一些自己的水师和陆军。要言之，这一切不过是强化了统治体制。而为这种极为狭隘的功利目的展开的教育和留学活动，最后则被限定为"方言"与"武备"这两端。前者就是外语教育，培养与英、法交涉所需的人才；后者则是培养

---

① 容闳：《西学东渐记》，"走向世界丛书"，长沙：岳麓书社，1984年。

建设新式陆海军所需的士官、航驾技术人才以及造船和制造武器的技术人才。最初的留学欧美者尤集中于后者。就在派遣上述一百二十名留学生之际,曾国藩等亲自制定"规程",要求这些学童完成预备教育之后进入"军政船政两院"学习技术。接下来,李鸿章们对于1875、1876这两年派遣的首批赴法国、德国和英国的留学生,更是从起初就规定只准学习兵船的驾驶与跟造船相关的技能。① 也就是说,只要求他们成为战争的工具。违抗此命令而稍露骄狂不逊的赴美国的留学生被中止留学;温顺驯服的赴欧洲留学生则被当作道具使唤。在黄海海战中,洋务派引以为傲的北洋舰队遭到全歼;那一大批坚守在舰船上的留学英法的士官们,则作为洋务运动路线的牺牲品而葬身鱼腹。

1894年甲午战争的惨败,不仅宣告了李鸿章们洋务运动路线的终结,也成为迎接激荡的中国近代史后半段的转捩点。

"吾国四千余年大梦之唤醒,实自甲午战败割台湾偿二百兆以后始也。我皇上赫然发愤,排群议,冒疑难,以实行变法自强之策,实自失胶州、旅顺、大连湾、威海卫以后始也。"这是梁启超记戊戌政变时开头劈首的两句警语。②

如今说来,正是此次对日战败与签订割让台湾等地的《马关条约》,揭开了中日黑暗时代的序幕。诚如梁启超当时所言,唤醒了整个士大夫阶层的意识,为日本留学运动的勃兴准备好

---

① 舒新城:《近代中国留学史》,上海:中华书局,1926年,参考第三章"欧洲留学之始",第14—21页。

② 陈青之:《中国教育史》,上海:商务印书馆,1936年,第570页。

了舞台的,恰恰也就是这场战争及惨败。

那时整个的时代氛围容后再谈,我们首先会发现《马关条约》缔结后引发的所谓三国干涉还辽的影响十分有趣。事件本身不仅让日本恼恨不已,而随后俄、德、法和英国以三国干涉还辽有功为借口掀起的瓜分在华"势力范围"的狂潮,更使得日本朝野的大陆帮加深了危机感:如此下去岂不是断送了三年前其价值就已经被削掉一半的"头等股票"?西欧列强相与瓜分,东洋新兴强国日本进出大陆的余地岂不会越来越小?如此这般,在瓜分达到最高潮的1898年11月,东海彼岸的东亚同文会(近卫笃麿任会长)应势成立,发出了再也不能坐视"西人蚕食",不能"隔岸观火"的呼叫。于是该会出台了《纲领》,第一条即提出"保全支那",并且为此将目标瞄准"像张之洞那样"的北京以外的实权派,要对其进行游说,让他们忘记"战败的仇恨",力陈"列强的阴谋",灌输推动"亚洲的门罗主义"和"日清同盟"等理念,并且据此展开了整套拉拢中国的"组合拳"。① 而热烈欢迎中国人赴日留学就是其中的重要一环。总之,日本方面积极地提供了留学运动的舞台。

而最初在这个舞台上亮相的,一方是革命派的孙文,另一方则是君主立宪派的康有为、梁启超们。这只能说是历史的机缘巧合。他们皆因在中国国内变法或革命失败而亡命日本,各自在日本重整旗鼓,正好有像等着新的后备军即留学生到来一般的阵势。这样,可以说已经为上演波澜壮阔的历史连台好戏搭建起了无可挑剔的舞台。

那么,留学生们又是如何登上这个舞台的呢?

---

① 阿部洋编:《日中关系与文化摩擦》,岩南堂书店,1982年。

第一章 留学日本与"中体西用"

出洋一年，胜过读书三年

意想不到的战败与屈辱的媾和，把睡狮从"四千余年大梦"中唤醒了。要是败给英、法等欧美列强倒也罢了，这次却败在"区区三岛"（那个时代中国的文人社会仍然认为日本是"东瀛三岛"，并且普遍以此代称）的手下，中国受到的冲击就格外强烈。忧国之士切齿扼腕，同时又不得不直面现实，去思考究竟是怎么回事。人们发出了自己酣睡不醒的时候，"小国"日本"何兴之暴也"（《劝学篇》）的疑问；而"变法自强"的口号，一时间也无人无处不在高喊。以北京、上海、长沙为中心传播的变法自强思想，在包括一部分后期洋务派官僚在内的全国知识人中间流播弥散，前所未有的新风气喧腾开来。与洋务派曾经提出的自家受用、具有欺骗性的"自强求富"不同，这才是大多数人最关注的问题所在，这是一种"只有像明治日本那样进行变法始能自强"的思想，它的认知始终以变法为中心。

其间形成了如下图式：非变法不足以图强，非兴学不足以变法，非游学不足以兴学（且提及游历尤优于游学）。① 这种图式虽然过于单纯，但在那样的时代也只能如此。就如前面梁启超所言，自1895年之后的四年，是中国近代史上最为紧张、兴奋，充满各种可能性的一个时期，即便从留学史的角度看，虽然起初尚显得混沌不清，但那确实也是为留学运动的展开而不断地积蓄起充盈的、用之不竭的能量的一个时代。

---

① 陈青之：《中国教育史》，上海：商务印书馆，1936年，第623—624页。

通过变法、兴学和游学，气运不断上扬的是维新派知识人与后期洋务派官僚。然而对这种现象进行总结提炼、使其纲领化并且广为普及、产生极大影响的，是位高权重的张之洞的《劝学篇》以及与之相关的上奏文和章程规定之类。

张氏谓：

> 学堂固宜速设矣，然非多设不足济用。欲多设有二难：经费巨，一也；教员少，二也。求师之难，尤甚于筹费。（略）是则唯有赴外国游学之一法。①

提出此主张的张之洞进一步极而言之：出洋一年，胜于读西书五年；入外国学堂一年，胜于入中国学堂三年。②这里出现了一个问题：于张之洞而言，兴学是被视为"新政"的一环来提倡的，故他力主游学之必要，但是对关键的兴学与变法的关系以及兴学的方针，他却含糊地几乎只字未提。

要变法，首先和必须要做的，就是兴新学、培育人才，当时中国的很多人对此局势已然是洞若观火。特别是那些致力于变法维新的下层知识阶级，他们无位无禄，尤为痛切地感受到启用新人的必要。1898年的维新变法推动光绪皇帝首先断然实行的，就是对维新派人物的拔擢和任用。对此，张之洞不可能不明白。毋宁说，或许正因为很明白，他才从自己高官的立场出发规避了它。现代人所说的"人事问题"，在任何时代都很复杂缠绕，特别是在改革时期，更会成为尖锐争执的焦点。是反

---

① 张之洞：《变法自强第一疏》，载陈青之《中国教育史》，上海：商务印书馆，1936年，第623页。
② 张之洞：《劝学篇·外篇》，收入张之洞《劝学篇》，湖北书院，1898年。

对改革还是赞成改革,以及在多大程度上赞成改革,立场与态度不同,人才培养与任用的标准即兴学的方针也自会不同。对于维新派而言,这是关涉改革事业成败的问题;然而对于保守派而言,那有可能是影响统治体制和社会结构的重大问题。因而游弋在两者之间的新派权臣张之洞,一遇到这样的关节点也就不免犹疑拖沓起来。以上说的是政治的一面。

相较之下,这里想从留学运动的角度来关注一下问题的思想文化方面。张之洞在兴学方针上表现得犹疑拖沓,从另一个层面来说,是因为与中国受到的是远比日本等更为突然的"外发的"波涛冲击——冲击之下,是"中学"(中国的学问)还是"西学"(西洋的学问)、是"体"还是"用",这一崭新而又古老的问题也被陡然放大,呈现在国人面前——这一重大事态有关。因此在叙述留学运动的思潮之前,想试对高潮底部的思潮与时人的观念进行一番探讨。

不要仿效"舍己耘人"的日本

与情势认知和政治主张等不同,只要涉及不同民族的文化传统或者价值观念,就往往不能轻易地遵循政治逻辑去判断。那时,全国上下都大致明白了:危机迫近,不得不变法;变法,不得不兴新学。然而既然要兴新学,迄至那时具有极大局限性的形而下的模仿已经行不通了,不得不全盘吸收西洋的文化。这样一来,照例地,中华思想就要抬头。中华民族是素以悠久的历史和灿烂的文化为傲的,更不用说那些知识精英们了,这些人可不会那么轻易地就折服了,他们甚至由衷地感到痛苦。

用当时的话来说,那就是"舍己耘人"(根据《孟子·尽心篇下》中的"人病舍其田而耘人之田")。而从这种夹板中历经两难得出来的结论,就是"中学为体,西学为用"。似乎也可把它与"和魂汉才"和"和魂洋才"加以类比,然而至少在与"和魂汉才"比较时,可以说二者发生的时期与情境不同,并且表现的姿态和价值判断也迥异。

《劝学篇》中这样写道:

> 今欲强中国,存中学,则不得不讲西学。然不先以中学固其根柢,端其识趣,……其祸更烈于不通西学者矣。①

也就是说,"存中学"乃目的,"讲西学"则为手段,"中学为内学,西学为外学;中学治身心,西学应世事"。其论述之稳健与周详委实富有中华思想之特色,故无须过多解释。

有趣的是,刚开始讨论"中体西用"时,正是把日本引为"舍己耘人"的坏典型和警世的反面教材的。此前的1896年8月,孙家鼐②在关于开设京师大学堂的"议复摺"中,明确提出"中体西用"路线,这与两年后张之洞的思路不谋而合,但他那番首举日本作"反面教员"的恳切陈词却显得有力得多。附

---

① 张之洞:《劝学篇》"内篇"之"循序第七"。——译注。原作此注为张之洞《劝学篇》"外篇"。
② 孙家鼐(1827—1909),字燮臣,号蛰生、容卿、澹静老人,安徽寿州(今寿县)人。清咸丰九年状元,与翁同龢同为光绪帝师。历任工部侍郎,署工部、礼部、户部、吏部、刑部尚书。1898年7月3日以吏部尚书、协办大学士受命为京师大学堂(今北京大学)首任管理学务大臣,1900年后任文渊阁大学士、学务大臣等。卒后谥号为"文正"。

带说一下，因其地位与分管职责，孙家鼐对同年3月新任驻日公使裕庚已经带领最早的十三名留学生东渡日本之事应该是清楚的。尽管如此，他仍然这样说道：

> 中国五千年来，圣神相继，政教昌明，绝不能如日本之舍己耘人，尽弃其学而学西法。今中国京师创立大学堂，自应以中学为主，西学为辅，中学为体，西学为用。中学有未备者，以西学辅之；中学其失传者，以西学还之。以中学包罗西学，不能以西学凌驾中学。此是立学宗旨。①

发出此番言论是在甲午战争之后的两年。或许他是想表现出抗衡冲击不动摇的姿态吧？而两年过后，就到了《劝学篇》的时代。此时面临的已然不是设不设京师大学堂的问题了，取而代之的是"唯有赴外国游学之一法"，并且"至游学之国，西洋不如东洋"，即号召的恰恰是留学日本！时隔两年，"防线"就这样轻易地被突破了。以一直沉滞不前的中国历史来看，此变化又何其速也！

但是作为其根底的"中体西用"思想并未如此简单地发生改变。尽管确定了以仿效日本为方向，然而在留学日本的过程中，如何践行"中体西用"呢？

进入日本学校学习，这原本意义上的留学，1896年的十三名学生无疑是第一批，但实际上在此之前的1890年6月，就已经派遣过一次预定要留学的学生了。跟后来正式的第一批留学

---

① 《皇朝道咸同光奏议卷·七变法类》。

生一样，那次被选中的段芝贵、李凤年等七人跟随着当时刚上任的驻日公使东渡日本。带他们去日本主要是为了培养翻译，这反映出当时的"方言与武备"的路线。起初本来是打算让他们进入日本（仅由公使指定的）学校学习的，然而到了之后情况突变。据说公使判断"中学"尚未牢固掌握的学生如果进了日本的学校，有可能沾染自由放任之恶习，忧虑及此，遂推翻前议，临时急就地在公使馆内建了个"无菌状态"的"东文学堂"，在强化思想统制的情况下授以规定之课程。① 和以前赴美留学的第二期学生一样，他们的长衫也好，辫子也好，礼拜孔子也好，在当地美国人的眼里简直仍是不可思议地谨遵中学之体的。但他们某些人似已有违背中国传统的做派，一举手一投足动辄惹怒学监，终至学监上奏，让所有留学生中途废学，遣送其回国。两者都出自同样的心理，与后来张之洞所言之"其祸更烈于不通西学矣"一脉相通。

与"东文学堂"的情形相比，将1896年派遣的十三名留学生委托给日本人则是前进了一步。然而就其实质来看，直至1902年的初期，留学生派遣依然带着浓厚的"方言与武备"色彩。1899年，当时兼任留学管理工作的总理衙门出台的方针规定"游学学科"仅限于农、工等"实学"。即从总体上看，仍以洋务运动的一贯路线为主导，由中央政府和地方官署派遣的留学生也以学习武备和警务的为多。在1902年的新年会上，二百七十四名留学生中士官生占据大半，而且会场又选在了九

---

① 李凤年：《日本留学追忆录》，载《中国留日同学会季刊》（北京）第三号，1943年3月15日。

段坂下的偕行社,整体氛围自然就可想而知了。①

即便如此,清朝统治者中的极端保守派由于对留学这件事本身深恶痛绝,仍整日里忧心忡忡,对外国文化对向来的传统所产生的影响和冲击心怀警惧,其中1902年时的驻日公使蔡钧极为典型。蔡钧1902年夏上演的镇压留学生事件(后述)在早期留学史上很有名。从前一年开始他就不断向国内各主要派遣地(湖北、江苏、广东等)的督抚吁请停派留学生,并且向北京政府密告留学生和政敌的相关情况。不论是在留学生中间还是在日本舆论中他都深负恶名。1902年4月的《万朝报》披露了蔡钧致北京外务部的密信,密信中除了有站在慈禧太后一派的立场上,监视亡命中的梁启超等人的动向,谴责日本庇护并且利用梁氏等人的内容之外,还警告说,日本欲通过留学生"将其文明输入中国"。他的指责本身没有错,问题在于其陈述之要点所在。他说,留学生来到日本,即迅速"借合群之义,而自由之说日盛;醉民主之风,而革命之议愈肆",结果不就是"学业未成,而根本已失,宗旨一变,则心术全乖"吗?为防控此种情形之蔓延,他吁请永远停派留学生。他还进而罗列日本文明"堕落"之状,称:"日邦民德久衰,风俗淫乱,政府腐败,天皇拥虚名于上","日本之号称维新者有名无实",以此极力证明留学日本之虚妄,他同时断言日本引诱留学生乃因"彼方穷

---

① 《行人失辞》,载《新民丛报》第五号,1902年4月8日。另:偕行社,是在日本帝国陆军创建不久的1877年2月15日,作为日本陆军将官集会和社交的俱乐部或者是迎宾馆创立的,主要举办陆军军人的英灵奉赞以及战争、事变、事件牺牲者的救济活动。作为财团法人,它刊行的《偕行社记事》用于登载陆军将官和准士官等会员的亲睦信息及学术研究和论文成果。其运营靠作为会员的陆军将官的会费支持。"二战"后,偕行社一度解散,后于1952年重建,位于九段下的靖国神社内。

乏已极，常冀我派学生，借其膏火，聊助学校经费"。不用说，此番披露引起当时日本舆论界一片哗然①。不过话说回来，对引进西学和展开留学运动如此惊恐不安，顽固派的这副表情是多么生动传神！

重新确认"忠孝为本"

1902年以前，被称作留学生的"少数优质时代"②——人数少，归得拢，一部分人也确实始终静心问学，而且等待这批最早的留学生归来的，是新政实施和留学生录用考试。这批留学生中出头者很多，这也显示出了他们的"优质"。然而或许是由于他们与统治当局的派遣路线贴合得过于紧密，越是"优质"一族，日后成为革命家的就越少。相形之下，称呼中就透露出一种粗糙感，事实上也是目的各异、饱受玉石混杂非议的那个"多数速成时代"，则也是在留学大潮中冲破旧框架、迎来新局面的时代。由此，整个留学界的面貌豁然一变，而大为有趣了。

首先是统治阶层倡导的"中体西用"自身起了变化。如以前所见的那样，从中华中心思想直接衍生出来的"中体西用"仅仅停留在口号的反复上，实际的指导上要么始终偏重于充满惰性的武备，要么像蔡钧那样采取僵硬无知的姿态。然而与此

---

① 参考《行人失辞》，载《新民丛报》第五号，1902年4月8日。
② 实藤惠秀：《中国人日本留学史》，くろしお出版，1960年，《中国留学生史谈》，第一书房，1981年。

同时，包括慈禧太后等保守派在内的统治阶层在"庚子之乱"①中遭受了未曾有过的重创，从那以后不得不实行"新政"。而若从政法等制度层面来谈的话，何为"体"何为"用"，更越来越难以清晰地画出一条界线。不是模仿轮舵的操纵或枪炮的射击，此番学习的内容和与对象关涉的形态都不同了。过去学习，就像跟一堆铁块打交道一样，内容是固定的，形式是被限定的，如今这已经变得不再可能，学习的内容和对象与人和社会的关系越来越紧密，并且因时而变，变革性的和扩散性的学问成了学习的对象，留学者自然就容易沾染"自由之说、民主之风"——像蔡钧那样忧虑重重的人非常多。据 1902 年夏在中国进行教育视察的嘉纳治五郎说，清廷高官忧心忡忡地抓住他就问："听说在贵国学习法制、经济的留学生中提倡自由民权者甚多，该如何是好？"②而且往后大批留学生都是要去学习这个所谓法制、经济的东西的，想再用过去虚张声势的口号与死板的应对策略去抵御这股潮流，已经根本不可能了。因而，即使是为了思想统制，也要求就作为"体"的"中学"的根本精神到底是什么、它与"西学"应该是怎样的关系等问题做出新的意义界定。

很快就有了答案。1903 年刚刚设立的管学大臣所拟定的学堂章程中，明确规定"以忠孝为本""以忠孝为敷教之本"。③

同样在 1903 年，新任驻日公使杨枢在从赴任地发往朝廷的报告中说，"中国与日本地属同洲，政体民情相似"，并且把"忠

---

① 1900 年爆发的"庚子之乱"，指的是义和团事件和八国联军攻陷北京，西太后和光绪皇帝弃都逃往西安之事。
② 嘉纳治五郎：《支那教育问题》，《新民丛报》第二十三、二十四号。
③ 《奏定学堂章程》（1904 年颁布）。

君爱国""尊崇孔孟"的日本推为同洲、同宗的样本①。

杨枢其人，与蒙昧无知的前任不同，他非常清楚对清朝统治者来说何为最大利益。新政势在必行，然而"法美等国皆以共和民主为政体，中国断不能仿效"，日本以君主立宪为政体，并且"虽取法于英德等国，然于中国先圣之道仍遵守而弗坠。是以国本不摇，有利无弊"。杨枢于是认为，既然国体的同质性和政体的无害性已经得以证明，那就没事儿了。所有法国、美国、英国、德国等西洋诸物但凡经过日本消化掌握的，体、用均无须担心，就安心地向日本学习吧。

如果此时忆起日本留学之初"绝不仿效舍己耘人的日本"的言论，应有恍如隔世之感。哪一个是发自真心？哪一个是故作高论？因为旧弊积重，清朝高官多无节操，时局世道充满伪饰谎言，人们自然首先会起疑；然而仅靠质疑又是难以把握时代真相的。因与接下来论述的问题相关联，故有必要在这里将视点侧移，看看日本每个历史时段的情形。可以认为，孙家鼐所视为反面教材的，主要是黄遵宪等初到明治日本的人所传播过来的，是明治二十年代之前欧化思潮和自由民权运动之下的日本；而杨枢所褒奖的，是他亲眼确认了的明治二十二三年以后国粹主义精神抬头的日本。不用说，后者对于清朝统治者来说非常合适，能够感到踏实放心。1900年以降陆续赴日考察的清朝高官们也都极力称赞日本"近年尤重德育"，"最为重视人伦道德"。②

---

① 《出使日本大臣杨枢请仿效日本设法政速成科学折》（光绪三十年十二月初四日）（1905年1月9日），载《清光绪朝中日交涉史料》第六十八卷。
② 《出使日本大臣杨枢请仿效日本设法政速成科学折》，载《清光绪朝中日交涉史料》第六十八卷。

杨枢还在其他场合回答了国内一部分人的疑念:《军人敕谕》和《教育敕语》颁布之后的日本陆军教育"系以忠君爱国顺服长官为宗旨",并无侈言自由与反对政府之弊,请不断派送士官生来吧!他像对自己的事儿一样拍胸脯、打包票。① 这种热烈的语气,甚至让人感觉到了一种在学习西洋问题上,找到了同时保存国粹、护持国体的同志与模范的喜悦,以及某种连带感。

树立"国家之观念"

对"忠孝"这种教育宗旨和"中学"精髓的重新确认,当然不仅是教育问题,还是清政府要在实施包括教育在内的新政之际彰显国体的问题,这已如前述。但是它不可能阻挡"庚子之乱"之后"反满革命"的人心倾向,更何况它对于站在时代前沿的留学生来说不会有任何效果。应该说是来到了东洋新天地的中国学生们在这里又遭遇了不可思议的现象:他们所仰赖的日本老师们,虽然用词不同,竟然同样规劝自己要"忠孝",有些时候甚至比在国内听腻了的那些空喊更加露骨地规劝他们要忠顺于满洲贵族的大清王朝!这是学生们始料未及的。

这是指 1902 年这一年内,中国的留学当事者与日本教育者之间发生的两次有关教育的辩论。

如前所述,那一年开始出现的速成留学潮使得赴日本留学进入一个新的阶段。这个阶段的一个特征,就是对教育的关心

---

① 《出使日本大臣杨枢具陈兼管学务情形折》(光绪二十九年十二月初四日)(1904 年 1 月 20 日),载《清光绪朝中日交涉史料》第六十八卷。

在迅速而切实地增长着——年初新年会上聚集的二百七十余名留学生中还只有六名师范生；到了夏季之后，师范留学生则迅速增加到足以引发两次教育论争的程度。同时，教育考察者也频繁来到日本。

第一次论争，中国方面的辩论者不是留学生，而是教育考察官，辩论的热烈程度不及第二次，也没有第二次的火药味浓，就此而言，可以说是序幕性的。但是，以辩论者的身份、地位论，这场辩论是不该被忽视的。

这里所说的教育考察官，是清末硕学吴汝纶，他是堪称统治清朝文坛的桐城派古文的末代传人的大儒，同时他又理解新学，是被《天演论》译者、将进化论等西洋新思想输入近代中国的先驱严复崇仰为"平生第一知己"的人物①。1902年，新设的管学大臣张百熙恳请吴汝纶出任京师大学堂总教习时，吴提出的条件就是先赴日考察教育制度，由是而有此行。由于吴汝纶本来在日本就有名，此次赴日的目的又备受瞩目，富山县的《北陆政论》甚至将吴汝纶考察的意义与维新初期的岩仓使节团相提并论②，故而吴汝纶所到之处无不受到热烈欢迎和最高规格的接待，"请看一下这个""这个请务必参考"之类的建议不绝于耳。相关的报道和论述后来编成了一册《东游日报译编》。例如当年7月3日《二六新报》的头版评论在题为《与吴汝纶

---

① 王栻:《严复传》，上海：上海人民出版社，1976年，第94页。该书还记有，严复认为他既湛旧学，又乐闻新知，"平生风义兼师友，天下英雄惟使君"（严复挽吴汝纶联）。因此严复每一书翻译脱稿，都要请吴汝纶参加意见。严复说他"老眼无花，一读即窥深处，盖不独斧落徵引，受裨益于文字间也，故书成必求其读，读已必求其序"。吴汝纶去世后，严复感觉到"伯牙死而钟期绝弦，自今以往，世复有能序吾书者乎？"

② 《东游日报译编》，华北译书局，1903年。

氏论清国教育之最要点》一文中提出了如下主张：

> 我邦维新之时，一方当开发之气运，一方极意兴起国家之观念，民心统一，王权扩张，一方致力开发进步，又于他方专务统一国民，以故得俨然现出进步之日本国家与国民也。（中略）先生若望贵国之大开明，学问艺术虽非不至要，而此区区者宁可置为后图，先致力养成国家之观念而可也。

诸如此类的话，吴汝纶在抵达日本之后曾反复听到；而且，"国家观念"的忠告本身，一部分留学生后来也逐渐理解了其近代性意义，它未必等同于旧有的"忠"的概念。问题是，如此这般的说教，不仅总是让人感觉到如后所述的某种政治姿态或政治意图，而且又往往原封不动地被与"忠君爱国"之意绑在一起，或宣传"尊儒"，又都归结到应该"臣服满清朝廷"之说。那么吴汝纶对这些意见做出了怎样的反应呢？

教育振兴初期的紧张与热情，都反映在了吴汝纶停留日本期间投入学习的劲头上。他不顾在当时已算相当年迈的六十三岁的高龄，每天都花费大量时间去参观，去听特别演讲，和别人交换意见，与文人交游，如此的"考察"持续长达五个月。他对日本教育之发达与国势之隆盛深为感佩，同时也陷入了深切的苦恼。从他当时的发言"永久护持满洲之力，全在国民的忠君爱国之精神"【《日本》(报纸名——译注),1902年7月15日】中，也可以看出他受日方宣传的影响之深。尽管如此，作为中国教育界的代表和孔孟之徒，他对于作为日方说教中的批判对象的"今日中国无忠孝"之说，终于无认可之理了。在上述的

报纸《日本》刊载的谈话中,吴接下来这么说道:

> 人言贵国主忠,敝国主孝。仆谓非也。忠孝自是一理,岂有忠而不孝者哉。人又谓甲午之役,吾国败逃之卒,不顾国家,以此为吾国民无忠爱之证。此亦未是。凡败而奔逃,亦是古今之常事,能死节者,自是烈士,此岂能多得者哉!吾以为此皆不足为据。(中略)唯讲究新学,则尚未通,故欲求法贵国。(中略)敝国虽分廿余史,究竟周孔之遗泽,历久常新,此岂非易施教之国哉?恨近来教法未尽善耳!窃谓敝国圣贤之遗泽,亦他国所无,此亦我国独立千载之原因也。若教之忠爱,当亦不难,只问贵邦如何教法,能使之信从耳。

吴汝纶几乎是不厌重复地对问题作了限定、规避或置换。是出于个人的局限性,还是有什么大面上不得不强装如此的因由?总之,以这样的姿态,与接待方的心思打算相碰撞,就会越说越说不到一块儿去。尽管他豪情万丈,却无法真正地认识和把握日本。他发出了"虽然进行种种调查,无一得到满意的结果,余虽为获此好结果而日夜孜孜……却越调查越有如坠五里雾中之感"(《东京朝日新闻》,1902年8月25日)的慨叹,黯然归国。吴归国后不久,在临就任总教习之前离开了人世。他是在老家寂寞离世的。是疲惫所致?还是接二连三的冲击打垮了他?于此不禁使人觉得,他正是在面对生命最后阶段突然展现在眼前而又未得其要领的新教育的梦景前,仍为这个梦而拼尽全力的最初的牺牲者。

关于那个"国家的观念云云",笔者认为可否暂称它为"东亚同文会思潮"？1898年11月成立的东亚同文会，于一年半之后的1900年5月创办了其首项事业南京同文书院。对于开设计划中原定与日本并行的对中国学生的教育，会长近卫笃麿异常重视，为此还给本国内各府县的知事写信。在其《近卫书简》中，他明确强调："支那部的学生主修日语，以向其注入科学思想，唤起他们的国家观念。"①这与两年后对吴汝纶的宣传旨趣一致，从这一点可以窥见当时日本舆论之一斑。顺便说一下，东亚同文会的成立也好，其事业规划也好，从另一个角度讲，也是他们从湖广总督张之洞、两江总督刘坤一等"南清"实力派（第四章将详述日参谋本部军官的游说以及在从法国归国途中的近卫亲访汉口、南京之事）那里取得了"日清同盟"的承诺而相互合作的产物。所以说无论是"支那保全"的目标还是"唤起国家观念"的教育，在某种意义上也不妨称作近卫—张刘同盟的路线。

这样的路线，其目的不会是保存中国，而是改造中国，面临的也不是"唤起国家观念"的问题，而首先以"反满革命"意识为宗旨的年轻热血的那群人，注定要发起激烈的反抗。于是，就有了嘉纳治五郎与留学生杨度之间关于"支那教育问题"的大论争。

从"姿三四郎"热说起

向日本人介绍教育家嘉纳治五郎，岂非班门弄斧？但我是想披露一个关于他的大概连日本人都难以相信的事实。那就是，

---

① 阿部洋编：《日中关系与文化摩擦》，岩南堂书店，1982年。

嘉纳治五郎这个人的形象，比起在他的母国日本，在中国更广为人知，而且为一般的中国民众所知晓和感到亲近。

我指的并不是九十年前。当然，那个时代嘉纳在中国留学生中也最负盛名，仅是在他手下直接接受过预备教育的中国留学生就多达七千余人①。他的名字与"三育"说等又通过留学生传布给了中国国内的教育界和广大的知识青年阶层，甚至对十几年后在内陆的洞庭湖畔读书的青年毛泽东们产生了影响②。不过大概谁也想不到，时隔八十年，在20世纪80年代的中国，嘉纳先生竟然以其生前都难以匹敌的穿透力进入了亿万中国人的家庭，受到他们的喜爱。

从1981年春开始，历时一年，从上海到北京到内地——如同昔日留学生带回日本文化的路径一样——中国全国都播放了电视连续剧《姿三四郎》(日本电视台1970年制作)。播放之时，人气异常火爆，有个开玩笑似的传言，说是只要播放这个节目，当晚街上的流氓阿飞们也全都会围坐在电视机前，因此公安人员落得高兴心安。笔者对于社会风气也是颇有赶风、观察的兴致的。我曾入迷地盯视过人们忙着赶路回家的急匆匆的脚步，也曾在北京最高级的酒店前遭遇过"的哥总蒸发"，打不到一辆出租车，还得不断哄慰我陪伴的日本友人的狼狈。但于我而言，不仅不会为此生气，反而认为这些无一不是欣然可喜的光景。经历了近一个世代的封闭和逼仄之后，长久蓄积在中国大众内心的能量与欲望，带着憧憬与梦想，进溢到了新时代的开放了的世界的街头。尽管人们的愿望还很朴素，也依然到处是尘土

---

① 实藤惠秀：《中国人日本留学史》，くろしお出版，1960年，《中国留学生史谈》，第一书房，1981年。
② 竹内实监修：《毛泽东集(1)》，《体育之研究》，北望社，1972年。

飞扬、臭汗盈身、热气蒸腾的氛围，但是且看，中国不是也终于迎来了大众社会的时代了吗？每想及此，我甚至会眼圈发热。而这种热情迸发的一个表现，也是作为它的催化剂而出现的，就是《姿三四郎》热。无论如何，开放政策之前尚属罕见的人情剧，并且采取连续剧的形式，对人们来说很是新鲜（尽管说中国早就有俗文学传统），它吊着大家的胃口，让大家沉浸在欢乐的周末时光中——以这种形式登场的节目，不但使得此前只是宣传工具的电视一跃而成为娱乐的途径，而且还点燃了大众的热情。

电视剧中除了由美男子竹胁无我饰演的英俊帅气的姿三四郎之外，矢野先生扮演的嘉纳治五郎的形象也给中国观众留下了深刻印象。他那高尚自尊，沉着刚毅，形同东洋的知性和道德的化身的样子里，找不出一丝中国人心目中的日本武士飞扬跋扈、性情暴躁、死板的影子，显得那么蔼然儒雅。他能有这么好的形象，演员的演技固然占有很大的成分，但看来恐怕是从小说的原始创作阶段就作了有意识的美化了。看电视剧的时候，我还没能找到福田常雄的原作《姿三四郎》（1942年刊行）来读，不过仅就战争结束二十多年后拍的电视剧来看，我就有这种感觉：洋鬼子是反面角色，最大的靶子是鹿鸣馆①，在把谷

---

① 鹿鸣馆，建成于1883年，位于日本东京都千代田区内幸町，是明治时代日本为接见欧美国宾和外交官而建成的社交场所，也供改革西化后的达官贵人们聚会风雅。这里不但开日本人穿西服、跳交谊舞的先河，还成了日本社交界的启蒙之地，洋楼本身也成为日本建筑史上的一道风景。在明治政府文明开化方针的指引下，鹿鸣馆成了日本近代欧化主义的象征。

干城①——就连经常出入鹿鸣馆的伊藤首相在他面前也畏畏缩缩的——尊为时代的守护神的同时,嘉纳则被塑造成了弘扬国粹的巨星,这不能不让人感到原作创作时"歼灭鬼畜美英"之类口号充斥于耳的"圣战"的时代气氛。

然而,带着上述背景色彩,这部电视剧竟然被进入了新的开放时代的中国毫不犹豫地请进来,却也多少让人感到怪异。最早发言的一些评论家们的刻意推崇,夸大了矢野先生的民族自尊心,牵强附会地把它跟对外开放以来部分国人崇洋媚外的风气扯在一起,透出一副"看见没有"的语气,这就有点儿令人无以言说了。如果想多介绍嘉纳治五郎这个人物,可以把他在留学生教育上的功绩和对草创期的中国近代教育的影响广为介绍嘛。你如果想把故事讲得有趣一点,则不妨把电视剧场面稍作扩展,让中国的年轻人也登一下场,那将会如何?嘉纳不仅教授中国年轻人现代知识,还把他们收为自己柔道的门生,在弘文学院设立了"讲道馆牛込分场"。在"牛込分场·明治三十六年六月十日"项下登记了三十一个人,青年周树人也名列其中。②我们伟大的革命文豪鲁迅、年轻的清国留学生周树人君也在同一个老师指导下,在同样氛围的道场中拽呀抱呀,同

---

① 谷干城(1837—1911),明治时期的军人、政治家。通称守部,号隈山。土佐藩出身。在戊辰战争中率领土佐兵征战,维新后任征士,参与藩政改革,积极参与西乡从道指挥的侵略台湾战役和西南战争,挫败西乡隆盛的进攻。后历任东都监军部长、日本陆军士官学校校长等职务,授陆军中将衔。第一次伊藤博文内阁时任农商大臣,因反对井上馨外务大臣的修改条约和欧化方针而辞职。后采取国粹主义、农本主义立场,与藩阀政治对抗,任贵族院议员期间,从休养民力的立场上反对日俄战争。

② 参考薛绥之主编:《鲁迅生平史料汇编》第2辑,天津:天津人民出版社,1982年,第275页。

样被摔倒，或者干脆就在现场跟姿三四郎那样的前辈讨教、求技并挨过摔打的吧。如此等等，仅仅想象一下，都觉得很有趣的。在嘉纳的时代，日本老师和中国学生之间交往的姿态，处处让我感动，感到如同发生在身边那样亲近。

但是，前述那些评论家们，恰恰是把早在八十年前就被一名留学生留意到并且进行了反驳的嘉纳落后的一面，自说自话地加以突出和夸赞，让人痛感闭国的可怕，真正体会到文化交流（不是装门面或搞噱头，不抱先入之见或牵强附会，以谦虚实在的相互的文化研究为基础的）之必要。

嘉纳—杨度辩论揭幕

从1896年开始接收中国留学生的嘉纳在1902年1月开设了弘文学院。就在弘文学院最需要生源的时候，湖南、浙江、四川等省恰好于同年春天开始向它输送师范生[1]。始于4月的湖南省第一届官费生速成师范班里，还有非公费生杨度。

杨度（1874—1931）是辛亥革命后为袁世凯鼓吹复辟帝制的头号有名人物。他一生命运多舛：留学初期（1902年、1903—1907年这两个时段）他是个热烈的爱国者，才华出众，沉稳从容，在中国留日学生中颇具声望，第二次留学期间被推选为留学生会馆的干事。而另一方面，两段留日期间，他缓和了初期对日本的抗拒感，为日本式的维新道路所吸引，转向立

---

[1] 黄福庆：《清末留日学生》，（台湾）"中央研究院近代史研究所"专刊（34），1975年。

宪君主派，从而与常常交换政见的孙中山（孙文）约定"殊途同归"（从不同的道路归向救国这个同一目标），而又分道扬镳。经过了迂回曲折的道路，到了晚年，他觉悟到只有共产党才能救国家，于是又秘密加入了共产党，以此遂其人生初志。即使如此，此事也是直至其殁世四十五年之后，因为周恩来的遗言而为世人所知，这才洗刷掉了他自洪宪帝制以来的污名。[1]

且说就在学生们结束六个月的学习之前的10月21日，嘉纳院长把他们召集起来，做了有关中国教育的演讲。那年夏天刚从中国考察归来的嘉纳，对中国新式教育的热情逐渐高涨，即便是对那些前来参观弘文学院和高等师范学校以及高师附属学校的考察者们，他也亲自担当向导和解说，非常热心学生教育。那日对首届速成师范毕业生的演讲，与其说是送别致辞，不如说是学业总结。嘉纳是非常认真的，他从教育总论和"德育、智育、体育"的"三育论"讲起，讲到"适宜贵国（中国）的方法"，全面展示了在其日后主张中也一以贯之的嘉纳特色的中国教育观。

嘉纳的演讲本身很长，并且一次演讲变成了四次辩论，仅仅是演讲及辩论的笔记就在《新民丛报》（梁启超主编，刊于横滨）1902年的第二十三和第二十四号两期上先后用了四十页才刊完，可见这场辩论之热烈与持久。这里仅集中于"和平主义"与"服从主义"两大焦点，部分复原一下他们当初的争论[2]。

> 予游贵国，与政府诸公及各督抚论事，虽其中亦有

---

[1] 何汉文、杜迈之编著：《杨度传》，湖南人民出版社，1979年，"出版说明"第1页。
[2] 《支那教育问题》，《新民丛报》第二十三号（1902年12月30日）、二十四号（1903年1月13日）。

明达者，然无不以老成持重为主，实皆守旧主义也。民间志士则多进步主义，然欲锐进而无权力，为上所忌。此贵国最不幸之事，而有心人不可不思善处此者也。

问题把握的精准与单刀直入的语气，显示出他到底是在现场感受到了新气象，同时，也传达了不安的气氛。嘉纳担心的是发生冲突。他苦口劝告"诸君"，即便是为将来的立身出世计，也还是采取和平主义为好。

必对其长官如子弟之于父兄，无少怠慢，诚心相与，使其感动，以求信用，徐图大展其才。

说此番话的嘉纳，此时在其头脑里浮现的，或许是两年前唐才常①发动起义时四散的早期留学生的面容，也或许是因为回忆起了那年夏天他访问中国时频频向他打听留学生动向的那一张张高官的脸，从而为学生们的前途而忧虑吧。不过，他的心情即便能够理解，也太单纯了。而且简单地强调立身出世，为此还拿出卖了戊戌维新的袁世凯作为范例，从这一论一例就看出嘉纳见识的局限了。他不懂得对于当时的中国志士来讲的志气与抱负为何物。争论由此展开。

杨：先生虑守旧、进步两主义之相冲突，而欲令锐进者以诚心感老成，求其事之能济。然于执迷私利私欲

---

① 唐才常（1867—1900），字黻丞、佛尘，湖南浏阳人。1898 年戊戌维新中殉难的谭嗣同的战友，后亡命日本，1900 年归国后意欲重新发起维新运动，组织起义，不少留学生参战，后被捕牺牲。

之敝国之官吏，欲以诚心感之，而无心可感，则处此将如之何？

嘉纳：今日北京政府之权力，尚能尽遏自费游学之途，不宜过激，以自阻塞。虽然腐败之人而有权力，足以阻遏新机，此本以去之为宜，若有其机，固亦甚善。唯去之不宜以公众之名，致招群敌，但宜于其一身之声名恶劣，如贪贿赂等事去之，则无不可也。

杨：既如此，则避众敌而攻一身，非自道理上言之，而自权力上言之也。然官吏之不惜声名敢于为恶者，必倚一大有权力之人为之保护，以有恃而不恐；而保护之者，又必有权力极大之一人，为之保护而托命焉。是虽揭其一身之短，彼犹将笑其不量力而日加恣肆矣。如此则诚心既不能感之，权力又不能去之，而犹欲与之共事，以图相济，则如之何？

嘉纳：此论愈益精微，实为贵国一大问题，非一时所能尽言。贵国此时实不可以复乱，乱则外人乘之，瓜分之事必矣。

嘉纳的担心是真诚的，但东亚同文会对情势认识之于他的影响也不容否认。另一方面，稍后一两年，那时汇集在东京、横滨一带的梁启超等君主立宪派和孙文的"同盟会"之间的对抗渐趋紧张之时，前者也正是以一旦发生革命势必引发内乱、瓜分的说法，来牵制革命派的。[①] 这很像是清末最有代表性的反

---

① 丁守和主编：《辛亥革命时期期刊介绍》第1集，北京：人民文学出版社，1982年，参考"清议报"一节，第3—4页。

对革命的论点，当时的杨度看到了"庚子之乱"之后各国由瓜分主义变而为"门户开放"的间接统治主义。此外，他还在笔记中多处记有：日本人一个劲儿地叫嚷反对欧美列强分割，实则内心里有同样的企图，只不过表面上为了掩盖实力的不足而不得不谋划牵制的策略。所以他以一种我们已然心知肚明的从容态度，为骚动主义辩护，堂堂正正地回敬了"干涉不可避免"论。

> 此但问其能进步否耳，如今之势何可骚动！若能进步，则有国民矣，则外人干预亦无妨碍，反而建立永久和平之基础。据近代欧洲各国历史而观之，其革命独立之际，何一为从容自治而无外力之摧压者？
> 相反，即如今日之中国者，政府官吏亦持和平主义，遂其苟安怀禄之私，以任国事之日坏，外人亦何日而不干与之！不唯干与之，且利用此傀儡以夺我国民之权利焉。

与其在屈辱的和平中走向死亡，不如赌上一把，以骚动求进步，即便赌输也没啥大不了，男儿的夙愿就是如此。这并非杨度一个人的豪言壮语，而是在众多留学生的文章和书信中随处可见的当时爱国者们共通的悲壮的紧张感。

嘉纳也说：不要学日本

处在焦虑中的清末知识青年们祈望改革和进步，他们的心情，无法强求不是中国人的嘉纳先生领会和理解。

然而事情并没有那么简单。即使是在当时的日本人中间，嘉纳也处在保守意识形态的立场上。他推崇和平主义，固然也有前述的政治性判断，但它的根底是一种渐进主义的历史观，而且他是发乎虔诚地推崇和平主义的，并且反复提醒弟子们：

> 且一国之进步，不可有枉错迂折虚费时日之处。论者多谓敝国之能有进步者，由于有欧化主义骚动之一级。予则谓无此一级，以枉错迂折虚费时日，则今日之进步犹当不止于此。前车之鉴，未为甚远，贵国岂宜复蹈其辙乎？

这一席话，其苦口婆心之状栩栩如生，而杨度的回答就更精彩有趣了。

> （与法国大革命之后的近代欧洲）一样，数千年之日本不闻以和平进步，必待近三十年来倾幕之兵，立宪之党，一大骚动，而后骤进于文明。是则骚动者所以促文明之进步，而非所以阻文明之进步者也。盖不如此，不足以鼓起全国之民气，使之破除痼习，发扬蹈厉，以言论思想之自由，而其程度得一进千里之势也。……如其骚动，固亦未可以责国民。且若以此而促文明，则并不得尽谓之为流弊，即谓之为大利，亦无不可也。贵国以人民之骚动而得立宪之诏，于是骚动顿止，岂非往事之可征者乎？

这样热烈的口吻，真让人分不出哪个是中国人，哪个是日本人了。出现这种立场逆转的情形可以说是因为在急剧变动的年代里人们超越了民族和国家的界线，以倾向性和主义连带在了一起。杨度对欧化与"骚动"的日本大加赞美，让人联想到明治时代的大文豪森鸥外在与其德籍恩师的"纳乌曼论争"中站到了正方，下了德国才代表了"对最纯粹意义上的自由与美的认识"这一论断，转而力挺欧洲文化的有名的例子。① 不过，杨的主张则完全是拥护中国革命的正当性的。

要说连带现象的话，在另一面（可悲的是）我们的嘉纳先生则从主张和平主义，进到劝说中国人采取服从主义。他说："贵国之国体，支那人种臣服于满洲人种之下而立国者也。臣服既久，名分既定，岂可复有外之之心？……故支那人种之教育，必以服从满洲人种为其要义。"他声称这是在种族竞争的世界里黄种人相互提携这个大义名分下的要义。但是，如果说这些就是面向中国人所宣传的"国家的观念"与"忠"的内容的话，那么除了一小撮作为统治阶级成员的满洲贵族，留学生中大概没有谁能够忍受这种屈辱和露骨的统治。杨度以其机敏锐利的逻辑，鲜明地指出这种在保全黄种人的大义名分之下的"服从说"，不过是让汉民族永远甘于奴隶地位，完全是从清朝统治者及其主人西方列强的角度考虑的。而此时的嘉纳毫不犹豫地引用英国人的"满洲支那两人种优劣比较论"，公然宣称"主仆之分，亦由性根所至已有如此区别"，诸如此类，暴露出了种族优劣、民族存亡的喧声不绝于耳的那个时代特有的问题。而这些都直接与留学日本的动机联系在了一起，将在后面的一章论述。总之，在以清末留学生为代表的无数爱国者的心里，这种

---

① 小堀桂一郎：『若き日の森鸥外』，东京大学出版会，1969 年。

负面的力量像阴云一样笼罩着,像石头一样沉沉地压迫着。只要被指戳到这块"软肋",纵使杨度,也只能以形式逻辑回应,而难以铺展出此前那种堂堂然的论争阵势来了。

"到日本来,然而又是拜么?"

不论是和平的渐进主义,还是种族服从主义,总的看来,这一方面有当时日本"对支政策"和东亚同文会的思潮作为大的背景;而另一方面,嘉纳自身的学术思想根底也是陈旧的。他反复主张"德育宜用孔子之道",强调"贵国向尊儒教,教育仍宜以儒教为宗。至于路索(今译作'卢梭'——译注)诸人之学说,不过有此一说而已,未足以为教也"。嘉纳的本意,或许是尊重中国的国粹、为中国考虑也未可知。但正是这番"设身处地",拂逆了中国学生们的情绪,这是嘉纳的悲剧。

> 这是有一天的事情。学监大久保先生集合起大家来,说:因为你们都是孔子之徒,今天到御茶之水的孔庙里去行礼罢!我大吃了一惊。现在还记得那时心里想,正因为绝望于孔夫子和他的之徒,所以到日本来的,然而又是拜么?一时觉得很奇怪。而且发生这样感觉的,我想决不止我一个人。①

---

① 鲁迅:《在现代中国的孔夫子》,《且介亭杂文二集》,北京:人民文学出版社,1993年。

这是鲁迅同样是在弘文学院，同样是在 1902 年（比杨度和嘉纳的辩论稍早）的体验。那时青年周树人所感受到的失望，还鲜活地留在三十三年后文豪鲁迅的笔端。而对于前述那样一直为变革的正当性而争辩的杨度来说，他更加不能不对"要遵从儒教""勿受卢梭之惑"的说教加以反驳了。

> 事之有前因者必有其后果，支那人之服从根性何自而来乎？亦由数千年之学术如此，教育如此。有今日之果，必有昔日之因，如影随形，如响应声，丝毫不容假借也。今欲去此恶根性，非取其可以救此之学说以为教育，必不能于今日布其前因，以求于异日收其后果。故予之意，谓非路索诸儒之学说不能为力，若仍泥旧学而不思变动，则前因如此，后果可知，已往如此，未来可知，名为精神之教育，实以重奴隶之性，其愈于形式之教育无几也。

杨度自己也意识到，对他这种坚持异议绝不稍让的做法，本国同胞或许会责备为失礼。即便如此，他仍然抱持"吾何能已于言！"的态度，在笔记的结尾处披露了挑起这次论战的动机和所感。那就是可用如下的一句话概括的过程——

从怀疑到警惕

这不只是杨度，而是大多数留学生都流露了的不满。不仅在教育现场（参照第五章），即使是在当时的新闻媒体等的报道、社论中也公然宣扬的这种"以代兴教育自任"的姿态,从一开始就令人不快,乃至使人震惊。代行"支那保全",代行教育振兴,还代行服从说教,代行孔子崇拜,这种态度严重地伤害了留学生们的自尊心,也引起了他们的警惕。不用说,这反映出了政治家和大陆浪人进出中国、经营大陆的企图。不过,笔者认为此部留学精神史论述的各章将要考察的另一个主题,即明治日本人对"清国""清国人"的认识和姿态实为问题之所在。他们对古文献里的中国有亲近感,但是对近世以来逐渐衰落、在危殆状态中拼命挣扎的中国则缺乏理解。再就是那种——部分信奉膨胀的日本帝国国策的人是在有意显示,部分人则掩在亲近感之下流露出来的——傲慢自大、自以为高明的态度。尤其是当中国人从接受其教育、受到其照顾的心怀好意的日本人那里因而也更加日常化地感受到后一种态度时,事情就更糟了。对于自尊心很强的、敏感的中国知识人而言,这比起赤裸裸的侮辱更加令人烦躁而难以忍受。因此,他们强烈地感到:这种态度正是留学生最终无法与日本和日本人亲近的一大障碍、一道鸿沟。

日本以"代兴教育"者自居,会不会是拿它作为"外交上的材料"呢?杨度进一步向那种自居高明的背后投去了怀疑的目光,并且向嘉纳先生坦率地表达了自己的疑惑。据他说,当地报纸已在提醒教育当局说,本来日中关系就很微妙,现在日本又主动"代兴教育",则如若传授了真正的教育精神,是否会与满洲政府的主义有所扞格,给外交惹上麻烦?杨度听到这番论调,当然就会起疑并且推论:照此说法,是否还另有"真正的教育精神"在,而灌输给我们的那些观念啦、宗旨啦、要义啦,等等,会不会全都是日本在看清政府的脸色行事而专门传授的呢？

疑念没有到此停止。杨度接着又问：即便老师们诚心诚意地向我们传授的就是日本的教育精神，那又怎样？

> 以予思之，各国国民之程度不同，则精神亦不能易地而善。予观贵国教育之精神，亦经屡变，锁港以前之时代，国民之静守性亦甚深固；及得见泰西之文化，而举国风靡，群趋于欧化主义，自由民权之说弥漫于社会，其后乃归于国粹保存主义。此亦由人群之感情，由渐进化所必经之阶级，而无可逃避者也。今敝国之言教育方自此始，若遗其中间过渡转关之一级，而以贵国今日之主义行之，则不唯有躐等之患，且以顽固之国民而加以保守之教育，必将益缚其进步。故予意以贵国前日之教育精神，施于敝国之今日，其程度乃为适合也。

这一节是杨度对老师最后的回击。这种杨度自身焦躁不安，也让人焦躁不安的彻底咬住对方不肯罢休的情景，彰显出日中师徒之间从一开始就存在的严峻的紧张关系，看了叫人难以平静。

那就让我们听听紧张的心灵相互碰撞而激发出的，也是这次论争最后总结的如下激越的警世之音吧：

> 吾国之言教育，方自兹始。而群以取法日本为捷易之法，日本亦以代兴教育自任。（中略）吾国言教育者虽多，而不致为"奴隶教育"者有几何人？来日本学教育者几遍各省，其不致因"嘉纳君"所言仍以"奴隶教育"

归而教其国民者几何人？

论战落幕之后。新年后的1903年3月初的某日。在杨度的故里湖南湘江，一条船溯源而上，里面坐着第二届官费留学生杨昌济（怀中）等人。杨昌济后来成了毛泽东的老师和岳父，那时他已过而立之年。杨昌济在船上与同行的友人或练习语言，或研究文字的异同，有些兴奋。同行的朱德裳在其日记中记录了他们这种预备学习的情形："阅《支那教育问题》，此杨度与嘉纳问答之词，至为透辟，怀中先生推许甚至。"[①] 刊载论争全貌的《新民丛报》最快也是头一年年末才在横滨印出来的，而翌年3月前就到了从中国内地出来的知识分子手里，并在感叹声中被广为传阅。想象到这般情景，仅此一点，就感觉好像那个时代的氛围扑面而来，令人感慨不已。

那么，那些抱着与杨度相同的疑问，却仍然争先恐后地奔赴日本的留学生，他们的内心到底在想些什么呢？

---

① 朱德裳：《癸卯日记》，载《湖南历史资料》编辑室编《湖南历史资料》第一辑，1979年，第213页。

第二章　神山・梁山泊・"文明商贩"

——留学生心中的日本像

不服输的一群人

> 身轻万里易为客，心有千秋岂学人。暂向扶桑赊日色，后来分作两家春。①

这是上一章末尾处登场的朱德裳所作的《壮别诗》之第一首。那是1903年3月10日作者离开故乡洞庭湖，乘着顺长江东下的日本船"大亨丸"负笈东邻、师从岛国时吟咏的诗。他反复咀嚼体味在内心里涌动的复杂情绪，让人感到他再次坚定了自己的志向。在这第二批湖南省官费留学生出发之前，省府长沙为他们举办了壮行会。席间，刚刚归国、以"支那教育问题"论争而声名大噪的杨度为激励后辈诸君，发表了有关民族存亡危机的热烈演讲。接下来是教育官员讲话，说赠给诸君两句话作为饯行之言，曰："诸君当以学于岛国为耻辱；诸君当崇拜其

---

① 朱德裳:《癸卯日记》,《湖南历史资料》第一辑,1979年,第216页。

学问,不当崇拜其性质。"① 并非因为对方曾是敌国,而是因为它乃一岛国而羞以为师,这听起来就像是官僚假逞威风的套话。但在这一行湖南人中,就有那位后来在大森海岸愤而赴死的热血汉子陈天华。他在日后革命意识高扬时虽曾作了明晰全面的表述,称要"忍辱就学于仇敌之国,学成之后归而救国",但他早先也说过"我大中华岂是僻处片隅的弹丸之地(指的是地图上的日本)可比"②,是抱着与朱德裳的"岂学人"同样的文人之志的。这也是"暂向扶桑赊日色"的姿态。

在近代中国留学运动史上,无论是始自十九世纪末的"留东"(当时称日本为"东洋"),还是一个世代之后的"留法勤工俭学",洞庭湖畔的湖南都是让人兴味无穷的一方原乡。那里不仅仅留学人数众多,英雄辈出,还始终以原来"楚"地特色鲜明的气性壮烈、激情洋溢而声名远播。芥川龙之介在1921年3月到7月间进行了他的中国之旅。自从登陆上海之后,旅途中的他就连连发出肮脏呀、无聊呀的叹息。但就连这位满肚子厌烦的芥川,溯长江而上甫一抵达洞庭湖,笔调便随之陡转,文章也明快起来。

> 除了广东出生的孙逸仙等人,大名鼎鼎的支那革命家——黄兴、蔡锷、宋教仁等,都是湖南出生的。这当然是出自曾国藩、张之洞的感化吧。然而要说明这感化,则还得考虑湖南民众自身死不服输的劲头。③

---

① 朱德裳:《癸卯日记》,《湖南历史资料》第一辑,1979年,第216页。
② 陈天华:《猛回头》,载《陈天华集》,长沙:湖南人民出版社,1958年,第55页。
③ 芥川龙之介:「湖南の扇」,载『芥川龍之介全集』第八卷,东京:岩波书店,1983年。

第二章 神山·梁山泊·"文明商贩"——留学生心中的日本像

芥川如是写了开头后,就改变了此前"○○游记"的体裁,又写起了小说——一部据称是以在一高①住校时代与他和菊池宽同寝室的一位"留学生中的才子"某君导览下所遭遇的"昭示湖南民众富于激情的面目"的小事件为题材的短篇小说《湖南的扇子》。

"由来楚境横天下"(曾国藩的好友郭嵩焘语)。湖南之地,从地图上看,北枕浩浩长江,南隔群山与南国广东毗邻,西接黔蜀,即"群苗所萃"(曾国藩语)的贵州、四川,可说是自汉文化的中心地域向"南蛮""西戎"之地延伸的中间地带,也是近代以来相继从广东登陆的英、法侵略势力或勃兴的洪秀全的太平军北上所经之处。可以说,从这一地域性以及它所衍生的文化史和政治史的特征中,孕育出了蛮勇、较理、或固执或进取皆全身心投入的战斗性这样一种无愧其"横天下"地位的恢宏气势。

近代以来,姑且不论曾国藩的历史功罪,他提倡并建立的"经世之学"的体系,和曾派文人高官在19世纪后半期的中国形成的强大势力,使得当地深受恩泽,一方绅士文人的气势大为张扬,也使得其后的湖南成了变法维新和革命运动的发祥地和血雨腥风的战场,这都是历史事实。其中,可堪载入楚之忧国大夫屈原系谱的人物,有戊戌年事败后拒绝逃亡、身殉变法事业的谭嗣同,有两年后试图重起变法而事举罹难的唐才常和

---

① 一高,即第一高等学校,也称旧制一高,为培养日本近代国家所需人才而于1886年创立,是现在的东京大学教养学部、千叶大学的医学部和药学部的前身。1890年代开始施行学生自治制度和全寄宿制,修学年限为三年,其定位是帝国大学预科,毕业生大多升入帝国大学,1950年由于学制改革而废止——译注。

数名湖南籍早期留日学生。此外，最具象征性的人物，就是与屈原同怀忧国之志、内心焦虑抱负不得施展——但是，是在异国的大海——蹈海殉国的陈天华。

可以说，从这样的风土中孕育出来的这群湘中男儿中产生出"心有千秋岂学人"（朱德裳）的好胜不服输的心性，和以"忍辱求学于仇敌之国"（陈天华）的敌忾心为底流的精神自觉，就是再自然不过的了。

但是，事情很明白：今天早已不是醉心于文明古国悠长的"千秋"，总嘴硬说到头来不过是从扶桑小国随便拿点儿东西过来而已的可以不紧不慢的形势了。那时，从洞庭湖等内地一波又一波把年轻人冲向世界大洪流中去的，是如杨度前辈在送别演说中所力陈的形势——自甲申（1884年清法战争）至甲午，十年一大变；而自甲午至今日，未十年经又三大变（1894年甲午战争、1898年列强瓜分、1900年八国联军入侵），和由此导致的"亡国灭种"的危机。① 不仅在留学生界，纵观整个辛亥革命前史，用最为悲愤激越的口吻诉说这种危机感的，就是刚才提到的陈天华。他坦陈，自己曾经把日本贬作"弹丸之地"，然而"及至来到东京，无尽感慨涌起，格外易受外界刺激"。② 在陈天华一位同学的眼里，弘文学院里的陈天华"与我对坐一张桌子"，"是此次东行同伴中感受风气最深之一人"，他终日独坐撰写《敬告湖南人》《猛回头》一类的宣传小册子，写着写着就兴奋起来，"兴奋起来就哭泣"③。在《猛回头》中，他发出警世的疾呼："痛只痛，甲午年，打下败阵／痛只痛，庚子年，惨遭杀伤／痛只痛，

---

① 朱德裳：《癸卯日记》，《湖南历史资料》第一辑，1979年，第209—210页。
② 参考陈天华：《猛回头》，收入《陈天华集》，长沙：湖南人民出版社，1958年。
③ 石陶钧：《六十年的我》，载《湖南历史资料》1981年第二辑。

第二章 神山·梁山泊·"义明商贩"——留学生心中的日本像

割去地,万古不返/痛只痛,所赔款,永世难偿/痛只痛……""这中国,哪一点,我还有分?这朝廷,原是个,名存实亡……"这本小册子普及到了"留东人士莫不人手一编"①的程度,他也因此被誉为"革命党之大文豪"。②

不过这里说的危机感,并非他们到日本之后才产生的,并且也并不限定在战败和国土主权分割这种问题意识上。早在甲午战争前后,前面所说的严复就开始了关于西洋社会思想的介绍和启蒙。严复在介绍了斯宾塞的"民力、民智、民德"说之后,接着问世的就是名著《天演论》。如果就其在近代思想史上的位置而言,它丝毫不亚于日本的《劝学篇》③。这是用格调优美的汉文体对英国生物学家托马斯·赫胥黎的名为《演化论与伦理学》一书的意译,广受瞩目的关键是在其引进正得时宜。从中日讲和之后初稿完成的阶段,它就在维新派的名士之间引起了关注,据说最早的读者吴汝纶为之兴奋不已,激赏此书之作"虽刘先主之得荆州,不足为喻"④。《天演论》的广泛刊行是在1898年,恰逢诸列强在中国瓜分"势力范围"最疯狂的时期。恰似

---

① 《襄阳刘仲文先生事略》,载张难先:《湖北革命知之录》,商务印书馆,1945年,第55页。
② 曹亚伯:《武昌革命真史》,上海:上海书店出版社,1982年,第25页。
③ 《劝学篇》为日本启蒙思想家福泽谕吉的代表作,全书共17篇,陆续发表于明治改革期的1872—1876年。书中立足于人权思想,提倡自由平等,肯定人民为国家主人,同时号召人民舍身卫国,使日本文明追上先进国家。他认为在文明发展中,学习第一重要,而且,学习不只是读书和空谈,必须是有用之学。他勉励肩负重任的学者们不要独善其身,而要兴办事业,为世人造福,做世人的榜样。依作者所言,《劝学篇》是以提供民众读本和小学课本为目的而写作的,所以用语通俗易懂(见该书第五篇"明治七年元旦献词")。该书对日本影响甚巨,是启蒙运动的代表著作。
④ 王栻:《严复传》,上海:上海人民出版社出版,1976年,第43页。

正当国人亡国的恐惧日益高涨之时，耳边突然响起这样的声音：岂止如此，如果再不图民族的自强，都会有招致灭种之危险哩。同时，作为救亡图存的诸多药方之一，赫胥黎祖述并使其发展的达尔文主义就由此登上了舞台。说句题外话，在1877年至1879年留学英国期间，严复就已经对包括达尔文主义的西洋社会学说很着迷，如果想要去拜访那时健在的达尔文或者赫胥黎，说不定还都能见到他们呢。如果提出想把他们的著作介绍到中国，或许也会得到欣然允诺的吧。然而从那时迟了二十年，进化论才进入中国；然而这一迟，又成了多么的机缘巧合、历史意味深长的初次登场呀！

随着《天演论》的登场，"物竞天择、适者生存"的思想也宛如墨汁渗到吸水纸上一样迅速深入人心，这句话甚至成了无数人的口头禅。学堂的老师或把《天演论》当读本，或者以"物竞天择"命题作文，连科举考试的考官们在读到考卷中一知半解的新学答案时，也会痛快奉送上"此乃古之贾长沙、今之赫胥黎"之类同样时髦的批语。这样回忆了当时世风的这位老留学生，同时也介绍了他们年轻的爱国者层对《天演论》的接受情形：

> 《天演论》所宣扬的"物竞天择,优胜劣败"等思想，深刻地刺激了我们当时不少的知识分子，它好似替我们敲起了警钟，使人们惊怵于亡国的危险，不得不奋起图存。①

说到日本人在西洋的洪流冲击下急起开化的狼狈相，夏目

---

① 吴玉章：《吴玉章回忆录》，中国青年出版社，1978年，第15页。

第二章 神山·梁山泊·"文明商贩"——留学生心中的日本像

漱石形容那是"从不测的天之一方突然降落"的"半夜火警钟声下突然惊醒，猛地蹦下床来，狼狈不已"(《现代日本之开化》)地跟着跑的。然而我们不得不说，上述的"警钟"与夏目漱石所说的曾使日本猛然惊醒跃起的火警钟声仍大异其趣。时代和社会的情势相异，狼狈之相亦自然不同。首先，虽说什么来势太猛呀，来不来得及消化呀，其实到头来还是非常幸运的。对于在外国留学的中国人来说，哪里能够有像同时代的夏目金之助那样去反省开化中的问题，或再提出一些高要求来，并为此而焦虑，甚至发发脾气的余裕或资格呢？他们思考和焦虑的是什么？让我们来听听两三位留学生的真实声音。

> 想来我国游学之士实际并不甘心带着濒死之病躯死去，但将形骸托付给医生结果也一样。(略)连一线生机也没有，唯有坐以待毙。想来不觉悲伤落泪。①
>
> 唯以病之重且久需药无穷，而求药之人有限，故必冀内地有人接踵纷来，合大众之力入山冥搜，而后捆载归国，炮之、制之以饮。病者沉疴庶几乎立起。②

这都是被警钟唤醒后意识到祖国已然病入膏肓，从为之深切忧虑的内心深处发出的疾呼。后者是来到蓬莱之地的浙江省籍留学生的召唤，前者是一个身处沉疴难愈的祖国、并且深陷闺中的女子簌簌的泪水。这已经是地不分沿海还是内地，人不分男儿还是女子，也不论是已脱身在外的还是仍孤处冷清旧宅

---

① 《杨女士庄寄外书》，收入《游学译编》第八期。
② 《敬上乡先生请令子弟出洋游学并筹集公款派遣学生书》，《浙江潮》第七期，癸卯 9 月 11 日，第 8—9 页。

中之人，四面八方都齐声发出寻仙药呀、救祖国呀的呼唤的情景了。顺便说一下：上面所引的女子是杨度的妹妹，她最终也按捺不住，于翌年跟随再度留学的兄长来到了日本。

"文明的母国"对"积极进取的母国"

涵盖了上述从"岂学人"到向"蓬莱之岛求神仙药"等诸多复杂不定的倾向，提出特色鲜明且系统的日本留学观（以及对象论）的，是蔡锷。

众所周知，蔡锷在1910年代中期袁世凯企图恢复帝制时率先举兵发难挫败袁世凯，因而被称为中华民国史上有"再造共和"之功的大英雄。他1899年赴日本，从陆军士官学校毕业后成为中国第一代新军人的代表性人物。他也生于湖南，是该省留日学生的大前辈。不过他与热烈的革命宣传家陈天华、同省的革命运动家黄兴和宋教仁等不同，相对来说是属于梁启超改良派系列的才俊，是一位"国防救国"论者。

他来日早，和那些后辈活动家相比，进的又是远为正规的日本人学校，过着正规的留学生活，所以他看问题时比别人的感情因素少，更为明晰透彻。正因此，后述他的演说，就更能说明对日观是多么的复杂而微妙了。

1902年，蔡锷写了《致湖南士绅诸公书》，号召更多的乡里后辈到日本留学。他问道，日本在"卅年以前，与我奚间，一变之效，乃至于此。究臻何道而然乎"？在这样的设问下，他展开了自己那一套近代日本开化论，并在此基础上力陈"今将以绝学之前辈，文明之祖邦，虚心折节，下而从事问学于明强渊侉之后进,阅历广远之新都"的必要性。作为日本论,此文相当有说服力,态度也是极为坦诚率直的。他认为"夫天下之古老文明国也,政教学术,创之于己,自满者甚,浸淫既久则衰微矣",所以提倡"下而从事问学"。即便是这样,正如"下而从事问学"的前文中一串定义所表明的,这完全是在"文明母国"的基础上进行的,其立场无懈可击。不仅如此,事实上即在"究臻何道而然乎"这样认真探求的背后,也还夹杂着某种未必释然的感情,因为刚才的设问是承接在如下文脉之后展开来的。

    蜻蜓点水,天女行空,美哉国乎!何其夸也!卅年以前,与我奚间……

  非常有趣的文章。所谓"蜻蜓点水",是"うまし国そ/蜻蛉島/大和の国は"①的意译。舒明天皇这首有名的歌,被蔡锷的老师梁启超的老师黄遵宪译为"美哉国乎/其如蜻蜓之点水"②。自那以后,它好像已普遍为人所认识和瞩目。而"何其夸也"放在汉语的文脉中,既可被理解成"多么值得骄傲啊",也很难说就听不出"仅这一点点就如此这般地'美哉国乎',也太得意了"的话音。如果是这样,也就可以解释为,以神志冷静的蔡秀才来看,其中难免会有对与自己的国家妄自尊大相表里的抗拒、抵触心理。
  回过头来看,蔡锷的日本观,自有他的文明论见地作为底

---

① 此句出自日本《万叶集》,钱稻孙译为"丰国美哉,唯此大和"。
② "走向世界"丛书《黄遵宪日本杂事诗广注》,长沙:岳麓书社,1983年。

色。他是这样定义中国与欧美、日本等"下问"对象之间的位置关系的：

> 及今以欧美为农工，以日本为商贩。吾辈主人，取而用之，足敷近需。其后学界超轶，文治日新，方复自创以智人，庶俾东西而求我。

蔡锷的逻辑极为明快：因为是"文明母国"，所以对于近代文明，也理所当然地以自我为中心，把欧美制造、日本趸卖的成果以救急为限拿来为我所用即可。在这里，他所作的近代文明是农工加商贩这一比喻，是多么的切中肯綮！既能在主旨上与当初固守支配性理念的色彩浓厚的张之洞们的"中体西用"论的实质保持一致，又能经过现场的体验和思索赋予它血肉。以如此生动的说法，用寥寥数语道破，除了蔡锷，再不见第二人。而且他的一系列的言说，不能不让人注意到一个鲜明的对照，那就是，让西洋人也模仿模仿咱们，把主客位置给颠倒一下。"那样的日子，我已看透，是永远不会照临日本上空的了"（《从那以后》），这是夏目漱石式的悲观。相较之下，另一文豪森鸥外则小心翼翼——或者说是略为犹豫——地感慨道，日本自己结出的学术成果输出到欧洲的日子，"有一天会到来的吧？"（《妄想》）。不论是鸥外还是漱石，在他们的口中，找得出一星半点儿蔡锷用上述的口气说的话来吗？鸥外也好，漱石也好，都曾经是平川祐弘①有名的研究课题"和魂洋才"中的名家，他们发

---

① 平川祐弘（1931— ），日本东京人，东京大学名誉教授。主要著有《西欧的冲击与日本（人类文化史Ⅵ）》《和魂洋才的谱系》《夏目漱石——非西洋化的苦斗》《小泉八云》等。

第二章　神山・梁山泊・"文明商贩"——留学生心中的日本像

出这些悲观的或者是小心翼翼的言论,是在维新之后四十余年的时间点上,其时日本的"文明开化"已初显成就,"富国强兵"也以战胜俄国而亮丽地告一段落了。在这样的时世之下,他们的心气语气还是如此。反观我们这边,在出发之前,"超轶"就是当然注定了的。

这种自信(或者说总之要自信起来的心情)之强烈、强韧,当然并不只限于争强好胜的湖南籍留学生中。跟湖南男儿相对照,机敏灵活的上海籍留学生则在他们创办的论坛、被称为"留学界杂志始祖"的《译书汇编》(1900年在东京创刊)上,很早就对盲目的中华思想进行了反省。一篇以《论文明创造的国民》为题的文章论述了中国之所以成为今日之模样,乃因"文明之创造变成为诸祸之源头",就是说,因为完全躺在了文明的母国的地位上,就"不再接受外来文明"了。作者于是非常果断地号召道:"我同胞啊,忘掉创造了文明的往昔,做一个积极吸收文明的国民吧!"而尽管如此,就像蔡锷也清醒意识到受"文明母国"之累的另一方面而保持平衡一样,在这里呼唤不要再自诩创造文明云云、要吸收他人文化的论者,也并没有忘记归结到"凭我中国优秀之人种翱翔于二十世纪、称霸于地球之上又复何难"的调子上。而且,进一步刺激和大大激活这种特有的自信的,不是别人,正是曾经的弟子日本这个成功的案例。日本"仅三十余年,而跻于六大强国之一。以吾侪今日为之,独不能事半功倍乎"[①]之说成了不证自明的道理。至于陈天华又说出"以欧美数百年始克致者,日本以四十年追及之,吾辈独

---

① 《记东京留学生欢迎孙君逸仙事》(1905年8月13日),此为陈天华当日记录稿,后加整理刊发于《民报》第一号,署名过庭。后载《陈天华集》,第26页。

不能以同此例求之乎"①这样的豪言时,就令人感到十分惊诧了。因为,这组数百年对四十年的数字化表达,与漱石的表述毫无二致,但是结论却是完全相反的。漱石是在大呼:正因为如此,不行呀危险呀,会落到"一败不能再起"(《现代日本的开化》)的地步的呀,他是为此焦虑不已的。这里,如果允许作进一步的推理,如果陈天华再多活六年,听到漱石的演讲,甚至与之对谈,但由于各自国家所处的发展阶段和时代命题不同,尤其是数千年中华文明所培育的强韧的神经与漱石等所谓的"和魂""自我本位"等也本非同质,所以即便是坐到了一起,这个"吾辈主人""超轶"命定式的基本姿态,也将会纹丝不动。

实藤惠秀②曾经在《留学生为什么会来》一文中这样写道:

> 读者诸君,不要以为中国留学生来日本,是出于仰慕日本文化的精粹。其实他们是为了学习西洋文化才来日本的。……并且来了是要迅速掌握简单实用的西洋学。所以为了钻研西洋文化,应该结束日本留学之后,再去西洋留学,这在当时已成为常识。③

这段话,就好像蔡锷的日本"商贩"说的直译,道出了一般人的心理。到了稍后的1909年,清政府将美国部分退还的义

---

① 《论中国宜改创民主政体》,载《陈天华集》,第206页。
② 实藤惠秀(1896—1985),日本的中国研究者。广岛县人,毕业于早稻田大学文学部支那文学科。1935年参加竹内好等人的中国文学研究会。早稻田大学教授。著有《中国人日本留学史》《日本文化对支那的影响》《中国的文字改革》等。
③ 实藤惠秀:《中国人日本留学史》,くろしお出版,1960年;《中国留学生史谈》,第一书房,1981年。

第二章 神山·梁山泊·"文明商贩"——留学生心中的日本像

和团事件赔偿款充作留学基金,开始进行留美学生选拔考试。听闻此事,东京的留学生界甚至一度出现了骚动。越是那些已经进入帝国大学等上一级学校的学生越认为"与其在日本一味地追随细枝末节,还不如到西洋去探索本源"①,他们纷纷申请中途退学,回国参加选拔考试。这种事例很多,以致闹到驻日公使馆和中央政府不得不发布紧急禁止令(档案二八八四卷)的地步。

然而另一方面,即便学生们来日本时抱着这种态度确为事实,但国内的情势是"简单实用"程度的西洋学早已无济于事;更重要的是,一到了现场,他们的认识也自然而然地不得不发生变化。包括我们看到的那些不服输的湖南人,应该说他们中主流的看法,也并不再是只把日本视为橱窗,而是把它看作很好地消化吸收了欧美近代文明的典范。

蔡锷在"吾辈主人"的传统意识上,或者说,出于向这种意识根深蒂固的故乡呼吁多派日本留学生的立场需要,他要把日本贬称为"商贩";然而实际上,对于作为学习对象的日本,他的评价很高,也很清醒。在前述呼吁信的开头,他如珠落玉盘般地倾诉了从典范那里获得的感动:

> 自浮海而东,登三神山,饮长桥水,访三条、大隈之政策,考福泽、井上之学风,凭吊萨(摩)、长(洲)、肥(前),遍观甲午、庚子战胜我邦诸纪念,而道路修夷,市廛雅洁,邮旅妥便,法制改良,电讯、铁轨纵横通国,

---

① 清《外务部档案》二八五〇卷(以下以"档案××卷"标注),北京(中国)第一历史档案馆所藏。

> 警察严密，游盗绝踪，学校会社，公德商情，农工实业，军备重要，日懋月上，不可轨量。国民上下，振刷衔枚，权密阴符，无孔不入，志意遒锐，欲凌全瀛。

于是蔡锷与同伴们"固尝群取其故熟思矣"，得出了以下结论：

> 不过纯用西法而判断决定，勉强蹈厉，稽合国情已耳。……遂为东洋历史上独一无二，善变善学，精进不退之祖邦，无可讳也。

"文明母国"（中国）对东洋史上"精进不已之祖邦"（日本）——这一界定意味深长。对于国运衰颓、面临列强瓜分与亡国危险的老大帝国而言，不得不说，邻国这种"善变善学""精进不已"的精神恰恰是起死回生的丹药、拯救自己的方术。而正是在此时此境之下，"欲凌全瀛"的气势蒸腾弥漫的日本列岛，因而被比喻成祥云缭绕的"三神山"，也就不那么不可思议了。

梁山泊与松阴塾

然而整体而言，全盘的内政混乱，瓜分和亡国的危险从外面不断迫近，危在旦夕，这就是当时的国情。即便想要采神山仙药，但如果从映入蔡锷眼帘的那一幅万花筒般的景象来看，到底又该从何下手才好呢？有人主张首先应该普及"福泽、井

第二章 神山·梁山泊·"文明商贩"——留学生心中的日本像

上之学风",即从培养人着手,这种主张是被普遍接受的;也有人不同意,认为仅凭此一端已赶不上形势了,当务之急唯在整顿军备、使国民普遍军国民化之一招——这种思潮在当时也很流行。还有些人主张向日本学习"农工实业",走"实业救国"的路线。也有不少人主张暂且搁置理想,先把清政府所许可的"法制整备"的方案抄带回去再说。在以上诸种说法中,声称首先要做"萨、长、肥"①的主张占据了当时的主流。对于他们而言,本应为了采药的神山,首先必须是"造反"的梁山泊。

> 凡留学生一到日本,急于寻求的大抵是新知识。除学习日文,准备进专门的学校之外,就赴会馆,跑书店,往集会,听讲演。②

这是在论及年轻时的鲁迅或者当时的留学生时几乎必引的鲁迅的名句。日本乃新知识的集散地、活动家们会师检阅的地方,这是自19世纪末以来相继亡命日本的孙文、康有为、梁启超等人的经历给人留下的印象。它还特别是因梁启超以横滨为据点所进行的那些振聋发聩的言论活动,在国内普通知识人中间广为流播而形成的。女侠秋瑾说,"日京为吾国志士荟萃

---

① "萨、长、肥"指的是位于日本西南部的萨摩、长州、肥前三大藩。这几个藩在幕府末期饱受政府高压统治,它们凭借优越的地理位置(西邻日本海、对马海峡,向东过濑户内海与太平洋相连,和中国、琉球、朝鲜半岛以及西方交流便利),迅速获晓世界形势之变化,积极引进西方科技文化,在天宝(天宝年间指1830—1843年)改革中实力急剧增长,在1868—1869年的鸟羽、伏见战争中推翻德川幕府,掀开了日本历史新的一页——译注。
② 鲁迅:《因太炎先生而想起的二三事》,《鲁迅全集》第六卷,北京:人民文学出版社,1981年。

之区,其间必多英杰,吾欲往游,以阴求天下奇士,为光复故物之助"①,于是决心赴日留学,就是其影响的著例。孙文1895年初次亡命日本时,与包括宫崎寅藏(滔天)在内的日本志士们相识,受他们援助,并且与他们结成终身之谊。孙中山把日本视为筹备革命、向国内进击以及暂时退避的根据地(他直到1905年之前,包括偷渡在内,在横滨滞留过十一次,其后又把据点转移到了东京),这是众所周知的事实。接着,在1898年,康有为、梁启超等人辅佐光绪帝"变法维新"失败。身在东京的孙文听到康有为、梁启超分别避难于香港和北京的日本公使馆的消息后,尽管此前他向康派发出的结盟呼吁一直遭到拒绝,还是立即找宫崎滔天等人商量营救二人脱险之事。他们决定由滔天前往香港,平山周奔赴北京,将康梁师徒带到日本。②以此为契机,中国近代两大革命势力(孙的革命派以及康梁的维新派、后来的君主立宪派)齐聚日本。从此以后,东京—横滨之间,鼓吹、策动、合纵连横的旋流不断,调集军资、私造或私运武器的工作紧张进行,革命的同志在这里迎来送往,宛如当年梁山泊的景象:在山上安营扎寨,然后向四面八方出击。

实际上他们也有这样的比喻。亡命初期的梁启超,正如他本人所言,由于接触了诸多新思想,"脑质为之改易。思想言论,与前者若出两人"③。为此在主持《清议报》的初期,他曾大肆鼓吹过激的"破坏主义":

---

① 王时泽:《秋瑾略传》,载《湖南历史资料》第一辑,1980年。
② 参考冯自由:《革命逸史》(初集),北京:中华书局,1981年,第48页。
③ 梁启超:《夏威夷游记》,载《饮冰室合集》专集之二十二,中华书局,1989年,第186页。

第二章 神山·梁山泊·"文明商贩"——留学生心中的日本像

> 本明治之初,政府新易,国论纷糅。伊藤博文、大隈重信、井上馨等共主破坏主义。(略)当时诸人皆居于东京之筑地,一时目筑地为梁山泊云。①

梁启超对日本此情形欣羡不已。他还撰写了《成败》《善变之豪杰》等数篇文章,对"失败(却由此奋起而踊跃出一世豪杰)的明治元勋"吉田松阴致以最大的敬意,并且真在东京的市中心开办起了自己的"松阴塾"。这就是1899年9月创办于牛込区东五轩町的高等大同学校(校长梁启超、干事柏原文太郎)。他把前湖南时务学堂②旧生、政变后失了学的蔡锷、范源濂、林圭、唐才质等十余人召集过来学习,一时间热闹非凡。先生梁启超自行改号吉田晋③,学生们也不愧是梁氏弟子,整天浸淫在"言必称独立、自由、平等、博爱,若改名必自行模仿西哲群雄"④的气氛中。实际上到了翌年即1900年夏,在唐才常领导的"自立军"起义中,蔡锷以下几乎全部归国参战,唐才质、林圭等数人就义。要知道,从19世纪末开始直到革命党的《民报》(1905年11月创办于东京)出现之前,是梁启超系的《清议报》和《新

---

① 梁启超:《破坏主义》,载《清议报全编》第二辑乙。
② 湖南时务学堂,戊戌变法前一年的1897年10月在长沙创办的新式学堂,由谭嗣同等人发起,得到湖南巡抚陈宝箴、按察使黄遵宪、学政江标的赞助,熊希龄任提调(校长),梁启超任中文总教习,欧榘甲、韩文举、唐才常等任分教习。它的出现标志着湖南教育由旧式书院制度向新式学堂制度的转变,也是湖南近代化教育的开端。时务学堂的创立本身,也是湖南维新运动的重要组成部分。
③ 《民报》二十四号附录《上品川弥二郎子爵书》中,记有"盖因启超慕松阴、东行两先生,今改名吉田晋"。
④ 参考冯自由:《革命逸史》(初集),北京:中华书局,1981年,第72页;《革命逸史》(第四集),北京:中华书局,1981年,第98页。

民丛报》对革故鼎新的知识界发挥绝对影响力的时代，所以梁及其弟子在海外的"梁山泊"宣传和"松阴塾"实验，对于后来停留在反对革命（也包括他自己所主张的"破坏主义"）的宪政派立场的他来讲是个讽刺。但是他在推动以输入新思想、集合同路人及准备行动等为主要目的的赴日留学和酝酿革命气氛方面，是起了巨大作用的。

至于弟子们"改名必自行模仿西哲群雄"这道风景，则反衬出了他们的梁师虽也介绍西哲，然而欲有自拟时，还是愿将自己比作东洋失败的英雄吉田松阴和高杉晋作。从这一师生对照中，可以看出年轻一代无论是在感受性方面，还是在志向方面都超越了以往的志士一代，或者说表现出了试图超越的姿态。深受梁启超影响、成为初期士官留学生精英的吴禄贞，就在1901年年末留学生会馆建成之际，留下了这样一句名言："要让此会馆之于中国，无异于美国之独立厅！"[1]

与梁山泊相比，合众国的独立厅（费城的独立厅，独立纪念馆）无疑更为时新神气，就以"我们"这一群来讲，面对只有到了外面的世界才能吸收到的"自由、平等、博爱"的法国革命理念，和美国的独立气象，谁不为之深深陶醉，进而自我燃烧一番呢。

像这样在新东京的氛围中对西洋思想吸其精、集其粹，将上述倾向融于一身、全人格化了的，不能不举邹容为典型代表。

---

[1] 冯自由：《记东京中国留学生会馆》，载《革命逸史》（第四集），第99—100页。

第二章 神山·梁山泊·"文明商贩"——留学生心中的日本像

"至东瀛兮,乃以汉魂而吸欧粹"

关于邹容,权威辞典《辞海》是这么记述的:

> 邹容(1885—1905),中国近代民主革命烈士。原名绍陶,字蔚丹,四川巴县人。1902年(光绪二十八年)留学日本,参加留日学生爱国运动。次年夏回国,在上海爱国学社撰成《革命军》,宣传革命是"天演之公例",号召推翻清朝统治,建立中华共和国。由章炳麟作序发表,并刊文于《苏报》介绍,影响甚大。苏报案发生后,被判徒刑二年。1905年死于狱中,葬上海华泾。有《邹容文集》。

接下来要补充的是:在正值他诞生一百周年、殉难八十周年的1985年,他雄伟的烈士雕像在他的故乡重庆市的中心广场揭幕,同时首映了以邹容的笔名"革命军中马前卒"为题的传记电影。在今天这个令人联想起波澜壮阔的20世纪之初的新的民族振兴时期,对振奋爱国精神来说,邹容也是极为可贵的英雄形象,而这重大的现实意义,也表明了他在中国近代革命史上的巨大存在。但真正作为使他青史留名的纪念碑的,就是那部《革命军》。这部被称为"中国的人权宣言"的书当时印了就清末的中国而言几近天文数字的百余万册,在辛亥革命酝酿准备的过程中,成为最初也是最大的畅销宣传书。不仅如此,它所发出的声音及其所诱发的上海革命派言论机关《苏报》被取缔事件，也成为1903年发生的辛亥革命前史上第一次革命高涨期的直接契机。

"……便是悲壮淋漓的诗文，也不过是纸片上的东西，于后来的武昌起义怕没有什么大关系。倘说影响，则别的千言万语，大概都抵不过浅近直截的'革命军马前卒'邹容所做的《革命军》。"① 这是经常被引用的鲁迅的证言。相较之下，某留学生回想录中有一段同时代证言更为生动，让我们来看看赴日之前的作者在清朝的中心北京感受到冲击波时的实状。

> 上海《苏报》上面，忽然载了一篇《革命军》的文章，是四川邹容作的，论调非常激烈。一时传到北京，我在大学堂阅报处，忽然看见，读了七八行，脑筋已为之震动，几乎不敢往下看。幸而旁边一位同学，也看见了，却说道："有道理！有道理！"于是乎通通看了一遍，并不作声，暗暗地已被这篇惊天动地的文字，鼓动了从前那复仇的念头来。这本来是中华革命第一声，未免有些迅雷不及掩耳的光景。一时一传十、十传百的沸腾起来，声浪日高一日，日宽一日。
>
> 那时守旧的老儒俗吏，见了那篇文字，个个咂舌瞪眼，怒气冲天，甚至有痛哭流涕、如丧考妣的。他们都说道："国家何负于邹某？尔竟丧心病狂，目无君父，一至于此！这样的人，不赶快除绝，还了得么？"②

---

① 鲁迅：《杂忆》，载《鲁迅全集》第一卷，北京：人民文学出版社，1981年。
② 景梅九：《罪案》，北京京津印书局，1924年，第13页。

第二章　神山·梁山泊·"文明商贩"——留学生心中的日本像

但是，这部可称作"百万援军"的《革命军》，其伟大的思想力量，不是来自别处，正是他来到日本、通过在日本吸收之后带回去的。

从孩童时代就开始反抗旧秩序的邹容，戊戌变法那年十三岁。他开始是师从重庆的日本领事官员井户川辰三学习外语的①，同时，受变法之夏的热浪鼓动阅读了《天演论》，为变法失败与谭嗣同的殉难而慷慨悲愤，从少年时代就燃起了追求新学与救国之志。当局对从少年时代就狂放不羁的邹容的声名早有耳闻，以致他虽然通过了1901年的四川省首次选派官费留日学生的考试（此选派为井户川首倡，并推荐邹容等弟子），出发前却被从名单中除名。这样一来，邹容发狠即便自费也要去，遂离开四川只身东渡。从他船离上海之前留下的名诗"落落何人报大仇，沉沉往事泪长流。凄凉读尽支那史，几个男儿非马牛。"②里，可以窥见他忧世愤时的气概。像他这样的人，一旦渡海接触到外面自由的空气，就会像接触到水的钾一样，"嗖"地燃烧起来的。

到了东京，进入同文书院，就像《革命军》的"序"中说的那样，青年邹容最大限度地享受着"文明国中言论自由、思想自由、出版自由"等，把课业的学习扔在一边，整天埋头于新思想的涉猎与汲取。他耽读卢梭的《民约论》(《社会契约论》)、孟德斯鸠的《万法精理》、约翰·穆勒的《自由之理》(《论自由》)

---

① 参考胡沙:《四川学生官费留日考订》，载《四川文史资料选辑》第六辑；朱必谦:《〈四川学生官费留日考订〉之商榷》，载《四川文史资料选辑》第十五辑。
② 此诗乃邹容手抄他人的《书怀诗》，借以抒发自己的感慨，这也是他第一次在上海留下来的事迹，参考岳山:《邹容》，上海：上海人民出版社，1982年，第13页。

以及《法国革命史》《美国独立宣言》等(《革命军》第一章、绪论),读着读着,那曾扼腕感叹世世代代的"马牛"命运的叹息声,一变而为"还我天赋人权"的呐喊,那令人郁闷的"支那史",也变成这样一幅熠熠生辉的未来图:

> (反满革命成功后)尔之独立旗已高标于云霄;尔之自由钟已哄哄于禹域;尔之独立厅已雄镇于中央;尔之纪念碑已高耸于高冈;尔之自由神已左手指天,右手指地,为尔而出现。

留日学生中以介绍欧美新思想为志业的,当然并非始自邹容。前面所说的留学界最初的《译书汇编》,就如刊名所示,是"专以编译欧、美法政名著为宗旨"①的,凡卢梭、孟德斯鸠等人的名著"皆逐一译载"。邹容在绪论中所列举的阅读书目与该杂志所刊载的作品顺序完全相同,可见后者或许就是邹容的读本也未可知。但是,像他那样通读了这些名著并且将其化为自己的血肉,以"吾将执卢骚诸大哲之宝幡,以招展于我神州土"的气魄,为这一普罗米修斯般的伟业激情而烧尽自己的,邹容乃近代第一人。

他死后,某志士在其悼词的开头,动情地精确描绘出了青年邹容自留学日本开始的短暂而壮丽的、青春完全燃烧的一幕。

> 江流出峡,一泻千里
> 而至东瀛兮,乃以汉魂而吸欧粹耶。

---

① 冯自由:《励志会与译书汇编》,载《革命逸史》(初集),北京:中华书局,1981年,第99页。

第二章 神山・梁山泊・"文明商贩"——留学生心中的日本像

建共和、革命之两大旐兮，撞钟伐鼓满天地耶。①

说到"钟"、说到"鼓"，可以说这是从他的著作中发出、一直回响在从中华民国（1912）到中华人民共和国（1949）的名字中的"中华共和国万岁！"的呼号，它是预告了中国数千年王朝史之终和新纪元到来的"自由钟"，同时或许也可以说是近代日本留学运动所结出的最为伟大的精神果实。

"一半是异域，一半是古昔。"

而与邹容感情最为笃厚的，称比自己小十六岁的邹容为"幼弟"，对其爱惜备至又恰成对照的，就是那个著名的反满活动家章炳麟。同是怀有强烈的反满革命意识，邹容是从卢梭、华盛顿等人那里寻求理想之道，而国学大师章炳麟来到东京后却一味地沉浸于寻古。要说这也是一个因为留学对象国是日本才特有的悖论现象，所以又颇为意味深长。

诚然，准确地说，章炳麟并非留学生，但因为到辛亥革命之前他曾经分三次（1899、1902、1906.6—1911.11）滞留日本共达六年之久，而且他作为造诣深厚的国学家、激越的反满言论大家的声名远播，在当时的留日学界，特别是浙江籍的群体中，

---

① 此为金一《哀邹容》的祭文，金一（1873—1947），本名金天翮，字松岑，，江苏省吴江市同里镇人，清末民初国学大师，中国教育会吴江同里支部之发起人。著述主要有《天放楼诗集》《天放楼文言》《鹤舫中年政论》《孤根集》《皖志列传》《词林撷隽》《女界钟》《自由血》和《孽海花》（部分）等，译有宫崎滔天前半生自传《三十三年之梦》等。

是真正的核心人物。明末清初由于清军南下追击、扫荡作战，东南沿海一带饱受残害，所以总的来讲浙江籍的革命家和爱国者中，像章炳麟那样怀有强烈的反满感情和种族革命意识者非常多。对这些人来讲，与政治上的"革命"相比，其志首在汉民族主导权的"光复"；与其说是讲求政治论，毋宁就是事事必先"排满反满"。这是他的侧重所在，也是存在问题之处。这一特色从两点看是一目了然的：一是章炳麟在褒奖邹容的《革命军》的同时，不忘严格规定"同族相代，谓之革命；异族攘窃，谓之灭亡；改制同族，谓之革命；驱逐异族，谓之光复"（《革命军》序）；二是以他们为中心结成的、后来合流为"中国同盟会"的革命团体，跟另外两个——孙文等广东系的"兴中会"和黄兴等湖南系的"华兴会"——相比，其名称"光复会"就显出了鲜明的个性。

说留学生来到日本"寻求的大抵是新知识"的鲁迅，还有另外一种说法：

> 那时的留学生中，很有一部分抱着革命的思想，而所谓革命者，其实是种族革命，要将土地从异族的手里取得，归还旧主人。除实行的之外，有些人是办报，有些人是钞旧书。所钞的大抵是中国所没有的禁书，所讲的大概是明末清初的情形，可以使青年猛省的。①

"钞旧书"，也就是要复活"旧主人"，呼唤"光复"之意。就

---

① 鲁迅：《略谈香港》，出自《而已集》，载《鲁迅全集》第三卷，北京：人民文学出版社，1981年。

第二章 神山·梁山泊·"文明商贩"——留学生心中的日本像

像法国、美国的革命思潮和俄罗斯虚无党（无政府主义者——译注）的英雄谈话对革命气概的培养起到的作用一样，抄录的《扬州十日记》《嘉定屠城记》之类的血的记录，在点燃对满洲统治者的敌忾心，朝着反满革命的方向促使青年"猛省"上，发挥了炸弹一样的威力。十七岁的青年邹容在东渡日本途中滞留上海期间接触到了此类的"禁书"，再次坚定了"大复仇"的决心。他的《革命军》中所包含的过激的反满论调，与章炳麟阅读之后幸得"吾小弟"之欣喜，可以说都与这一点有很大关系。总之，首先，像同文的近邻、今又对自己也敞开了大门的日本这样，对于鲁迅在前述文中回忆的"摅怀旧之蓄念，发思古之幽情，光祖宗之玄灵，振大汉之天声"①来说如此方便又自由的地方，委实别无可寻了。

鲁迅的弟弟周作人也有一段很可咀嚼的描述："我们在日本的感觉，一半是异域，一半却是古昔，而这古昔乃是健全地活在异域的。"②仅仅这一点，就足够撩拨起当时的民族主义者们共通的怀古情怀了。周作人还举了同乡的留日前辈走在东京的街上，看见房屋的样子或者店铺的装饰与招牌的字体时，便常常指点，"谓犹存唐代遗风"而感叹不已的例子——要知道，在当时这种遗风犹存之谓，是具有现今难以想象的暗示性与冲击力的。

再加上那些在当地迎接中国的留学生和文人，亲自照顾他们，或来求文人之交往的日本人，也是以憧憬中华"古昔"的汉学系的老政治家和文人居多，这样一来就越来越呈现出复杂

---

① 鲁迅:《略谈香港》。鲁迅在该文中提及，《湖北学生界》刊的特刊，名为《汉声》，杂志的封面即刊登着这段古语，出自《文选》。
② 周作人:《苦竹杂记·日本的衣食住》。

的图景了。大多数人眺望一下古色的街屋或旧的物件，多望上几眼或适当地发两句感慨，也就足矣；但是处在这些旧人旧物中间，弄不好有时候这"遗风"会长了脚从对面向你走来也未可知。当时东京帝国大学文学科长根本通明博士的故事就是一例。据说，这位被称为"日本儒教领袖"的博士曾经"蓄长发，效汉代装束"，对前来拜访的着西装的中国客人凛然一呵："贵国崇奉孔圣人者，亦效夷狄之服乎？"弄得身着西服的中国人赧然不能对。① 实际上，用不着亲历根本氏的当头棒喝，撩拨起国人反满和变革决心的例子很多。比如杂志《浙江潮》上就曾刊载一文《不图今日重见汉官仪》②，作者为当时的见闻所动，图文并茂地介绍和推荐了日本在维新之后仍然存在的"符合汉制"的服装（包含礼服和日常服装）。这仅是令人发思古之幽情的和服之一端，就能勾起国人对汉民族统治时代的乡愁。激发起反满或变革决心的事例是很多的。最为典型地表现出这些刺激的实态和心理活动的，则可说舍下例无他了。著者陈去病是一位 1903 年之前留学日本，归国之后以上海为中心从事革新派的文化言论活动的著名文化人。以下是他甫一归国时披沥的感慨：

> 曩游东国，交接其士庶，见其习尚风俗，无一非我皇汉二百六十年前所固有之习尚风俗也。出而过于市，则吴服商店，鳞次栉比于康庄之左，长裾缝腋，广幅垂襟，又无一弗我皇汉二百六十年前所固有之端衣法服也。退

---

① 冯自由：《革命逸史》（初集），北京：中华书局，1981 年，第 52 页。
② 英伯：《不图今日重见汉官仪》，《浙江潮》第七期，1903 年 7 月。

而读其书，则唐巾唐襦之称，且参错杂出而不一。乃揖其人而进之，问所服安乎，则对曰安且吉也；问与西洋孰优乎，则对曰西洋不若也。窃心焉感之。其人乃反叩吾以所服，则惭耻嗫嚅而不能对。甚者或群聚玩弄之以为笑，咸相怪曰，此支那装，此今日之支那装，若有不胜轻薄者。其老诚者心知其故，乃问："如我服者，今日支那其犹有存焉否乎?"则答之曰："无有矣。"彼辄惊叹。若曰今僧道犹有存者焉，今演剧益备存焉，今士夫黎庶之婚嫁老死且恒服焉，彼时闻之则一若有大慰者。余见之乃益羞耻益感伤，尽裂其冠毁其服而不之顾。①

就是冲着这样的环境，那个反满光复论的急先锋、自尊心超强的章炳麟投身而来，闪亮登场，华丽亮相，也就是势所必然了。

于异域"振大汉之天声"

1902年4月中旬某日，"被目为同志谈话机关，每日恒在此讨论革命排满之宣传方法"的牛込区榎木町的某留学生的寄宿公寓里，常客章炳麟发一奇想，要找同志商量，谓即将到来的25日，也就是旧历三月十九日是南明最后一个皇帝永历皇帝二百四十二周年忌日，"太炎提议谓欲鼓吹种族革命，非先振起世人之历史观念不可。今距是年三月十九日明崇祯帝殉国忌日

---

① 陈去病：《论戏剧之有益》，载张枬、王忍之编：《辛亥革命前十年间时论选集》，北京：生活·读书·新知三联书店，1960年，第961页。

未远,应于是日举行大规模之纪念会,使留学界有所观感云云"①。于是众议一决,要在征得包括孙文、梁启超在内的在日留学生的广泛参与下召开这次集会,并定名曰"支那亡国二百四十二年纪念会"。②

此石一投,就在那些喜爱"借古讽今"之作派并且异常敏感的中国文人中间掀起了轩然大波,而且这又将是住在东京的中国人举行的第一次集会,所以首先就募得留学生数百人报名赴会。但另一方面,根基为帝党的梁启超起初是赞成协助此事的,临开会前又撤销名义抽身而退;清驻日公使当然更不会坐视不管。26日当天上午,当大家聚集到作为会场的上野精养轩时,发现会场前与上野不忍池周边布满了日本警察,在驱赶与会者。结果进入精养轩的,只有"超豪华"的助威团孙文一行。他带着十数名华侨匆忙赶来,看到现场情形,灵机一动,佯装不知地扮作了精养轩的食客③。后世史家大概是不会提及这种小事的,但那确实是稍一想象都令人莞尔的一幕。

虽说集会流产,但就最初的爱国大动员这一意义而言却是成功的,加上清公使横加阻挠引起的抗拒,促成了从那年开始

---

① 冯自由:《革命逸史》(初集),北京:中华书局,1981年,第57页。
② 这里需要进一步说明的是,支那亡国纪念会召开的日期,是根据明朝亡国与崇祯皇帝殉国忌日决定的。崇祯帝自缢系在崇祯十七年三月丁未即三月十九日,公历为1644年4月26日。这也是上述冯自由所撰文字谓亡国纪念会召开日期"原定三月十九日"的根据。而明朝最后"亡国",是南明永历十五年,即公元1661年,也就是桂王朱由榔被绞杀于昆明之年。从1902年上溯到1661年,恰恰是二百四十二个年头,并非二百四十二周年。而"支那亡国二百四十二年纪念会",其寓意是纪念1661年南明最后亡国。详情可参考孔祥吉、村田雄二郎的论文《一九〇二年东京"支那亡国纪念会"史实订正》(载《历史研究》2007年第3期)——译注。
③ 冯自由:《革命逸史》(初集),北京:中华书局,1981年,第60页。

第二章 神山·梁山泊·"文明商贩"——留学生心中的日本像

留学生爱国团体的组成和进步刊物的创办。这就是记入近代史的留日学界发起的第一波反满革命运动。不过回过头来看,好几百个留学生的情绪只要一个"支那亡国纪念"的会名,只要一段"愿吾滇人,无忘李定国。愿告闽人,无忘郑成功"式的呼吁就能"啪"的一声被点燃,足见中国的士大夫们是多么看重历史和正统,由此也可见发起人章炳麟当初着眼点之精准绝妙。

这是留日学生界的首次政治集会,对其阻挠压制的方式这次也是首度曝光。就是说,由于清朝官吏(公使馆)和学生视彼此为危险物或者彼此无视对方,对话从最初就不可能进行,于是形成了这样的模式:先有作为公使馆内线的学生告密,使馆据此向日本外务省以日清关系为口实要求予以禁止,再通过外务省借日本警察之手加以阻止。所以就在集会预定日的前一日,章炳麟等发起人被叫到了牛込警察署。据说"太炎等如约前行。……太炎长衣大袖,手摇羽扇,颇为路人所注目"[①]。手摇羽毛扇子,让人想起舞台上的诸葛孔明,甚是有趣,或许与根本通明博士的"汉代装束"也有相通之处吧。当然,在那些相似之中——即就常能感到的思考方式、其行为的严重性和不同侧重等差异层面而言——我们感到的是,后者只是在向汉文化表达自己的崇敬和乡愁,章炳麟则完全不同:他故意地以遗民之风昂首阔步于神乐坂一带,必定是一种表态,一种示威。

而接下来,无言的表达随即转换成了堂堂皇皇的宣言。在警察署,警官与章炳麟之间进行了如下的问答:

---

① 冯自由:《革命逸史》(初集),北京:中华书局,1981年,第59页。

> 问：你的籍贯为清国何处人？
> 答：余等皆支那人，非清国人。
> 问：出身士族乎？平民乎？
> 答：遗民。

以"遗民"自居，与亡国纪念会的宗旨相一致。相关联地，让人想起了一个事实。当时（从甲午战争开始到留学生赴日），在尾崎行雄等一部分政治家和论客之间盛行着"支那人无国家思想、无爱国心"这样一种中国人论，其逻辑是：对中国人来说，一个个王朝就是国家，甚至首都就等同于国家，故首都一陷落即惊呼亡国；而另一方面，只要在同一地方重新奠了都，哪怕是元、清等外族朝廷也立刻就成了"本国"了①。这里提起的问题是重大的，而论说却过于单纯武断，本不足为训；但是对于那些受到日本举国上下富国强兵的热潮的刺激，日夜苦思着要追求、要唤醒我们的民族精神的志士们来讲，这种论调确实使他们越来越无法平静了。梁启超就曾在多次介绍尾崎等的论述之后，在1902年年初，抱着"维新吾国，当先维新吾民"的想法，推出了采用新的刊名的《新民丛报》，并在发刊词中把"务在养吾人国家思想"列为三大主旨之一。那么章炳麟等所代表的反满革命家所持的坚定的汉民族正统观念与不忘"光复"的心志又该怎样看呢？应该说，尽管它们在意识形态和逻辑上都存在相当多的问题，但是在包括近代国家思想在内的近代思想的形成期，它们起到的强有力的作用，是不容忽视的。而且，这近代国家观念，恰恰就是把向我们作了令人绝望宣判的尾崎

---

① 尾崎行雄：《支那处分案》，东京：博文馆，1895年。

第二章 神山·梁山泊·"文明商贩"——留学生心中的日本像

们的国家当作了熔炉,不断持续热烈地燃烧起来的。

与章自称"支那人"的国家称呼问题(后述)相并列,"年号"也在留日学界频频成为问题。这种现象或许也是"支那亡国二百四十二年云云"所诱发出来的,从那之后它出现过多种多样的扩展和推衍。一年之后,邹容在《革命军》付梓之际,亲自标记为"皇汉民族亡国后二百六十年"(明崇祯十七年即1644年,八旗精锐部队入山海关,定都北京,是日即"皇汉人种亡国纪念日");而为该书作序的章前辈则写作"共和二千七百四十四年四月余杭章炳麟序",好像要为在书中反复呐喊"中华共和国万岁"的邹容"幼弟"代劳似的,特意挖掘出公元前841年的周代的"共和元年"作为纪元之正名。而回到中华民族的共同祖先黄帝的纪元方法,也很自然地出现了。

与邹容并称的陈天华在其所著的《警世钟》的卷头,装饰着可能是从东京的书肆搜集来的非常醒目的黄帝轩辕氏画像。画像被正在准备创办杂志的宋教仁见到,竟弄得他身上流淌着的"黄帝子孙"的血液沸腾起来,便火速借来,将其印在《二十世纪之支那》杂志创刊号的扉页上,并以"我黄帝的子孙们呀,赶快废弃掉清帝年号,回到黄帝纪年来吧!"为词,采用了"中国新纪年 开国纪元四千六百零三年"的年号。①

如果将这种种现象与赴日留学联系起来看,我们发现,除了东京提供了搜集资料的"地利"之便这个侧面外,在构想的层面上似也从日本受到过启发。比如留日学界的另外一个有名

---

① 参考《宋教仁日记》,长沙:湖南人民出版社,1980年。《宋教仁日记》采用黄帝纪年,他在1905年1月15日的日记中对此有所说明。该书的第1页中的注释①说:"这种纪年法,后为同盟会所采用。表现了宋教仁和当时革命党人不奉朝廷'正朔'的革命意志。"

的文人，他后来跟幸德秋水和大杉荣等人交往，是最早向近代中国输入无政府主义的两大主力之一翼（另一翼是法国留学生群体），这个人就是刘师培。他著有《黄帝纪年论》，该文的论点是："盖康梁以保教为宗旨，故用孔子降生为纪年；吾辈以保种为宗旨，故用黄帝降生为纪年。"作为根据，他列举道："日本立国，以神武天皇为纪年，所以溯立国之始也。"在他看来，尽管易姓革命的中国有无法与万世一系的日本进行类比的一面，"然由古迄今，凡汉族之主中国者，孰非黄帝之苗裔乎，故中国之有黄帝，犹如日本之有神武天皇也。取法日本，择善而从"①。其理极为单纯明快。

概言之，诸种现象让人感受到了反满的能量是如何蓄积，形成连绵起伏的喷火口，又如何从火山国日本一齐迸射出来的。这也难怪清朝驻日公使在向朝廷发送的密奏文中惊恐不已地大呼"文章文件中径直使用黄帝甲子作为纪年……若大家争相仿效，蔓延至一般风潮，本朝纲纪不复存焉"。

在纪年问题上可用"喷火"作比喻，与之相比，在上述的"支那"还是"清国"的称呼上，问题还要大得多，它是直到多年之后还不断冒烟的活火山。"纪年"主要是针对清末统治者的，与之不同，国名问题则是在中日之间一直喷火、直到战后很长一段时期仍然时不时冒烟、争执不下的一个大问题。已故的实藤惠秀氏曾就此问题作过历史考察，这里不再赘述。要而言之，这是某些只拘泥于词源而不回到一个个历史节点去考究的讨论模式不会找出答案的问题。说自己不是"清国人"而是"支那

---

① 无畏（刘师培）:《黄帝纪年论》，载张枬、王忍之编：《辛亥革命前十年间时论选集》，北京：生活·读书·新知三联书店，1960年，第721页。

人",章炳麟的这种倔强顽固,如果脱开留日学界的整体氛围也是无法理解的。冯自由在《革命逸史》中记载了这样一件事。由梁启超创办、后来经过一次改名的东亚高等大同学校于1902年再度陷入经营困境。据说校方向驻日公使蔡钧提议由对方接手。得到的回答是,必须以改名为清华(清之中华)学校作为先决条件。蔡钧是否真的固执到了这种程度姑且存疑,同一时期,围绕留学生会馆改名问题,也发生了相同性质的摩擦。这次同样是因为经营支绌而向公使馆申请补助,得到的回答又是必须将会馆名中的"中国"改为"清国"。当时由曹汝霖等稳健派占主流的干事会接受了这个条件改了名,结果就不断有学生拒绝缴纳每月三十钱的会馆费了。他们说"我们是中国人,不是清国人",谁给你缴这个!就是这样,各自固执争持到了令人难以置信的地步。

  出于对"清国"的嫌恶,"支那"这个称呼在初期是被有意识地使用的。根据实藤氏的研究,"支那"这一称呼在日本社会的普遍使用,已经到19世纪90年代了,并不比留学生来日的时间早多少,所以,也是新词,那时还尚未沾染什么色彩吧,起初至少没有日本人经日俄战争而骄横起来之后那样轻侮的腔调。相反,作为欧美世界通用的China的音译词,"支那"主要是在学术上的学名的层次上被日本的知识阶层和学者使用的,因此倒反而成了取代那越来越令人难以忍受的"清国"标签的、再合适不过的称呼也未可知。可以说宋教仁的《20世纪之支那》这个杂志名就是一个典型的例子。这位曾以"中国新纪年"的称呼显示了其异样的执着的党人活动家,在借用"支那"时,断不会有什么忽略或马虎的。毋宁说,把"支那"与当时的最新词语"20世纪"配成一组,或许曾让他感到时髦吧。

廖仲恺、何香凝夫妇从日本时代起就与孙文成为战友，何香凝用文字记录下了当时的情形：革命之前，志在推翻清朝统治的他们，自己称呼"支那"时也是心平气和的，毋宁说那是为了与"清国"或者是"大清"二字相区别开来。然而在清朝被推翻、建立起中华民国之后仍然继续"支那、支那"的，就慢慢地让人焦躁、抵触起来了①。遗憾的是，如果说包括新闻界在内的日本社会一直照用"支那"俗称尚可容忍的话，那么直到中华民国建国二十年后的1930年，中国政府发来通告之前，日本政府连其外交文书中也不使用主权国所规定的正式国名"中华民国"，而一直称什么"大支那共和国"云云②，这又算是怎么一回事呢？

　　每当看到辛亥革命前老留学生们在"支那"这个称呼上如何地显示出凛然的态度，民国之后东渡的学生们又是怎样地为维护国家的尊严，对轻蔑意味越发浓厚的"支那"称呼备感痛苦、不停地抵触抗拒的③，都不禁令人心痛。

被激励的国民教育理念

　　仅看留名于近代革命史的这些好男儿活动家，是解释不了三四年间留日学生从二百几十名（1902年年初）一举膨胀到一万人左右（1905年年末）这一事实及其机制的。必须从教育

---

① 《自传的一章》，商务印书馆，1935年。
② 实藤惠秀：《中国人日本留学史》，谭汝谦、林启彦译，北京：生活·读书·新知三联书店，1983年，第190页。
③ 参考实藤惠秀：《中国人日本留学史》，第187—190页。

史的正面,比如说,就构成速成留学大潮的速成师范与速成法政这两大主流,来看当时人们普遍想学些什么。

第一章里叙述,19世纪末的激荡期中产生了"变法自强——兴学变法——非游学不足以兴学"的思维图式与"至游学之国,西洋不如东洋"的认识,并深入人心。"变法"虽一度遭受挫折,而对于"兴学"的必要性,即便是保守反动的西太后一党也是无法否定的。经过"庚子之乱",清廷不得不实行"新政"。其新政中以"废止科举、开设学校、派遣游学"为中心内容的教育改革,至少在起初的数年间,与新式军队的训练共同构成了有实质内容的两大支柱。

然而,就像这种场合必被引用的张之洞的名言——"日本,小国耳,何兴之暴也?伊藤、山县、榎本、陆奥诸人皆二十年前出洋之学生也……学成而归,用为将相。政事一变,雄视东方"[①]所代表的那样,如果只是为应付一时之需而培养人才,往好里说,在认识上也只是达到了英才教育水准,与近代国民教育理念尚有距离。清晰地指出这一点的,不是专喜引张之洞名言的部分新政家或后世史家,而是包括日本老师在内的留学现场的那些人。这是与历史自身的逻辑相一致的。比如,从事留学生教育的东亚同文会副会长长冈护美子爵1900年5月在参加南京同文书院的建校仪式之后,写下了《中国国民教育论》[②],文中指出:中国如今又是开设高等学堂,又是向东西洋输送留学生,急于培养应急人才,但是以提升国民素质、高扬爱国心为旨归的国民普及教育,才是应该致力的根本。

---

① 张之洞:《劝学篇·外篇》,湖北书院,1898年。
② 长冈护美:《中国国民教育论》,载《清议报全编》第五集。

一位初期兼任留学生监督的某外交官的夫人在参观了大阪博览会（第五届内国劝业博览会，1903年3月于大阪的天王寺公园开设）教育馆之后，也写下了这样的感想：

> 中国近今亦论教育矣，但多从人才一边着想，而尚未注重国民……大之备政府指使，小之为自谋生计，可叹！况无国民，安得有人才？无国民，且不成一社会！①

这里想先关注一下"国民"一词。因为在中国，以前未尝见，就是在今天我们一般人印象也很淡薄的这个词，是留学生们留日时所习得的文明新语，其意义内涵似乎格外引起他们的注意，甚至激发出他们的一种责任感。早期的日本教育介绍书中说："近日东西教育家分人民与国民为二，所谓国民者，已受义务教育，与国家之兴衰有关系之谓也。（中略）若夫人民之未受义务教育者，则不得冒国民之称。"② 这句话让人能够窥见作者强烈的意识。所以也可以说，那位驻日外交官夫人（顺便说一下，这位外交官夫人的儿子、女儿、女婿都留学日本，长子钱稻孙后来成为有名的日本文学和语言学专家）的观念也反映了一般留学生们的问题意识。从这里，就产生了跟国内当局所持的完全不同层次的留学生的兴学观、普及教育的热情与目标，并且成为运动的主流。

本来，先驱们从戊戌之年就已经开始提倡将"兴学"与"开

---

① 单士厘：《癸卯旅行记》，国学社，光绪三十年，第5页。
② 罗振玉：《日本教育大旨》，载罗振玉著：《扶桑两月记》，三月教育世界社，1902年。

第二章 神山·梁山泊·"文明商贩"——留学生心中的日本像

民智"结合在一起的教育观了①,凡革新派的留学生也大抵受过这方面影响。或许也正因为如此,他们才会在目睹日本教育普及的盛况之后,受到格外的冲击与刺激吧。这种现象绝不仅限于年轻的学生,此前已经有例子了。当时不论是赴日考察的高官还是旧儒,只要踏上了日本的土地,就无不为现场的热烈气氛所感染、所倾倒。前面提到的吴汝纶,当被东京的《朝日新闻》的记者问及从长崎登陆以来的"感触"时,举了两点:"小学教育普及,连寒村僻地也开设小学校,就学儿童在其义务教育年龄者中达百分之九十,此事最为令人惊叹";"所到之处开设的女子学校,不分上下贵贱,妙龄儿女就学,此一实况让人称赞。"(《朝日新闻》,明治三十五年七月七日)

前来参加天长节阅兵式的某高官看到,"通街行去男女学生居十之六七","贱如车夫侍女无不识字,暇则观报"。接触到此类景致,他不由得表情凝重,说:"凡东游华人之有心者,岂能无不由羡生敬,由敬生愧,由愧生畏哉?"②当时大量的日本考察记无一例外地传达了日本的教育普及和民智开启的情形,比如"每见车夫手持报纸,喃喃不休。虽系苦力,有书生气"③,再比如"朝作生徒暮作商,商人少妇熟相场"④。可以说"车夫侍女"是出现频率最高的词汇,连表达方式也惊人地相似(其中一部分直接套用中国文人惯用的"贩夫走卒、引车卖浆之徒"的说法)。不论是"车夫侍女",还是"贩夫走卒",毫无疑问,正是因为此类词语原来包含着极度的蔑视意识,反过来印象才格外深刻,

---

① 王栻:《严复传》,上海:上海人民出版社,1976年,第109页。
② 傅廷臣:《东游日记》,1903年。
③ 王朝佑:《我之日本观》,1927年,著者刊行,第118页。
④ 陈道华:《日京竹枝词》,1908年(1919私家版)。

鲜明的开化场景因此而铭刻于心了。

这里插段闲话。在撰写这一部分的过程中,我正在自己任教的大学课堂里讲授樋口一叶的小说《十三夜》。被烟草店能登屋的阿录爱恋着的阿关憧憬着"将来我要坐在他的铺子的那个地方,一面读报,一面招待顾客"。我讲到这个地方的时候,顺便想听一听中国学生们的感触。一问之下,学生有摆出一副百无聊赖的样子的,也有露出"那又怎么啦?"的表情的,弄得我落了个空,随即又意识到彼此的反应都是不无道理的。现代中国的年轻人当然无法理解以守着小铺子"一面读报,一面招待顾客"为女人的幸福而暗喜、而满足的阿关的心情。同样。当年的"阿关"们,对于偶尔路过铺子,见到她们悠然地边记账边读报的"倩影"的"清国人",曾对她们投去艳羡和钦佩的眼光,甚而至于由此联想到母国的前途而心生畏惧这样的情节和心态,又怎会知道,更谈何理解呢?

回过头来再稍微聚焦一下年轻的留学生,可以看到,在他们眼中,日本的教育还呈现出这样的形象:

> 日本学校之多,就如同我国的烟馆之多;日本的学生之多,就如同我国的瘾君子之多[①]。

用三言两语来浓缩如此深刻痛切的比较后的感受,实非这些远较常人易感风气,又朝夕在现场见闻、体验、反省和焦虑的年轻一代而不能。实际上,他们在学校接受嘉纳治五郎和下

---

① 黄福庆:《清末留日学生》,(台湾)"中央研究院"近代史研究所专刊(34),1975年。

第二章 神山·梁山泊·"文明商贩"——留学生心中的日本像

田歌子等人"教育乃立国之根本"说和国民"德育、智育、体育"说的灌输①；走出教室后，又必须去接触与教育相关的书籍和新闻舆论，以及那些热切关心中国教育之振兴的人们的说教。关于明治时期的日本人热衷的教育美谈，诸如俾斯麦曾经将普法战争的胜利归功于国民教育的普及之类的，对甲午战败记忆犹新的留学生们更是感受到了特别的刺激，使他们不能不把救国的热忱和能量引向广泛振兴国民教育的运动。

以辛亥革命前的四川为背景的小说《暴风雨前》中，有一节生动地描述了当时的氛围和以留学地日本为震源的刺激传播的情形。新世纪刚开头的四五年，偏远的四川盆地里也渐渐兴起了革命热潮气象，针对反满革命的方法论，新兴的学生界众说纷纭。有人说慢吞吞地读书有啥子用，赶紧诉诸过激手段吧。针对这一部分的声音，

> 另一派可不这么想。他们说，正是为了救国才有必要掌握充分的知识。如果全国同胞都有知识，都启蒙了，那么我们不去冒着生命危险，也能实现革命排满。也许一次演说、一篇文章就能瞬间唤醒同胞，如果部队不打仗了，纳税人不纳税了，爱新觉罗们肯定也无可奈何。而这个时候，在日本速成师范学了八个月的先生们陆续回国，他们意气风发，遇人就谈民智启蒙，陈述日本的维新是以教育为发端的，在（四川）省内大声疾呼。在内外夹击之中受到这样的鼓舞，开设学堂形成的风潮

---

① 参考《日本华族女学校监督下田歌子之论兴中国女学事》，《大陆》第一号，1902年11月。

宛如钱塘秋潮，举凡昔日的书院、庙宇、公署、祠堂、衙门的废弃房屋以及私人宅邸，到处都在门上是白纸黑字，上面写着各级学堂的名字。

而其他的主张也涌现出来，说："普鲁士战胜法国之后，俾斯麦把胜利归功于小学校。维新之后，模仿德国普及小学校的日本受惠于此，一战而胜中国，再战又胜俄国，雄视东亚，跻身列强行列。如果我国也向日本学习，真心进行维新，普及小学教育，又何必舍本逐末？"

这样一来，小学就如秋潮的浪尖，不管不顾地卷入进来。①

这里要是补充一点的话，就是在这一幅速写里，要说的话中是否也反映了与作者李劼人共有了同一时空的同窗学友郭沫若少年的眼光呢？之所以这么说，岂止怀有传统的萤雪之功，日常行动上也共进退的两位少年，就像观赏憧憬中的钱塘江秋潮那样凝望着街上热闹的景象，心潮澎湃；但实际进入学堂之后就被所学内容的不充实弄得烦躁不满，于是长成之后，一人西去法国留学，一人（郭）继第一代留日的长兄之后，东渡日本留学去了。

---

① 李劼人：《暴风雨前》，《李劼人选集》（第一集），成都：四川人民出版社，1980年，第63页。

第二章　神山·梁山泊·"文明商贩"——留学生心中的日本像

连林黛玉都被唤醒的女子留学

在那个时代,在日本留学和振兴日本式的新教育的问题上,还有一个能看到人们寄托了那么深切的感情和巨大的梦想的绝好的例子,就是一部看来是留学当事者所写的《新石头记》①。故事的梗概下面再看,但它竟然连一百多年前就已葬身黑暗的时代深渊里的《红楼梦》的男女主人公都能叫醒,还让他们东渡留学,这就令人吃惊了。不过事实上也是,但凡能到外国留学的,大多出身世家,正因此,他们对封建末期世运衰颓、家道中落的滋味体会得尤为深刻。他们之中才子(还有像秋瑾那样的才女)亦多,对于他们来讲,"大观园"中演绎的风月故事固然值得怀念,而在那"百足之虫,死而不僵"(作者曹雪芹用以形容封建豪族倾颓之势的用语)的体制之下上演的才子佳人的多舛命运,令人感到尤其刻骨铭心。既然这样,在好不容易迎来世界如此开放,摆脱百年噩梦的机会终于抓在自己手里的今天,把贾宝玉和林黛玉——压在我们几代人心上的悲剧偶像——也叫出来一起享受新的生命吧;产生这样一种心情也就很能让人理解了。

故事讲述的是,林黛玉死去、家境没落后出了家的贾宝玉,忽一日,听说林黛玉其实没有死,她到西洋留学之后又去了东京,在留学生学校教书,或者现正暂时回了上海省亲呢。他一听说,立即脱下袈裟,换上西装(不过因为是在清末,就像回到上海的鲁迅那样,又装上了假"辫子"),飞奔而去。到了上海才

---

① 吴趼人:《新石头记》,郑州:中州古籍出版社,1986年。

知道黛玉回国的传言不确，便又立即赶到东京。一看，正如传说的那样，林黛玉在富士山附近的大同学校教授哲学和英语哩。看到她，宝玉高兴得忘乎所以："我自己这些时日在外周游，也多少懂得了点自由和压制的道理，从今以后咱俩绝对不离开自由啦。"他用那又撒娇又任性的老调子刚一开口，就挨了一顿训斥。林教授正色道："现如今已经成了堂堂的国民了，首先应该视开启民智为天职，不要再说那些多情多恨的痴话了！"接下来，黛玉劝说宝玉留在日本学习，归国之后尽可能多地开设学堂，唤醒更多的同胞。同时也说："如果你听进我的话，一周见一回也行。"就这样又劝又哄的，结果，向来缺乏向学之心的宝玉也成了留日学生。

虽然这本书内容浅陋、无可足道，但它也反映出了当时围绕"东洋留学"的流行心理的图式化的一面——不过更值得关注的，是这里也出现的"堂堂国民"之类的话。小说结尾处，宝玉致力向学之后，太过埋头于学问的黛玉还全然没有结婚的意思，最后是大同学校的校长看不过去了，只好以请求日本天皇"赐婚"的形式终篇。这种种描写在任何意义上都与那个娇怜柔弱缠绵情爱的林黛玉相去甚远，但偏偏要让昔日的柔弱佳人表现出这种近乎生硬的气势来，大概是为了反映当时同时出现的另一股细微却也热烈的潮流，那就是女子留学。

东京最初出现中国女学生，是在1900年。那时候，甚至到1903年之前的清朝教育制度的规定中，不用说女子留学了，连女子学校都是没有地位的。女学的最大的反对者恰恰是新式教育的最高权威张之洞。他说，中国与西洋的礼仪习俗不同，不宜设立女学。① 所以最初的几名女学生要么是驻日外交官的女儿，要么是早期留学生的妻子。但是，她们在这里遇到了华族女学校与帝国妇人协会附属实践女学校的校长下田歌子。具有讽刺意味的是，下田反倒成了中国的女子留学日本的实际推动者。在人脉和对华主张方面都跟东亚同文会的近卫笃麿属同一系统的下田女士，早前就与包括孙文在内的在日留学生往来频繁②。自从接收女子留学生之后（1901年开始，1905年在老留学生范源濂的协助下，下田创办的速成科因为有女侠秋瑾而闻名），她一见到吴汝纶等教育考察官就对中国女学生们赞不绝口，称她们"倜傥大方，行止自由，论学讲学，一如男子……贵国女子性格高尚，本非逊于人。而特无教育以养成之，遂至于国家毫无关系，实为可惜也"③，以此力主女学振兴和女子留学。

但是，其实最先推动了负有其责的教育视察官和最早期留学生，引发女子留学的，必须说是日本女学振兴的风景，主要是短期视察官投向手拿报纸的下女和店女时惊异的目光，这在前面已经介绍过了。一般留学生似乎对这样的风景印象更为深刻："白绫衫衬紫罗裙／书笔生香又一群／新受下田歌子教／未成年不嫁夫君。"④ 短短四句，在女学校，如它的名校华族女学校或者实践女校的学生们的身姿，便跃然纸上。每天上下学，咫尺之间接触到这样清新（白）明朗（紫）飘散着新文化气息的

---

① 黄福庆：《清末留日学生》,(台湾)"中央研究院"近代史研究所专刊(34),1975年。
② 竹内好、桥川文三编：《近代日本与中国(上)》(朝日选书,1974年)所收之小野和子文。
③ 《华族女学校学监下田歌子论兴中国女学事》,《游学译编》(第一期),1902年。
④ 陈道华：《日京竹枝词》,1908年(1919私家版)。

一伙一群，想到"终日困守深闺步不出户，涂脂抹粉，评头束足，饰满髻之金珠，衣周身之锦绣，胁肩谄笑，如动物园围栏里玩物那样的我国女子，与之如何能比"（《浙江潮》第二期），也难怪要触发出这种感慨声来了。由于中国是早婚社会，留学生差不多都在自家有着年轻的妻子和嫁出去的姊妹，若以今观之，就是自己家里都有受"女子无才便是德"的古训和缠足等陋习束缚的"玩物"！考虑到这一层现实，不难想象，那感慨声中包含着多少懊恼和沉痛之情，又潜藏着怎样的反省！

甚至连本应像反对女子留学的张之洞那样恪守古训的名儒吴汝纶，也不仅从开始就频频羡慕、钦佩"不分上下贵贱，妙龄儿女就学"的普及状态，而且认为"注意女子的智育体育是日本开化的最大原因"，并举"皇太子妃成婚后不到两年时间，就已经为皇室添了两位皇孙殿下，这完全是重视体育的结果"（《东京朝日新闻》，明治三十五年七月一日）为例，这就很是有趣了。初看时觉得，如此高龄的一位大儒怎么会举这么个例子呢？后来一查，吴汝纶到达东京是在6月28日，正值各大新闻争相报道第二皇孙淳宫"御隆诞"，很是热闹。从他随时不拘格式地接受启发一事，也可见他非常积极的姿态。他在临归国前向下田歌子吐露："然而在我国，单是家庭教育一事，古来女子终生闭锁深闺不出，故身体虚弱，难免孤陋寡闻，甚是遗憾。"（《时事新报》，明治三十五年十月八日）基于这样的立场，他对下田表示感谢，称赞她接受我女子留学为我国"古来绝无"之举。吴汝纶如此，下面的普通留学生也都各自努力地推动着女子留学运动。譬如杨度就把陷入闺中独自悲伤的妹妹带了出来，某回乡省亲的留学生甚至带着母亲同行，将她送入实践女校的速成班（与秋瑾同班），等等，这些男性对女性走出解放的第一

第二章　神山·梁山泊·"文明商贩"——留学生心中的日本像

步伸出了援手。

那么,女留学生本人又是怎么考虑的呢?她们中间既有跟随父兄或是夫君来的,也有跟男子一样为忧国之思的驱动而来的,无法一概而论,但是在女子的独立自尊方面是一致的,这像是女子留学界的至上命题。

在正史里从来是胜过男人的革命斗士的秋瑾,也是如此。她在《敬告姊妹们》等文章中就是这样呼吁的:

> 我们女子不能自己挣钱,又没有本事,一生荣辱,皆要靠之夫子,任受诸般苦恼,也就无可奈何。[1]
>
> 欲脱男子之范围,非自立不可;欲自立,非求学艺不可,非合群不可。[2]

前面说过的何香凝女士,更倾诉了女性自身的危机感。

> 然则天下兴亡,我二万万同胞安能漠视哉?去读一读日人所著《北清观战记》,记当日联军在通州纵性屠戮,肆行淫虐,良家妇女之蒙羞含耻,投身于贮雨水缸中自杀者,通州一处,已千数百人。
>
> 破除"女子无才便是德"的意识!放弃"甘以玩物自待"!渐次来外国游学,成己成人!
>
> 呼我同胞,其勿仍以玩物自待,急宜破女子数千年

---

[1] 秋瑾:《敬告姊妹们》,载郭延礼编:《秋瑾诗文集》,北京:人民文学出版社,1982年,第12页。

[2] 秋瑾:《致湖南第一女学堂》,中华书局上海编辑所编:《秋瑾集》,上海:中华书局,1960年,第32页。

黑暗地狱，共谋社会之幸福，以光复我古国声名。……我姊妹乎，其急剪除旧习，灌输新知，游学外国，成人成己勿放弃责任，坐以待毙。①

有了这样带着危机感的自立意识，又有了像上面说到的杨度的妹妹所表现的那样目送兄长们走了而"我连一线生机也没有，只能坐以待毙"而深深悲哀的经历，所以当她们终于逃脱了束缚，在异国获得独立，并且获得了进入通向"国民"之道的女学的权利时，激动和清新舒畅之情，是非常令人欣慰并为之莞尔的。秋瑾在她代为起草的《实践女学校附属清国女子师范、工艺速成科略章启事》的开篇，面向国内姊妹们呼吁快快"束轻便之行装，出幽密之闺房，乘快乐之汽船，吸自由之空气"②。

还有一首欢畅生动地表达出这种解放的喜悦的诗，在此抄引一部分。

二十世纪女学生，
美哉新国民。
校旗妩媚东风轻，
喜见开学辰。
展师联队整衣巾，
入学去重行行。

天仪地球万国图，

---

① 何香凝：《敬告我同胞姊妹》，《江苏》1903年第4期。
② 中华书局上海编辑所编辑：《秋瑾集》，北京：中华书局，1960年，第9页。

> 一日之摩挲。
> 理化更兼博物科,
> 唱歌音韵和。
> 女儿花发文明多,
> 新世界女中华。①

那些少女本来注定了是"终生闭锁深闺不出"的,而且往往身体孱弱,孤陋寡闻,如今她们却逃脱这种命运的安排,穿着象征女生身份的紫色的裤裙,清晨在女校瞻仰校旗,课堂上"摩挲"着地球仪,将国家甚至整个天下尽收眼底,她们的那种喜悦真是无以言喻。别忘了她们大多还是缠足的呢。当看到这样一群女生在运动场上奔跑、荡秋千的身姿时,谁的心能不为之所动呢?而且,虽然同样是手握球拍,她们尽全力挥腕、击球追球的那种矫健顽强的样子,与漱石笔下的猫的眼中"连女人都拿个球拍子在大街上走来走去"的时髦女态相比,又大异其趣了!读到这里,就能理解下田歌子所反映的"倜傥大方,行止自由"的形象了,也能理解昔日佳人从多情多恨的小世界走出来,甚至走到了"未学成不嫁夫君"程度的心理了。

"兴学"现场的氛围

当然,想了解当时的"兴学"运动是何等紧张热烈,我们还应该去看在派遣师范留学生过程中即首着先鞭的湖南的一派

---

① 松琴:《女学生入学歌》,载《江苏》第九、十期合本。

活跃景象。在杨度第一次自费东渡时与之同行的该省第一期速成师范生中,有一个叫胡元倓的人。与杨度这个近代政治史上一匹狼似的存在形成对照,胡则成了中国近代教育事业的一位元老,但在当初,在为祖国振兴教育这一点上,二人的做法却殊途同归。杨度为了与嘉纳治五郎先生彻底讨论教育大方针,推迟了原本与胡元倓约好的一起回国的日期;而为开启民智这一紧迫的时代要求且已经被日本教育的成功景象刺激得坐不住了的胡元倓,当即就迫不及待地回了国。

胡元倓甫一落脚上海埠头,就去拜访在江苏省做官的同乡友人,商谈在家乡开办新式学校的事宜。得到友人龙氏兄弟的帮忙和赞助把学校办起来,是在他归国后仅四个月的1903年3月的事。直到1902年的年初,东京所有的留学生"二百七十人中希望读师范学校者仅六人,即四十五人中仅得一人有志于教育者"——《新民丛报》第三号曾如是感叹。但不出一年,仅就湖南省第一次派遣的留学生而言,就有了杨度和胡元倓二人分别在教育理念和教育实践两个方面的活跃表现。而且,就胡元倓来说,如他日后回忆,他正是受了不久之前还流露出杞忧之情的《新民丛报》的影响,才开始了办学行动的[①],可见历史的展开、传递是多么的急迫和迅速啊。

对以留日学生与考察官员们这一群体为传播者的各种教育主张和思潮,这里有必要考察一番。此前已经提及清政府当局狭隘的人才培养教育观,和国人在日本受到熏陶、刺激而产生的国民教育观。前者,不论倡导者们主观上是否愿意,他们所采取的奖励留学、开设学堂和废止科举制等措施客观上都为新

---

① 李肖聃:《星庐笔记》,长沙:岳麓书社,1983年,第41页。

第二章 神山·梁山泊·"文明商贩"——留学生心中的日本像

式教育的涨潮起了破堤开闸的作用；但同时，他们贫弱的主张本身又在这决堤奔流的大潮面前不堪一击，被裹挟而去。

而另一方面的新式教育观虽然都以开启民智为说辞，但是也反映出了以留日学生为中心的整个知识阶级的政治意识的高扬和多样化，其中有改良的、革命的，或是标榜超越政治的渐进主义的，呈现出了各种各样的倾向。比如，最早以"中国之新民"为笔名提倡"新民说"的梁启超一派就认为，不用说要在民智未开的中国实行过激的革命了，就连他们认为最适合中国的立宪君主制的实施也被认为为时尚早（为此，他发明了"预备立宪"这个口号，之后它原封不动地为清政府所借用），于是他们把"兴学"定位在为推行改良政治打基础的位置上。

针对这一派的学说，章炳麟一派首先以"人心的智慧乃自竞争而后发生，所以今日的民智不必恃他事以开之，而但恃革命以开之"（《驳康有为论革命书》）一说，与其针锋相对，继而一语喝破曰："居今日我国而言教育普及，唯在导之脱奴隶就国民。脱奴隶就国民如何？曰革命。"（《读〈革命军〉》）在上述二者之间，跟急于事功的亡命者和短期留学的活动家们不同，还有一群人，他们一开始进的就是日本人学校，循序读下来，确实达到了学有专长的程度。但这些人也因此事事穷究学理，对于上述"既不致力于开启民智，又专集中关心政体改革"的两派，均以"无谓"一语嗤之。他们的主张是："社会政体等等皆不过是人心的一个现象"，故此"治国先治人心"，人心改革之道"则唯有教育"。这是纯粹观念论的"教育治国论"的标本[①]。

---

① 丁守和主编:《辛亥革命时期期刊介绍》,北京：人民出版社,1982年。

明确地将革命教育的主张以"革命与教育并行"的口号提出来的，还是邹容的《革命军》。刚才提到的章炳麟的"……曰革命"的一吼，也引自《革命军》。在爱国主义、民权思想和近代政治法律观念的灌输下，邹容呼吁，要培养具备"独立不羁之精神，乐死不辟之气概，尽瘁义务之功德，以进人群之人格"的、与资产阶级革命和民主主义时代相适应的新人。① 这种教育理念的提倡，在另一个方面也表明了中国的革命运动逐渐脱离自发（比如此前的义和团运动）的阶段，正在一步步转化为近代的革命。理所当然地，这种主张渐渐成为新式教育运动的主流。

重新来看，尽管如此，但各派别在历史中施展、消长的实际情形，则未必是单纯的。前面提到过，说只要教育普及了，"凭借一场演说、一篇文章就能立刻唤醒人民，……即便不冒生命危险"，排满革命也能成功，这种程度的革命教育之说曾相当地有市场。（这一点，从孙中山的革命要成功"宣传之力占九成，武力只占一成"和"教育即宣传"② 等主张里也间接可见）。与之相比，被正史定义为改良主义者的梁启超等人一贯主张的民智启蒙和教育普及的宣传，凭借着《清议报》和《新民丛报》在当时的绝对影响力，在向中国输入和普及近代教育思想上，发挥了那个创刊稍晚又立即专注于革命主义的宣传和论战的孙文派的《民报》所不可比拟的巨大作用。另一方面，那个可能是为它排斥一切政治的立场所累，在革命成功后的正史里几乎未予提及的渐进主义的"人心改革"的教育论，在那个时代的教育

---

① 邹容：《革命军》第三章"革命之教育"，载《辛亥革命前十年间时论选集》第一卷下册，生活·读书·新知三联书店，1978年，第667页。
② 孙中山曾说过："宣传之功，胜于武力。"见孙中山：《复朱乃斌何汉强函》，载《孙中山全集》第七卷，北京：中华书局，1985年，第35页。

第二章 神山·梁山泊·"文明商贩"——留学生心中的日本像

现场,其实也曾有过很广的影响力,并且持续很久。

再回到胡元倓,看看他所创办的湖南省最早的私立中学明德学堂的例子。它"始招学生百数十人,其(1903年)冬复设速成师范科,招老生而训迪以新学。……明年复设经正中学"①,同时创建了系列女子学校"湖南民立第一女学",中华民国成立后又在北京、武汉增设了明德学堂等,成为清末以降中国中部新式教育的据点。它的成长过程,直接反映了上述诸种思潮与势力活泼泼地相互关联、共同发力的时代状况。开创人本人受梁启超的启发,尊创办庆应义塾的福泽翁为典范,向嘉纳治五郎先生直接讨教创办学堂的具体方案②,相较而言是一位诚心诚意的教育救国论的信仰者,其倾向与《革命军》所主张的"革命与教育并行"论未必相同。革命胜利之后,"他每对明德学生演说,常会议说:'克强先生在日,我对他说,流血革命险而易,磨血革命稳而难,公倡革命,乃流血事业,我办教育,是磨血之人'"③。

但是要施行福泽或者嘉纳式的新式教育,除了把刚刚归国的留洋学生集结起来,别无他途;而这些留学生们的飒爽登场,自然便使得学堂不能不变成革新势力聚集的新的梁山泊。这样一来,在自曾国藩以来"中兴功臣"(附带说一下,学堂正是把祭祀第二号中兴名臣左宗棠的祠堂当作了校舍)辈出、在乡的高

---

① 李肖聃:《星庐笔记》,长沙:岳麓书社,1983年,第40—41页。
② 参考李肖聃:《星庐笔记》,第40—41页。
③ 黄一欧:《黄兴与明德学堂》,载中国人民政治协商会议全国委员会文史资料研究委员会编:《辛亥革命回忆录》(第二集),北京:文史资料出版社,1962年。这里的"克强",是指黄兴。辛亥革命期间他在胡的劝说下参加了内阁,不久病逝。

官缙绅和科举之士具有强大的统治能量的湖南，这足以激怒旧阵营了。以名儒王先谦为首的顽固派指称明德学堂为"革命学堂"，想方设法地破坏它，并且确也成功地停办了明德系统中的女子学校。与此相呼应，同志中也有了举反旗的（那是与胡元倓同期留学的一个发起人）。当时的形势是，学校既与明治时期的庆应义塾不可同日而语，教员们也不可能成为专力于实学和启蒙的福泽谕吉——社会体制和国体不同。于是，胡元倓首先必须为了保住学堂而呕心沥血。

然而另一方面，胡元倓的防卫策略却也颇为简单：能够同样巧妙地利用官僚和缙绅社会就行。赞助创立学堂的龙氏兄弟的父亲是朝廷高官，学校就轻易地送了他一个学堂"监督"（相当于今天的名誉会长）的名头。平日里，从省里的督抚到官军各界的衮衮诸公，只要请他们参观学堂，他们也大都踊跃莅临，并且一迭连声地褒奖"原来如此""很好很好"，边夸边痛快地捐款呀、接受名誉职务呀。资金或器材一旦陷入困境，胡元倓就会走在各地任职的同乡名人的路子化缘。后来黄兴等人的起义事泄失败，学堂成为众矢之的，也是托庇于这种人情社会的人脉关系之网得以安然无事。甚至连黄兴的逃亡资金，都是通过学堂校长胡元倓从省里的学务长官那里通融来的。没错，这确是乡党社会特有的无是无非的解不开的人情网（但在这里倒也蛮不坏呢），但在那个举世仿效"东洋"施行"新政"的时局下，谁不愿意就便搭乘上升气流，向新派适当地卖卖人情、拉点关系呢？可以说，对于包括革命活动家在内的从东洋归来的诸君施展本领来讲，那甚至称得上是个至福年代。

比如就从明德学堂的教师阵容上来看吧，大概不论是谁，都不能不为其豪华而惊异的吧。教师阵容中包括了辛亥元勋黄兴,以及吴禄贞(士官留学生中的顶级才俊)、张继(孙文的股肱之一、国民党元老政治家)、秦毓鎏(留日学生"反俄义勇队"的发起人之一)、苏曼殊(日本留学产生的首位名诗人)等。这些人竟这样轻易和不经意地就聚在了一家私立初中里!这些不仅是名垂留学日本史,而且名垂近代革命史的一众名人,如以今日的史笔可能会大书特书,尽显其辉煌,然而对于有鸿鹄之志的黄兴们来说,那只是极为自然地当应尽之义务而做的,既不是一时的韬晦,也不是一种姿态。往来于日本和中国之间,双肩承担起运动与教育启蒙的责任,毋宁说就是他们革命生涯的应有之义。1903年初夏黄兴为了内地的运动而回国,一回来就被头一年在弘文学院结识的胡元倓抓住,把正在筹备中的学堂的速成师范班交给他,让他教体育、博物、地理等课程。据在该校上学的他的长子回忆,他常常利用什么标本呀、地球仪呀来讲课,到上体育课的时候,"多穿浅紫色长褂或一种对襟短装的体操服(俗称操衣,夏白、春秋蓝、冬青色)"① 出现在学生面前。这些只有留学日本归来才有的教材教具、教授方法和利落装扮,把学生们都给迷住了。下面是系列校之"湖南民立第一女学"的学生写的回忆录,让我们来瞻仰一下在这个学校也担任体育课的黄兴老师的授课风采。

> 在三十多个同学中,上体操课的实际只有我们十几个没有包过脚的大脚姑娘。黄老师不到学堂里来,而由我们自己整队到东茅街许宅的过厅去上操。他常穿着一

---

① 黄一欧:《黄兴与明德学堂》,载中国人民政治协商会议全国委员会文史资料研究委员会编:《辛亥革命回忆录》(第二集),北京:文史资料出版社,1962年,第18页。

件酱色的纺绸长褂,教我们翻杠子,做柔软操,玩哑铃。没有双杠设备,就要我们把床铺架子搬出来代替,叫我和龙珏表演给大家看。柔软操是日本式,黄老师从日本学来的。黄老师教学生很耐烦,从无疾言厉色。乙班同学李兴亚,是黄一欧的未婚妻,她上操时立正姿势不对,黄老师亲自去纠正,顽皮的同学就细声打趣说:"家爷老子替媳妇搬脚!"①

不用说,黄兴一边在实践他的日式普及教育,一边从事革命宣传与组织活动。从孟子的民本主义到卢梭的民权论,黄兴最大程度地将其活用,来对学生进行启蒙。他还翻印了《革命军》《猛回头》等小册子,散布到街里甚至兵营里去。同时,他在学堂任职期间创办了中国同盟会的三大母体之一的华兴会(1903年11月),其中大多数会员都是明德学堂圈子的,学堂本身自然就成了反满革命的秘密基地。1904年秋,黄兴等人策划了一起爆破行动,所用炸药是在学堂的理化实验室里试制的,进行指导和帮助试制的,是那年春天刚刚招聘的日本老师(担任理化课程教员)堀井觉太郎,使用的器材和药剂就直接挪用了某高官捐赠的日本制品,等等,没有比这更顺当、合适的了。②

一方是胡元倓、黄兴那样具有团队精神和气魄的留日学生群体,另一方是以当局为中心招聘来的大量日本教员,正是由他们构成的两大主力形成并且助长了振兴教育的"钱塘

---

① 许佩琅:《辛亥革命前的女子教育》,载中国人民政治协商会议湖南省委员会、文史资料研究委员会编:《湖南文史资料选集》第十辑(内部发行),长沙,1978年,第62页。
② 黄一欧:《黄兴与明德学堂》,载《辛亥革命回忆录》(第二集),第20页。

第二章 神山・梁山泊・"文明商贩"——留学生心中的日本像

江秋潮"。话虽如此,但高潮涌来时的势头也过于汹涌了。从1902年到1909年这数年间,学校数量从七百一十九所增加到五万二千三百四十八所,学生人数从六千九百四十三人增加到一百五十六万零二百七十人,各自呈现了成百倍、二百几十倍的激增。[①] 与之相比,速成留学生与日本教员,还有他们经由速成培养送出来的弟子们,即便全加在一起,也只有平均十所学校才能摊上一个或者还不到的比例,那教育现场的支绌和混乱,是远远超出想象的。因不在讨论的范围之内,本论将不涉及留学教育的整体面貌,仅举个上体育课的例子来看。据说有的老师称自己教的是从日本学来的柔软体操,却"教了很多日本舞蹈的步法"。即便如此,从刚才说的比例而言,一所学校里能有一两个拾人牙慧的留学生就算是好的了。实际上,这种"骗小孩"般的玩意儿对内地的文明开化曾形成过如何强烈的冲击,是我们现代人所想象不到的。举出日本舞蹈之类极端事例的郭沫若这样描写了村子里半新半旧的私塾(不用说,这里不会有留学生的)里渗透进了"东洋式"体操课后的风景:

> 那时候的"洋操"真是有趣,在操"洋操"的时候差不多一街的人都要围集拢来参观。
>
> 那时候叫立正并不叫立正,是叫"奇奥次克",叫向右转是"米拟母克米拟",向左转是"西他里母克西他里",走起脚步来的时候便"西,呼,米,西,呼,米"的叫着。大家都莫名其妙,只觉有趣,又觉得好笑。这

[①] 丁守和主编《辛亥革命时期期刊介绍 第二集》,北京:人民出版社,1982年,第244页。

些很奇怪的口令在当时的人自然觉得是真正的洋货了，但可不知道它们究竟是哪一洋。这个秘密在现在的我当然是解决了的，这全部都是日本的口令，所谓"西呼米西呼米"者就是我们的"一二一二三"而已。成都才办学的时候，请来的日本教习特别多（其中连日本的皮匠师傅都聘请来了），聘金特别的贵，就像这样骗小孩子的体操都用日本教习来教，连那样基本的口令都没有翻译成中文，可见当时办学人的外行，也可见中国人的办事草率了。但尽管那样，我们倒是感觉着很浓厚的趣味的。①

有些地方到了1920年代末仍然有"奇奥次克"的叫法②，可见影响力渗透之深。少年郭沫若后来一步步从府立到省立升入新式学堂。但是，"除了照着（从日本带回来的）钞本教了我们一些就像图画一样的罗马数字以外，他演起习题来差不多连加法都要弄错"③的"可怜的算术"；即便照用东京正则英语学校的教本，也"把那'比阿把''比奥保''比爱摆'的拼音便教了我们半年"的英语；"学了一两个学期，用尽我们的力量连五十音都没有学好"的日语……他们就上了这样一些课。所以在如坐针毡的少年郭沫若们（也包括上面说的李劼人）的印象中，"日本人经营学校，从中国人按月赚薪水，是他们的惯习"，这就难免他会产生对留学日本和日本教员的不信任感了④。整体来讲，

---

① 郭沫若：《少年时代》，北京：人民文学出版社，1979年，第40—41页。
② 汪向荣：《中国的近代化与日本》，长沙：湖南人民出版社，1987年，第88页。
③ 郭沫若：《少年时代》，北京：人民文学出版社，1979年，第64页。
④ 同上书，第116页。

第二章 神山·梁山泊·"文明商贩"——留学生心中的日本像

1905年以降，中日两国国内对速成留学和速成教育的批判从来没有停止过。关于速成式教育出现的历史原因和批判的内容等，据黄福庆所著的《清末留日学生》中的详细的论述，按当时情势，可用"饥不择食"一言以蔽之。尽管如此，初期速成师范生中也出现了像杨度和胡元倓那样志存高远、原本就已具有坚实学问根基和实绩的诸多先驱人物；而另一方面，即便是那些予人以玉石混杂之感的大量速成时代的人们，只要他们开启民智、普及新式教育、鼓吹"东洋"的新风新说，就应该把他们的热情和实绩，也放在历史层层点点的积淀过程之中给予肯定。

"速成法政"与猎官的洪水时代

同样是速成留学，与师范科相比，构成另一主流的速成法政科呈现出的是爆炸式的人气和流行。很显然这是受到清政府施行新政的许诺与以往出仕路径（科举制）关闭的刺激所致，所以它也就自然而然不可避免地成为令人腻味的功利色彩浓厚的东西。

东京的法政大学开设清国留学生法政速成科是在1904年，那是由于同年与下田歌子一起在实践女校也开了班的范源濂们对法政大学的校长梅谦次郎做了工作而实现的。起初，范并非奉当局之命行事，所以正如某同时代人的证言所说："留学者见中国时事日棘，而官吏之无记（识）瞪憎实维新之一大障。时民智渐开，乃进而谋开官智……"① 以此作为动机还真有其鲜

---

① 朱德裳:《三十年闻见录》,长沙:岳麓书社,1985年,第69页。

活有趣的一面。这姑且不论,但在教育现场,还是以对考中科举的候补官僚进行再教育和对赴日考察法律和行政的"游历官绅"(与参观现场并行)施以集中讲座的套餐课程为主,所以,这样的课程的设立与存续自然会得到驻日公使的赞助,中央政府和各总督巡抚也都采取了积极的态度。

在所有的速成课程都开始受到限制的1906年以后,只有"进士馆"①的官吏预备队能够破例。由于科举制的废除,进士馆断了生源,在馆里学了一半的人也气数散尽,谈不上毕业了。于是学部上奏朝廷后采取了这样的措施:"所有新科进士,癸卯(1903年)即将毕业者将送往外国游历,甲辰(1904年)的进士在本馆在学者将全部编入日本法政大学速成科第五班,即刻派遣。另,在本馆听讲的各部相当于进士之现任官与尚未入学之进士资格合格者亦一并送往,以广开育成人才之新途径。"②对于当局者而言,这算是相当果敢的措施了。当然,法政速成科里也有很多像汪兆铭、朱执信等这样的革命派和自费留学生,但是,包括这些人在内,其主流仍然为那些科举之士、功名之徒所占据。从1904年到1908年,仅是法政大学速成科这五期加起来就产出了一千一百四十五名翻了新的官僚和官僚苗子③。

缺乏能呈现现场状态的原始资料是个遗憾。现在只能够发现一件,就是保存在北京紫禁城清朝某档案中的"清国留学生法政速成科第二届毕业考试成绩表(明治三十九年五月施行 盖

---

① 进士是科举考试最高一级的功名,进士馆附设在京师大学堂,最后几届考中科举者要接受三年的实学教育课程。
② 《东方杂志》第三卷第一〇期,1906年。
③ 黄福庆:《清末留日学生》,(台湾)"中央研究院"近代史研究所专刊(34),1975年。

"◎"印者为优等生)"。这份由"司法省指定文部省认定私立法政大学"提供的成绩表还附有公使杨枢的报告，以及详细抄录的"成绩分数原表"等，由此可以窥见当局重视的程度。这些文件显示，第二期二百三十名毕业生中，优等生十一名（广东的汪兆铭、朱执信分列第二和第五），其他全部是合格。这也就不说了，那"三个学期平均分数"的第一名是八十六分，垫底的第二百三十名是六十二分，不仅分数间差距小，而且全部分数就像二百三十张多米诺骨牌那样排列得非常的完美、均衡，委实令人吃惊。没准是因为大家都是一把年龄、有一定身份的人了，为了让所有人都能过得去，就大而化之，在分数上放了水吧。或许事情可能更单纯。速成班的课程，全部通过范源濂等前辈口译进行。即便真有过考试，笔试的答案肯定只能用汉文书写。对这样的二百三十份答卷，日本人，且大多是兼职的日方教员，根本不可能一一过目而且评分。总之，要而言之，会不会是用某种变通的方法适当地配了分的呢？

这种推断对还是不对？而且主要是无论在上进心还是感受性方面在整个留学生中都要逊人一筹的这批留学生，靠这种速成方式能不能养成实力？等等，其实都不重要了。与这些问题无关，正是这一群人，在近代中国社会里形成了远远凌驾于前述留学去得早、在社会启蒙方面留下历史功绩的速成师范留学生群体之上的极大势力，这可是不争的、令人无可奈何的事实。可以粗略地把宣布全面废止科举和预备立宪的1905年到1906年作一个分界点。在此之前，无论是对孙文的革命派还是对梁启超的宪政派来说，都是以开启民智为至上课题的时代。那个时期的留学生中像胡元倓、黄兴等明德学堂团队成员那样的优秀人才甚多，并且归国后差不多都分散到各地，兢兢业业、扎扎实实地工作，涌现了一批名留近代史的学者、文人、启蒙革命家。但是从1905年之后，留日归国者整体上强烈地想向官场进军，于是产生了许多新的精英官僚和浅薄的代议制运动家。这群人中的大先辈中发迹的头马章宗祥（他也入读法政科但并非速成）在归国十年之后的1916年，作为中华民国的驻日公使到东京赴任。这里说的是他当时的故事。某日，他设宴招待一高住校时代的旧友们，一看，发现当年"醒狂会"的成员如今几乎都是"地位尚在中级"，他因此感慨道："凡已成之国家，人才大都循序渐进。非若革新之国，青年得骤跻高位也。"①话的后半段大概就出自他自己的亲身体验吧——在清末的最后数年间，正好碰上归国留学生任官考试与宪政准备这种"天时"，而得以迅猛跻身高位。

从章宗祥，人们就会联想起后来他在"五四运动"的旋流中的难兄难弟曹汝霖。当时，他俩都被当作亲日卖国贼受到攻击，学生游行队伍火烧了曹的私邸，前来做客的章也遭到殴打。曹作为速成法政的发起人之一，留有直接的证言。清朝政府的宪政准备事先宣称的是从地方自治着手，首先在各省成立所谓的"咨议局"（省临时议会），然后进行省会议员的选举。结果"各省选出的议员有名望的人士居多，并且法政大学速成班毕业者占大半。范源濂欣喜之余对我说，我们种下的种子全都开始冒出芽了"！②

范、曹、章等人都是早期留学生中体制派的精英，因此在清末立宪筹备机关和袁世凯政府中也继续发迹，成为位高权重

---

① 章仲和：《任阙斋东游漫录》，出版地、出版者不详，1929年，第42页。
② 《曹汝霖一生之回忆》，台北传记文学出版社，1966年，第79页。

第二章　神山·梁山泊·"文明商贩"——留学生心中的日本像

的人物。那么，由他们播撒种子培育生长的、只能称为他们的亚流的这群速成法政家们，要开始怎样的活动呢？临时省议会成立之后，开始筹备成立国会。关于这一段的相关动向，在日的章炳麟作了如下报告。

> 关于举办国会的时间，东洋学生认为以三年为宜，满洲政府说是十年，西洋学生则主张二十年。快慢之差如此之大，何以至此？东洋学生刚刚学完法政，会受器重，毕业生不断增加，他们的身价则要下跌，故要在毕业生尚未集中之际率先得到富贵。西洋学生要花时间学习法政，其间东洋群体如果占据了要职，他们只能等待官职和顺次晋升，故拼命延迟事情之推进。一方说国会召开太迟则不留时日于我，一方则说太快则不待我以时日。说法相反，但在孜孜于地位与财富这一点上则相通。
> (《民报》二三号)

曹汝霖也承认这些"主张君主立宪制的温和派占据大半"，所以他们被革命派留学生和一般知识界动辄斥为不学无术、没有气节操守的投机者而受到蔑视也是理所当然的。尽管如此，在武昌起义前的数年间，革命党因为发起多次起义都遭到失败，而越发陷入困境，在他们或潜入地下，或流散到比日本更远的南洋或北美期间，法政群体联合在乡缙绅一步步成功地占领了地盘，在国内政治舞台上大显身手。这种状态一直持续到武昌起义之后。粗略地看一下在北京的日本人刊行的《民国之精华》(北京写真通信社，发行人佐藤三郎)的"名人录"就可以发现，截至1916年，众参两院的四百三十九名议员中，有一百八十三名来自留学日本群体（与之相对，有南洋、欧美履历者是七人），议长级别的四人则是清一色的"东洋"色彩。还有一份资料，是截至1916年在北京的东洋、西洋留学生职业分布统计。当时，辛亥革命后刚去日本留学的学生尚未归国，而七八年前才正式启动的赴欧美留学的归国者更是极少，所以可把它看作基本上反映了辛亥革命之前留日当事者们现状的一份资料。据此统计，共计一千六百五十五人中，官界是一千零二十四名，占62%，学界一百三十二名，军界五十六名，医界二十三名，新闻界十六名，商界二名，无职业者三百九十九名，其他三名。① 无职业者约四百名，可以推定其中多数是在谋求官职或等待时机，故而进入政界者高达七成以上。再就是革命带来的政界重组，和人们对民主主义和议会政治时代到来的期待也起了很大作用，所以1910年代的法政群体越来越繁荣昌盛，借用郭沫若的现场感触来说，那就叫作"'法政'不死，大乱不止"的世道了。

辛亥革命胜利后，成都教育界的面貌也为之一变。最引人注目的，仅仅一座成都城，私立的法政专门学校竟陡增至四五十座之多。三月速成，六月速成，一年速成，学生很多，当时的学界制造法政人才真是比花匠造纸花还要脚快手快。这可谓猎官欲的洪水时代。②

洪水泛滥，无论老幼都难免被卷入，"因而父子同学、祖

---

① 《青年会与留学生之关系》，《东方杂志》第四卷第九期。
② 郭沫若：《少年时代——沫若自传》（第一卷·下），香港大中图书有限公司。参考郭沫若：《少年时代》，北京：人民文学出版社，1979年，第174页。

孙同学的佳话便处处都有传闻"。而另一方面，也能够看到孜孜于学问、拿到某某高、某某帝大的毕业证的精英们却在一旁沉浸于苦闷之中的身影。郭的六高时代的挚友、文学伙伴成仿吾（1897—1984）在某小说里就有对这种场面的描写。"把他双手的十指凑拢来，还不够计他在外国留学的年数"的某穷学生某日回忆：

> 他想起了去年冬天回家省亲的时候的事。
> "儿呀！你在外边干什么事？怎么还没有做官？你看别的人多好！"
> 他只低着头，不能回答。
> 是的，别的人都好。他家里的裁缝，革命之后，进了一个三个月毕业的政法速成，现在已经做过了几任的县长。他家里的厨师也只这几年的光阴，居然在军队里面作了团长……他家门口驾渡船的曾大头，也……（略）①

潮流的变迁

留学，是派出国的历史上生成的现象，必然以该国历史的走向而决定留学的内容和潮流的变化。从速成师范与速成法政这两大潮流看到1910年代，即清朝倾覆、中华民国成立这一段历史，就能发现清末十数年间留学日本运动中的变迁并感受到

---

① 《牧夫》，载《成仿吾文集》，济南：山东大学出版社，1985年。

它所包含的启示。首先,笔者想起了初期的一件事。

它发生在吴汝纶来日本视察的1902年。吴抵达东京的翌日去帝国大学参观,就中国所应采取的兴学方针,向帝大校长山川健次郎请教。7月1日的《东京朝日新闻》和3日的《二六新报》各自作了如下报道。

> 吴就维新当时的教育制度及其后的历史,向校长请教。山川校长认为于支那开发最有效力者乃兴盛医学。山川向先生建议,贵国当效仿我邦维新当时,首先奖励医学,以此为清国开发之方法。

此乃"兰学事始"①的路线。可以说这是深受以它为远因而生的今天的文明开化之恩惠、对此历史仍心怀感激的日本良知派的指点。然而,在错过了所有"兰学事始"式机遇的当时,中国所直面的,则是周章慌乱也不得不为的开国问题。它既与日本当时只能从医学切入而走向开发的时代不同,又没有从医学开始渐渐地发展,而且如《二六新报》所言"我邦古来医者多闲日"那样的历史的余裕和从容了。

已故的实藤惠秀在他的著作中曾抄录公开了《日华学堂日记》,其中记载,明治三十二年八月二十一日(当日的《读卖新闻》

---

① 兰学事始,此说出自《兰学事始》一书,该书为幕府到江户时代的医官杉田玄白(1733—1817)的回忆录,他从对外文化交流中的日兰谈判的发端起笔,总结了兰学开创时期的情况和直到兰学发达期所走过的轨迹。书中生动地描述了当年他翻译荷兰解剖学著作时的情景,并总结出三大翻译方法论,是日本兰学史的重要文献,经常为研究者使用。故"兰学事始"指的是日本兰学从开创到兴盛的发展轨迹。

第二章 神山·梁山泊·"文明商贩"——留学生心中的日本像

刊登题为《岛村抱月①氏盐原杂俎》一文)在盐原温泉邂逅中国学生的岛村抱月也认为这种倾向很有趣。

> 据说其中只有六人进入专门学校的政治科,余则大学的法科、工科者甚多,医学虽人劝之亦绝不首肯云。此中事理机微颇与我邦当年情形相异,乃觉有趣也。②

的确由于情况大有不同,所以山川们的声音一下就被热衷于教育、法政和社会改造的留学大潮淹没掉了。

中国近代,并非没有走跟日本同样路径的人。甲午战争之前,在外国传教士的影响下,最初的四名女子留学生全部到美国学医,归国后也致力于新医学的推广事业。③而且众所周知,辛亥革命之父孙中山就是学医学出身的。但是在中国,从医学出发的路线根本行不通,甚至都成不了山川所谓的开发的一个机会。

新的留学时代中,也有几个志向是医学救国的人,其中以因"幻灯事件"而断然转向的鲁迅的例子最为有名。在国家、人心不能得救的状况下,去学习仅仅救护人的身体的医学,这让他感到焦躁、空虚甚至虚伪,不是很可理解的吗?十年后的郭沫若经过了类似的过程。具有讽刺意味的是,日后二人都不约而同地说,学医时所学的德语等外语,对他们后来的文学活

---

① 岛村抱月(1871—1918),本名佐山太郎,日本著名文艺评论家、戏剧编导,日本自然主义文学运动和新剧运动的先驱,有"现代戏剧之父"之称。
② 实藤惠秀:《日华学堂日记》,载《中国留学生史谈》,东京:第一书房,1981年。
③ 褚季能:《甲午战前四位女留学生》,《东方杂志》第三十一卷第十一期。

动是起了作用的。①"他的对于我的热心的希望,不倦的教诲,小而言之,是为中国,就是希望中国有新的医学;大而言之,是为学术,就是希望新的医学传到中国去。"对于出于此意而倾力教授了鲁迅的藤野先生来说,这样的"作用"惨了点,但也只能说,这是无可奈何的历史错位。

吴汝纶滞留日本期间所拜访者还有一人,即前文部大臣浜尾新。他的建议是:"中国先宜设立医科、工科,二者皆实业,易见速效,足使国人信服。"②实业即实学的意思,浜尾是从促进新学信仰和开化风气的高度来建言献策的。显然,它比第一章里叙述的1899年清政府所规定的"实学"(将游学学科限定于实学)方针具有更高见地。但是,尽管有包括日方指点的劝告和规制之类,但仅就赴日留学来看,直到20世纪二三十年代,这条实学路线都一直没有成为主流。还是急速地造人、造国和造(国家、派阀乃至个人的)实力的学问,即师范、法政和第四章里将要考察的陆军士官这三股力量当仁不让地占据了清末赴日留学的主流。在笔者所见的范围内,能够切中肯綮地指出这一点的日本人,不是文人学者,而是军人。1899年,时任文部大臣的海军大将桦山资纪对清朝的军事考察团说:中国的"振兴之道,唯在练陆军以救急,兴教育以立本"。③

再回过头来看一下辛亥革命前后被指势如洪水的速成法政的流行态势。到了那个时候,如果还停留在此前"猎官"这个

---

① 郭沫若:《鬼进文艺的新潮》,《文哨》月刊第一卷第二号;周启明:《鲁迅的青年时代》,北京:中国青年出版社,1957年。
② 吴汝纶:《东游丛录二·摘抄日记》,东京三省堂,明治三十九年,第41页。
③ 丁鸿臣:《四川派赴东瀛游历阅操日记》,长沙李宏年蓉城刻,1900年,第329页。

第二章 神山·梁山泊·"文明商贩"——留学生心中的日本像

浅薄的层面,以此来因应新时代的要求,这样的认识和思想观念绝对落伍了。赴日留学的潮流在不断发生变化,人们的意识也随之而变,所以我们也要注意到这一点。有一个经历了三个时代(清、民国、共和国)和两次革命(推翻清朝的辛亥革命、推翻中华民国的共产革命)的名叫李六如的革命老人,他写的小说体回忆录《六十年的变迁》很有名,在日本也有译本。李在武昌起义之前的起义主力湖北省"新军"的内部从事策动和组织工作,是促成中华民国诞生的有功之臣。胜利后不久,论功行赏,他受封少将(由军政府首脑黎元洪授予,李仅接受了数千元的留学资金)等头衔,之后却回到一介书生的身份赴日留学。这是因为,起义军的枪声未断,周围就充满了"至今的种族革命靠的是武力,从今以后的政治革命必须依靠议会"之类的议论。就连昨天的政敌,也一起嚷嚷一院制呀、两院制呀,一党内阁呀、多党内阁呀,都要拼命争夺时代的先机。在这喧喧嚷嚷中,被视作一介武夫的他,完全弄不明白人家这些议论,又未被赋予选举权,于是这个昨日的元勋被弄得"只能在圈外羡慕地观看"了。就为此,他果断地"放弃了想当'督军'的初愿,热心议会政治,做起'议员梦'来。于是不进士官学校,进了明治大学的政治经济系"。①

然而不可思议的是,在跨越三个时代的六十年、洋洋六七十万字的李六如的自传小说里,在日本六年的留学生活却只字未提。从作者即便对自己不耻的过往也不加掩饰、竭力于历史检证、为历史作证的创作态度来看,这样做,肯定另有原因。是他以"议员梦"为目标的留学没有取得什么成就,还是从一

---

① 李锐:《忆六如老伯》,《人物》1986 年第 2 期。

开始就陷入了迷津？只能作这样的解释。因为就在他决定留学之前，恰好发生了宣告他所选择的循法民主主义和议会政治道路的死刑的大事件。他所仰慕的留日前辈，也是同乡英雄的宋教仁，一直在为实现以议会为中心的政治和国民党在议会的执政党地位而奋斗，结果被袁世凯暗杀；孙文发动"二次革命"之初许诺，只要迫使清廷退位、拥戴民国，就把临时大总统之位让与袁世凯，这般对民主主义的盲目信任导致了革命成果的丧失。宋教仁之死使他意识到了错误而匆匆举事，又顷刻间失败，不得不与同志逃亡日本。孙所颁布的《中华民国临时约法》（1912年3月，中国最早的近代国家宪法）遭到践踏；由于袁世凯策动复辟帝制，民国本身也濒临危机。其后中国陷入了绵绵持续的军阀统治与割据局面。

在这种情势下，就像当初人家权荐的"医学开化"的路线在火烧眉毛的清末行不通一样，中国留学生自己寻找到的教育救国、法治救国的留学路线也迅速宣告终结。从这里，第二代留日学生的留学志向终于迎来了大转变。

与李六如同一时期赴日的人中，有从中国共产主义运动的先驱李大钊，到后来被称为"中国的佐藤春夫"的郁达夫，他们留学的目标是近代经济学等社会科学领域。[①] 当初因判断仍有失误而进入明治大学经济科的李六如"后来一心读社会科学书，如《社会问题十讲》《马克思经济学说》等，还读了《资本论》第一卷，特别受河上肇著作的影响很深"[②]。不用说，俄国革命之后，这种倾向越发强烈，以下就是一例。徐逵九在他撰写的题

---

① 参考郁云著：《郁达夫传》，福建人民出版社，1984年，第37—38页。
② 李锐：《忆六如老伯》，《人物》1986年第2期。

第二章 神山·梁山泊·"文明商贩"——留学生心中的日本像

为《回忆在日本与周恩来同志相处的日子》的文章中,说他与周恩来同住东京的友人家里大约一个月,文章记下了1919年3月二人的一次谈话。

> 有一次,我对总理说:"我快毕业了(从冈山六高),我想学医,你看怎么样?"他瞅着我笑笑,很和蔼地说:"也可以,不过在中国这个时代学医不如学经济。"我说:"为啥呢?学医是为人治病,另外,学医不求人,能自理生活。"(中略)他立即表示:"我的意见是学经济。"(中略)"经济是社会的基础呀!"(中略)"经济是基础,经济变更了,其他一切都要发生变动。"接着他同我讲了文化、教育、国家机关和经济基础的关系,并举了很多例子,深入浅出,很有说服力,深深地打动了我的心。(中略)我决心放弃学医的念头,报考了帝国大学的经济系。①

如此说来,青年周恩来于此前一年半(1917年9月)赴日之前所作的诗歌"邃密群科济世穷"这一句,正是他意欲穷究诸般社会科学,为穷途末路的中华民国寻找出路的志向的表达。据说他也是私淑河上肇的。②他后来没能如愿进入京都大学等大学,回国参加了"五四运动",不久又投身堪称共产党诞生之前兴起的引进社会主义思潮的大进军的"留法勤工俭学"运动。通过青年周恩来那"东奔西走"的身影,我们就像看到了20世纪以来中国人赴外国留学运动中时代的变迁与潮流的推进。

---

① 徐达九:《回忆在日本与周恩来同志相处的日子》,《天津文史资料选辑(第15辑)》中国人民政治协商会议天津市委员会文史资料研究委员会,1981年。
② 严静文:《周恩来评传》,香港波文书局,1974年,第67页。

第三章 "人类馆"现象与"游就馆"体验

大阪博览会上的人类馆

留学生杂志《浙江潮》第二期（1903年3月）上的《留学界记事》一文翻译转载了如下新闻报道：

> 《日本》新闻 二月十日"博览会汇报"
> 　　关于设立人类馆事，作为博览会的余兴，有有志者西田正俊氏等数名于会场正门外择地约三百五十坪设立人类馆，雇最近地之北海道虾夷、台湾生番、琉球、朝鲜、支那、印度、爪哇等七种土人，于馆内以演示其最具特性的、固有的生息之阶段程度人情风俗等为目的，示各居住之模型、装束、器具、动作、游艺等以供观览，经坪井博士协赞，刻下正与该七种人类受雇者契约中云。

这就是成为我们下面要讲的事件之发端的消息。所谓"大阪博览会"，即自1903年3月1日开始在大阪的天王寺公园举办的第五届内国劝业博览会。此次博览会不仅对于日本一般国民来讲，是自甲午战争时的第四届博览会（京都）以来时隔八

第三章 "人类馆"现象与"游就馆"体验

年的一次盛会,而且对在"跟日本向右看齐"的风潮中不断涌向日本的中国官绅商学各界人士来说,也是开阔视野的绝好机会,所以引起了他们很大的关注而赴会参观(据统计,到七月末,参会者达九千人次,而当时的在日学生约七百名)。发出邀请的是日本方面,据称从头一年开始,为了此会"应尽多邀请清国各省高官及权威人士并予以充分款待。继以展示日本文明之实相,则对增进彼此之交际与通商必大有裨益。由此为上述之实行,东亚同文会副会长长冈子爵等目下正向政府方面陈情,申请补助五万日元"(《万朝报》,明治三十五年四月十五日)。所以,以皇族载振为首的"清国五钦差"和"高官数十人、贸易商数百人携展品乃至重金"络绎赴日。在东京的留学生们更不用说,就等着博览会开幕呢。这就是人类馆事件发生之前博览会即将开幕时的情形。

话说,与前来参展但在现场却无动于衷(就官员们来讲,可能因刚来还不了解情况,学生们则不容分说斥之为卑怯)的官员和商人们形成鲜明对照的是,在东京看到上述消息的留学生诸君立即做出了反应。"学生看到此报,即日协议,草就一文向各方报告",决定发布檄文。他们不仅向留学生们发出警报,还迅速通告国内预定参会者勿来,并呼吁侨居大阪的华侨商人联合抵制,同时抱定即使诉诸实际行动也在所不辞的决心,去进行现地调查,与主办方交涉。

哎呀呀,这么一点点事,就又是"即日协议",又是"抵制与会",是不是有点儿小题大做呀——人们可能会这么想,事实上,也的确有日本人这么说。

姑且不去判断这样做是否恰当,我们还是先来听一听留学生会馆的干事草就的呼吁。文章从标题与开篇就迸发出悲愤呼叫之声势，就有着令人心不能不为所动的力量。

> 呜呼支那人！呜呼支那人！！
>
> 呜呼支那人！呜呼支那人！吾向者不知其地位，而今而后吾知之矣。(中略) 有讲人种学者，设"人类馆"于博览会之门，豢养支那、朝鲜、琉球、印度、虾夷、台湾生番、爪哇等七种之民于其间，而演其顽风恶习，以为会众观览。呜呼！甚哉此举也！吾不知日本人何心也。①

这就是他们被迫发出的声音。"印度、琉球已亡国，是英国和日本的奴隶。朝鲜本来乃我属国，如今沦落为俄国和日本的保护国。爪哇、虾夷、台湾生番等乃世界最卑劣之人种，近于兽类。竟然拿我支那人与这六个种族相提并论，遭到如此蔑视究竟为何？"用今天的说法，岂不是"与印度相提并论，就是视我为奴隶；与朝鲜相提并论，就意味着把我圈起来豢养；与爪哇、虾夷相提并论，显然是喻我为生番而贬我为野蛮"吗？进而联想到平日里的种种见闻和体验：原来如此，的确有这样的意味！于是他们的愤怒如火上浇油一般熊熊燃烧起来。

我们已经看到，被接二连三的败仗和主权的丧失而敲响的"天演"这个"'半钟之声'猛然惊起"，初期的留学生几乎全都是匆匆离乡背井来到"神山"的。出到国门外，看人家，被人家看，越看越加深了对本民族的落后与衰弱的意识，忧患之心益发深重。让你站在人家的镜子面前去看清自己的缺点固然

---

① 《留学界记事》，载《浙江潮》第二期，第133页。

痛苦，但尚能忍受，甚至也能进行自我反省；但是，这些缺点如果是被人从旁嘲笑，起了哄，就会使你被刺激得怒不可遏，这也是人特别是身为弱者的人之常情吧，更何况关乎一个民族的存亡荣辱。如今，眼下，整个"支那人"被与生番等同，而且据留学生杂志《江苏》报道，"起初准备雇两名中国人，一为小脚女人，一为鸦片鬼"，特意地把这样的东西放到"日本之盛举而各国官绅云集"的大庭广众之下来献丑，博览会的这种策划让人怎能容忍！

　　这绝非留学生们的胡乱猜忌，也绝非一次性的偶发事件，问题的严重性就在这里。明治以来，特别是经过了甲午战争，日本人已瞧不起中国人，瞧不起衰颓已极的中华民族。事实上，这在此后各章中也能看到。而在事件的整个过程中，又能够看出如下相互矛盾甚至是对立的观点，使得问题越发复杂起来。那就是：既有叫着我们东洋人种绝"非劣等"、中国人也并非无足可取而从事亲善工作的东亚同文会（近卫笃麿任会长）一派，也有撰写《支那灭亡论》，主张将中国埃及化的尾崎行雄之流的政治家；更有人脑子里意识到西洋、特别是俄国和德国等对手时，会以对抗"黄祸论"和互相团结为号召，但在敦促侵略中国或参与瓜分中国的时候，竟不惜喊出"中国人种要侵略世界"之类极端的谬论。日俄战争的时候也是，一些人起初宣扬那是黄种人对白种人的"义战"，大力煽动连带的敌忾心；话音未落，随着日方战事节节取胜就趾高气扬起来，开始露骨地轻侮中国人，对留学生的态度也日渐冷淡，以致战后不久发生了清国留学生取缔规则事件。这些容后再论。不能不再次承认，留学生们是一直隐忍着的，并没有多大情绪性的或过激的行为。那时他们还沉浸在"黄人战胜"和"亚洲崛起"的时代梦中，对于实现这个梦的首领日本，还抱着极大的期待、热情和幻想，他们也正是因此才赴日本求学的。在刚刚说的"我不明白日本人是如何想的"这个追问的背后，流露出的是"更何况印度、台湾、虾夷等莫不属于亚洲，为什么偏要将其丑态陈列出来供作泰西各国之笑柄呢"这种为同种互残而痛心的真率之情，甚至要向日本求真正的同人种团结。另一方面，当时的实情是，直面民族危机的形势的很流行的"夫人必自侮，然后人侮之；国必自伐，而后人伐之"（《孟子》语。总体讲，那也是包括"革命"说和民本主义的孟子的言论经常被引用的年代）的逻辑，会使人采取自省或者自责的姿态，而不是怨天尤人，因为那是没有用的。

尽管如此，盘踞在年轻的忧国家们头脑中的优胜呀、劣汰呀等强迫性观念，往往使得他们近乎神经过敏地敏感易冲动，这也是事实。比如，即使将此人类馆的陈列方法评判为"喻我为生番、贬我为野蛮人"尚可理解，但立刻就扔过来这么一句："吾观日本各处遍设动物水产各馆，今又有人类馆之设，是又明明以动物目我、水族目我也。"

或许也有点气昏了，也可能有对当时作为现代文明前沿的展示馆尚不适应的一面。然而，是不是就能把它仅仅作为单纯的因不适应而产生的思维短路，或者旧文人的夸张癖而一笑了之呢？要说，竟然以这等麻木的神经和心智，把我中华民族跟生番相提并论，那么说你人类馆的设置跟动物园、水族馆等是同一旨趣，也并非没有道理吧。不，这不是强词夺理。当笔者在别的地方发现了对完全同样的对象表现出同样的心理状态和思维跳跃的例子时，真的是惊诧得出不来气了。近年来被发现并刊行的《凌容众东游日记》中有一节，其中倒是没有东渡日本之后那种执拗的感情，但在一两日之后就要出国的留学生身

第三章 "人类馆"现象与"游就馆"体验

上特有的时代紧张感和悲壮感高涨得近于极点的状态下产生的这种文字,确实很有一读的价值。

> 甲辰(清光绪三十年)十二月十七日(1905年1月22日)偕壬仙、蘅荫、小溪雇马车游愚园。亭台幽邃,石径逶迤,瘦石撑空,树木葱秀,外国花草盛放,大有春意。羽族有孔雀,有鹰,有雉;毛族有猿,有鹿,有虎。园丁索番银二角,云能使虎戏,持竹竿㧢之,虎舞爪张牙,啸声震耳。困兽犹斗,是岂驯之使戏耶。盖猛为兽长,陷井既入,人遂得玩而弄之。落井下石,中国人手段往往如是。门外有猩猩;已死,而贮之玻璃室,酷似人形,第黑毛茸茸遍体耳。小溪云,五月到沪,曾见其有抑郁若不自得之慨,斯亦天壤间之一似人种类也。彼外人方耽耽欲分吾地、灭吾种而自殖其种矣,而吾人犹梦梦,百年后不若野人之锢闭供人玩弄者,几希!恐欲求为印度之充奴种而不可得也。①

日记的主人凌容众留学归国后,在故乡湖南省平江县创建了最早的女子学校,是当地开时代风气的人物,也是对李六如进行革命启蒙和点燃其赴日留学志向的恩师。读了这一节,能让人感受到第一代爱国留学生们紧张的神经,和像连连敲击的晨钟那样怦怦跳的心脏。他们已经做不到侧耳倾听、放声大笑了。文中的"中国人嘛……"之类的话也是时代流行的口头语。

---

① 《凌容众东游日记》,载中国人民政治协商会议湖南省委员会文史资料研究委员会编:《湖南文史资料选辑》第十辑(内部资料),长沙,1978年,第172—173页。

走到外面的世界，每当看到新鲜的事物，就爱说你看人家怎样，你看咱中国怎么样，往往容易自我贬抑，陷于悲观，这大概不仅仅局限于以清末留学生为代表的开放第一世代的中国人吧。但是，比起在伦敦留学初期爱说"本邦人"如何如何的夏目漱石来，同样是文明后进国的中国的留学生本应与之共通的心理的凝重和敏感程度，显然还是不同的。

那么，对那些肯定不会知道这样的心理而策划了上述人类馆展览的大阪博览会的主办方来说，当他们接到中国年轻人的抗议之后怎样了呢？不出所料，由于相互的逻辑碰不到一块儿，龃龉在继续。

"太平之民安从而知"吾心之痛

对于人类馆的设置，东京留学生迅速做出了反应，受到呼吁的大阪华侨则声明，"如日人果不撤去，则大阪中国商人将于开会第一日举黑旗以志哀而不作贺礼"[①]，表达了弱国子民的满腔悲怆之情。据说日本政府命令大阪府撤销"支那人"展览。但是并非就此而太平无事了。这只是大阪博览会开幕前感情摩擦的前哨战，接下来又发生了第二次、第三次实战，其间被唤醒的民族屈辱感和对日本的怨恨步步加深，而呈无法轻易解决之势。

博览会开幕的3月初，同时开放的人类馆又引发事端。此次一向"争强好胜"的湖南人群体成了争议的中心。首先来看

---

① 《留学界记事》，《浙江潮》第二期，第135页。

他们的杂志《游学译编》上刊载的报道。

> 而日本政府已下令人类馆取消此举。其后开，则人类馆中有一女子，服中国服，缠其足。日本人谓是台湾人，而中国人往现者或谓是湖南人。游历员某君过博览会，见之，心疑焉，即往谒神户领事。某言："人类馆中小足女子，状可疑，宜就日人穷诘焉。"领事云："吾固闻此女子是湖南人，虽然吾亦无术以处之。"某君乃来东京谒本国驻日公使，具道所见。公使答如领事。会湖南留学生开同乡会，某君即以所闻宣告。会中湖南学生大愤，言"日人辱我已甚。吾曹势必干涉之，不足则吾曹当相将归国。虽然彼女子果为湖南人与否尚不可知，不深考其所从来，则无由措手。"于是力举周君宏业往大阪调查。①

于是周君迅速赶往会场，摸查打听，又对那位问题女子冷不防地用中文呵斥，用日语套话，以确认其真实身份，同时要求会见展览馆的干事，加以追问。对方解释到让他信服该女子并非湖南人之后，他提出要求："君若能以所言形诸楮墨，使余得持归示众，则足以表君言之确实，而余亦得以尽此来之任务。"这时在场的一位貌似客人的日本人开口发问，于是有了如下一番对话。

---

① 《留学界记事》之《大阪博览会人类馆台湾女子事件》，载《浙江潮》第四期，转录自《游学译编》。

客人：余与人类馆固无关系，余请以一私人之意见质诸足下。所谓人类馆者，固将罗致世界所有之人类于一室，以助学术之研究，初无恶意者也。向者馆中欲雇集支那人若干名，而贵国留学生对之辄动义愤若彼者，亦岂有说乎？

周：君谓人类馆是何意，余固不能深知。虽然既称为人类矣，则不闻其为朝鲜人，为支那人，为阿利安人，为其他生番人，抑所谓大和民族者之贵国人，皆在此名词之中，无有文明野蛮之别也。向者余等见新闻纸所载，则馆中所欲陈列者，自支那人外，唯印度朝鲜虾夷土番等而止，窃唯支那国势今虽至此，然以人种言之，则其生活之程度，若文明之等级，与日本人，与阿利安人亦有难以轩轾者。今君等罗陈一二劣等民族，而欲夷我使与同列，此吾人所以憾也。

如周君感觉到（并在应对态度上表现出来）的，对方的询问似乎并非出于恶意，但是他也不可能理解周君们的心情。为了不让自己的同胞成为当众出丑的材料，周君又是调查实情又是获取证言，连日在大阪市内四处奔走。他这样痛切地感慨道："余在大阪凡四日，士女游观者肩摩毂系，烟云相连，皆嬉然有太平之乐。余在其间悲不自胜，怆然若涕之，无从者嗟乎，彼嬉然乐太平之士女，安从而分知吾心之痛、亡国之惨乎。"说的也是。此次内国博览会距离上届时隔八年，又是初次来大阪举办，所以整个城市欢腾骚动，也是理所当然；像上面那位提问者似的，开口闭口就高唱博览劝业呀、学术研究呀，要说，不也是一种"太平乐"吗？这也无妨。但问题是，另一方面却以亚洲其他国家的人的"顽风恶习"供人观览,尤其是在包括台湾住民在内的中国人的场合,特别把鸦片和小脚等当作观览的重点,其意何在呢?然而这种事实却以"并无恶意"一句轻描淡写带过,还对留学生们的"易怒"表示不解,这样肯定会让人感觉你这"嬉然乐太平"也太过分了,实在令人扼腕。

不过日本方面在解决实际问题时,也是被中国年轻人的执着所促吧,还是表现出了愿意倾听的善意态度。周君提出想拿着人类馆模特的身份证明文书回去的请求,对方痛快地约定让他们这么办,第二天代表干事专候着亲自将文书交给他。在场的大阪府警署的高层甚至向周君摆出一副诚恳听取意见的态度,问留学生诸君对此事怎么想,或者是否连那名台湾女性也停了为好,等等。这甚至可以说是在融洽的气氛中圆满解决问题的一幕,是其后由留学生主导和办理的民间层面的交涉事件中也常见的、尚令人欣慰的场面。这种现象当然可以解释为互相抱有亲近感。这且不论,周君是带着如下的切实感受离开大阪的:

> 彼日本人之于我,则诚无礼矣。虽然,吾据理以与之争,彼则又何尝不可拆也。以吾无权无勇一书生,而与其帝国大学博士建议所设、富商大贾出金所布置之人类馆之事,而彼反复陈说,务相交欢,始终未尝出一无礼之言。余益心悲。夫吾公使、吾领事锦衣玉食熟闻,夫同胞之摧辱屈折而夷然不以为意,猥曰:吾固无术以处之者。其肺腑其度量信哉其有以异于人也。

这段和让人类馆方面开具证明书一事同时发生的真实感受

也可以说是（留学生对日本人的所有争议事件中的）首战告捷的成果。这份为多家留学生杂志原文转载了的证明文书，因为除此之外其他地方均不可见了，而且作为可窥见一方当事人的想法和姿态的资料也有其价值，故抄录如下：

御答书

  本馆开设以前原拟于贵国北京雇请贵国人五名嗣以贵国查禁事遂中辍亏损仅少差以自幸至目下在敝馆服役之妇人则其籍如左

  台湾台北北门街五十四番户李阿牛之女

  李宝玉 年二十岁

  右与内地人之幼女均使给事于上等茶室且敬体贵国人尊意不论对于何等之人种皆竭力优待予以十分之自由苟有足为其地之耻辱者均不言明要在周知万国之风俗情状以供学术研究之参考而已

  幸乞洞察敬复不具

  再者东京帝国大学理学博士坪井正五郎君特地惠临出示所撰世界人种地图并以大学人类学讲堂中备物品数十件辱赐陈列是于学术上大有裨益并乞代为宣布

  明治三十六年四月

学术人类馆

周宏业殿

第三章 "人类馆"现象与"游就馆"体验

遭人指戳之后的耻辱烙印

大阪府警察署长想要了解留学生诸君的反应,对此周君答道:"余此来不过欲知此女子果为何地人,余之目的已达。(中略)台湾今为贵国领土,而此女子又实为台湾人,吾人如复有所言,将起国际问题,吾同学深明此关系。"我以为这里如实反映出了当时的留学生们(也包括一部分流亡革命家)认识的局限性或对日立场软弱的一面,但是必须看到在这一事实的背后有着他所说的"亡国之惨,吾心之痛"。不说别的,没有比这更加历历在目的"前车之辙"了!"虽然今一言台湾人抑似非我族类也者,夫台湾人则固与湖南人何择乎。昔之台湾人犹今之湖南人也……夫台湾人既不免有今日矣,吾又焉知夫今日之湖南人若其余行省人异日不更列于何国之人类馆中?"而回到东京后的周君之所以向伙伴们讲述了感受,并且在《游学译编》上发表了详细的交涉实录的动机,也是正如他在文章结尾处所说:"故诠次其问答以告他日将为不知何国人类馆陈列品者之吾支那人。"

还有一点,似乎那个所谓台湾籍女子的印象萦绕在周君的头脑里难以忘怀。这个女孩无疑是大陆一支的汉民族,和自己的姊妹或者年轻的妻子身着同样的服装,"声音笑貌抑未尝有毫发异也"。基于此,周青年又不由得疾呼:"而今以其父母所与形造之小足为万国人览观而媚笑焉。吾支那人之有女子者,吾女兄弟之与此台湾人有相似之履者,其审听之,其审思之矣!"对于结束了调查任务的他来说,这种感慨或许只不过是一点余绪而已，但需注意，其实从中又浮现出了一个严重的问题：当时日本大街上此类陈列乃至真人表演甚多。经常闹得火花四溅的另外一大摩擦点——小脚（"缠足"）表演的问题也从这里登场了。

对于历经了外面世界的风雨和冷眼的年轻爱国者们来说，如果说（民族、种族的）"淘汰"与（国土、主权的）"瓜分"这两个词是盘踞在头脑里的两个病灶，那么耷拉在光滑的脑袋后面的"辫子"和支撑女性摇摇晃晃走着路的"小脚"则是附着在清末中国人身体上的两大耻辱的烙印。而最为强烈地（无论是好的意义还是坏的意义）逼使他们意识到这些的，就是"同文同种"的日本。不仅限于人类馆的策划和台湾女性的例子，像中国女性的小脚和弓鞋屡屡成为下流嗜好的对象，任参观者指指戳戳肆意嘲笑那样的表演节目，可以说也屡见不鲜。这里随手列举几则记录看看。

> 观帝国博物院，（中略）取甚者如所设烟枪烟灯及模型之女足妇女之鞋子，尤令人耻而汗发。①
>
> 四月二十五日，游上野博物馆，（中略）其"历史部"陈列品中有中国妇人小脚瓷器，（中略）支那男手持鸦片筒向妻点头哈腰之惧内者之泥塑。②
>
> 参观"名古屋共进会"，（中略）二楼茶室有台湾十数龄女子二，洋装小脚，见人则咿唔语笑，两足轩举，

---

① 陈荣昌：《乙巳东游日记》，东京云南同乡会事务所刊，光绪三十一年，第7页。
② 杨苾：《扶桑十旬记》，光绪三十三年（著者刊行），第10页。

第三章 "人类馆"现象与"游就馆"体验

甚不忍观。①

据笔者调查,仅仅是留学生最经常去的上野博物馆,有关那里的陶瓷小脚和鸦片男泥塑的记载就有十多处。留学生们满腔的热情因此遭到了无情的打击。黄遵宪称赞日本的近代文明设施博物馆是"长见识、增智慧"的"宝山",《日本杂事诗》第五十一首有"博物千间广厦开,纵观如到宝山回"之颂,《浙江潮》第二期的《东京杂事诗》中也有"馆开博物郁璘斌,万象森罗此问津"之描述,诉说到此即可知天下奇观这种大开眼界的喜悦之情。正因为如此,那样的陈列映入眼帘时的沮丧便分外沉重,(如前诗,第二句述说正为在这里能够"问津"而欣喜之时,一转眼)"一说中原风俗事,玉关哀怨不成春"。诗的注释中对这种心情作了如下说明:

> 东京博物馆规模甚宏丽。初入其中者,璀璨离奇,心目眩惑。内有历史部,中贮各国风俗等物,支那风俗琉球风俗朝鲜风俗印度非洲及台湾土番风俗,同彝厕一室,谛视数四,有支那妇人木制小脚一双供万人观览,诧为奇事,又有鸦片具赌具等种种下流社会所用之物,触目伤心,泪涔涔下,惜不能令我四万万同胞共见之也。②

诉说的内容和悲怆的心情与刚刚为大阪博览会所发的感慨

---

① 陈嘉言:《东游考察日记》,宣统二年(著者刊行),第59页。
② 黄遵宪:《东京杂事诗》,《浙江潮》第二期。

相互重叠。如果说它模式单一，那确也是单一了。但是，自从宣告中日间不幸时代启幕的甲午战争之后，日方的那种哂笑起哄的"趣味"显著地发达和定型化起来也是事实。一个世代前，明治十一年（1878），黄遵宪曾在博物馆的"宝山"中"亲见委奴汉印来"，见证了友好交流史的实物而感动至深的情境，如今已不可能再现，这也是无可奈何的了。

还不止于此。既然在堂堂的博览会的会场，都能举办"小脚频举"的真人秀，那散布在街里的演艺场所，以之作为讨笑的噱头，或代替幕间的滑稽戏，也就当然可为的了。

宋教仁1905年7月9日的日记记载了一个事件。当日下午5点多，宋邀请友人郭之奇等到一个叫和强乐堂的戏园看活动写真（无声电影）。买了票正要进去时，场内即大声骚动起来。"发生了什么事？"急忙进去，即看到正上演"支那妇人的丑态"哩。时值暑假开始，住在附近的学生也多，大批来看戏的留学生们被激怒了，决定一齐退场。组织才能出众的宋教仁在大家四散之后让同伴郭之奇留在活动馆的入口处看守，劝阻后来的中国人，保证彻底抵制。与此同时，宋要将写明原委的告示张贴在入口处，看门的日本人不让贴，于是双方起了争执，结果管理者出来致歉。宋对他说："你有演出写真的自由权，在众人面前让我国出丑我们也不能干涉，是吧？但是，我们也有劝阻本国人到场的自由权，这也是贵国政府无法干涉的。"宋还真不愧是有后来成为继孙文、黄兴之后的党人政治家的才干。大约在同一时期，神田桥某日本语学校也发生了类似事件。附近的活动馆举办招待清国留学生的晚会，让学生们去看。留学生们从学校领了入场券，活动写真放完之后中国魔术师登场，竟以弓鞋为道具演开了！气愤之下差一点要上前把魔术师暴打一顿的学生们，随后到公使馆陈情，要求抗议，声言学校把我们耍了，我们要集体退学。如此等等，这样的骚动记录也保留了下来。①

都是一些听之令人黯然的事。然而蓦然间，倒是发现了一件这样的事儿：在平民街区，虽是同样离奇的信息、离奇的传播法，却并不妨碍人与人之间的理解与亲近，反而产生出自然的交流，让人感到也算是一种救赎吧。《文学季刊》第二期（上海，1934年4月）上刊载了题为《千代子》（作者凌叔华）的短篇小说。那是相当晚近的故事了，像这样"贴紧"的场景在留学初期是不可能有的；即便有过，如果不经过一两代留学日本的生活积淀，也是无法产生出能捕捉到、品味出这种场景的余裕和感受性的，故在这里借以为例。故事的舞台在京都，"洋溢着古风，质朴，人人都和蔼有礼的古都，没有像那暴发户的江户儿见了死老虎还要打几拳才痛快的风气"。一日，忽然风传支那料理屋的小脚老板娘要来，被几年来大萧条弄得没精打采的京都市外大文字町的居民们，忽然热闹了起来。第一次要见到缠足的真人了，总是围聚在井台边洗洗涮涮、议论家长里短的婆娘们，话题便集中在那脚到底是什么样子。男人们则马上开荤口玩笑说，真想娶个可爱的小脚女为妾呢。孩子们有孩子们

---

① 冯延铸：《东游鸿爪录》，山西大同县署印，1921年，第9页。原文记载："日教员……云某日本堂有活动大写真，特为清国留学生设，并请有通译。看此举动甚文明且极周到，故临时入览者华人集二百余。不料写真之戏法只演一二场中止，图穷匕见，而吾国之丑态露矣。玩戏法者华人二亦无一物一语不伤贬中国不诋毁华人。斯时观者颇为不平，大有群起而攻之势。窃念同在异国，恐犯法权皆噤若寒蝉，敢怒而不敢言。初见只要盘弄碗之小计，继而弄出华女缠足之弓鞋，至是哗然激动，……遂大骂而去。越日到会馆聚议，见杨公使请求办交涉，许为驱逐回国，不令在此逗留，有伤国体。"

的渠道和认知,他们早就从事事通的学校老师那里被灌输了"支那人,男的是鸦片烟鬼,女的就跟瘫子一样"的"常识",所以都在等着到时候"给她一大哄"呢。吉田屋水果店的独生女千代子也"在头脑中描述着支那女子怪物一样的姿态——在家里软得像一块生海蜇(老师还说男人们能够随便让她们缠足),被水冲到哪里便瘫在哪里不会动了。偶然立起来走路,却又得得得的像马一样走得很快"。她沉浸在这种想象的世界中而喜不自禁。某一天,机会来了。千代子听说那个中华料理屋的老板娘去了澡堂,就一把操起毛巾和香胰子,邀约邻居百合子一同去,决定"咱俩也想法羞她一下"。然而进了浴池,眼前展现的却是这样一个场面:街坊的太太们争相去哄那个老板娘的孩子,连声赞其"真可爱,真可爱!",旁边的这个老板娘则看起来心地善良地微笑着接受了大家的好意。见了这种场面,两个小姑娘一下子泄了气,但又无法融入大人们的交流圈,在扭扭捏捏磨叽了一会儿之后,转成了这样一个最后的场景:百合子拼命地往身上冲水,千代子也夸张地冲洗全身,咯哧咯哧地打香胰子,最后放声唱起歌来。当她们回过味来的时候,大人们已经洗完上去了。两个人这才发现,啊呀,忘了去看那个支那老板娘的脚了呀。她们相视而笑了。

在"文明"与"野蛮"的夹板中

但他也偶有使我很为难的时候。他听说中国的女人是裹脚的,但不知道详细,所以要问我怎么裹法,足骨变成怎样的畸形,还叹息道:"总要看一看才知道。究竟是怎么一回事呢?"

这是鲁迅的《藤野先生》中的一节。这是默默中结成了美好的师徒之爱的师徒二人交流的一幕。以木讷的乡村教师来讲,这算是很直白但也无非是出于对解剖学的关心而提出的疑问了。对此,按情理,鲁迅应该可以给以适当回答的。然而就是这个问题,他对自己敬爱的先生也无法回答。那使他感到为难的事情究竟是什么呢?

上面说过的宋教仁等人对活动馆的抵制活动,在那种场合没有问题。不管怎样往善意的方面解释,说什么活动馆的节目是出于单纯的好奇心,也是解释不通的。毋宁说,它是可使人联想到原产于中国的专以嗅闻、抚摸、索隐甚至礼赞女人的小脚为能事的一些堕落文人的嗜痂癖,所以不发怒才怪呢。

但是就连不在此列的藤野先生对周君的场合,周君也不得不因为这两个字而顿时受窘。这就是问题了。其背后,必有更深切的精神上和自我意识上的疾患或者是创伤。据说周君,也就是鲁迅,在赴仙台之前,就已经因为同胞而不止一次地感到了耻辱。在二十余年之后的作品集《朝花夕拾》里,继《藤野先生》而创作的《范爱农》中,就有关于这一场面的描述。那天是受友人之邀,到横滨去接新来留学的同乡。"汽船一到,看见一大堆,大概一共有十多人,一上岸便将行李放到税关上去候查检,关吏在衣箱中翻来翻去,忽然翻出一双绣花的弓鞋来,便放下公事,拿着仔细地看。我很不满,心里想,这些鸟男人,怎么带这东西来呢。自己不注意,那时也许就摇了摇头。"于是就被那群人物中的范爱农看到,并遭其敌视了。后来才听说,

"这些鸟男人们"的首脑人物就是后来与秋瑾女史共同举事失败的近代革命史上的大英雄徐锡麟。据说那双绣花的弓鞋就是徐夫人随身携带的东西。那是妇人极普通的生活用品,就连新派的徐锡麟,在国内的日常生活中大概也并不觉得它是耻辱和碍眼的物品。但是对经历了一两年日本生活的人来说,特别是被心术不良的税关官吏把"那个东西"翻来翻去地摩挲赏玩的时候,一定有整个身体里的耻辱都被揪出来示众的感觉。所以过了七八年,说起这件事仍然无法释然的鲁迅问范爱农:

"我真不懂你们带这东西做什么?是谁的?"
"还不是我们师母的?"他瞪着他多白的眼。
"到东京就要假装大脚,又何必带这东西呢?"
"谁知道呢?你问她去。"①

顺便再补说一件当时的鲁迅们应该都不可能联想到的偶然的事实,那时的徐锡麟正是"奔赴大阪去参观博览会,然后到东京旅行"②的。如果是这样,那么把行李托付给他人自己先行下船到大阪的徐锡麟在博览会上是否看到了供"万国观览"的台湾姑娘的小脚便无从可知了,但是自己夫人的弓鞋已先在横滨的海关落了个被"观览"的窘境,即使是以偶然而言,两相讽刺的意味也太过于辛辣了。

再来看鲁迅说的"到东京就要假装大脚"。如果考虑到那种于冷冷的幽默语调中渗透进苦涩、痛彻的深味的鲁迅独特的文

---

① 鲁迅:《范爱农》,载《鲁迅全集》第2卷,北京:人民文学出版社,1981年。
② 陶成章:《徐锡麟传》,载"中华民国资料丛稿"《拒俄运动》,北京:中国社会科学出版社,1979年。

学手法，其中所包含的意思就很明白了。其他的留学生也有这样表述的，且看其中一例。

> 到东京来的小脚女子，比以前多了。日本人见了伊们，自然要呆呆地瞧一下。因为不曾见过这种样儿，自然很奇怪。如我们中国学生见了伊们，则一定立刻红涨了脸，飞快似地走过。伊们自己也自然觉得不好意思，拼命想装天足的模样。可是，越是想装，画虎不成反类其犬，摇摇摆摆的丑态，越发毕露了。(中略)在国内见小脚的人，倒也不起什么作用。这大概是入鲍鱼之肆久而不闻其臭的缘故。(中略)见到的伊，虽并不相识，然好像和伊同负这丢脸的责任。原来20世纪的新文明世界中，自命为文物之邦的中华文明内，还留着这些野蛮残迹，残酷陋风，煞是丢脸的事！①

也就是说，缠足＝野蛮，问题就在这里了。

这个"＝"(等于)号在当时是一个怎样地触动神经的符号，多么恐怖的沉重的十字架，现在已几乎无从想象。越是开明进步之士越容易被这个问题所困。这种例子从郭沫若的著作中也能够看到。1904年前后，十三岁的少年郭沫若和准备留学的长兄之间有一场关于缠足的对话，其间就极为自然地流露出了缠足野蛮的观点。

---

① 李宗武：《缠足与留学》，《陈望道文集》第一卷"附录"，上海：上海人民出版社，1979年。

> 话头无心之间又转到放脚问题来了。大哥又问我是喜欢大脚还是喜欢小脚。
>
> 我说:"我自然喜欢大脚了。"
>
> 他满高兴的不免提高了一段声音来说:"好的,你很文明。大脚是文明,小脚是野蛮。"
>
> ——"混账东西!"
>
> 突然一声怒骂从父亲的床上爆发了出来。①

人们一开口就都是"文明"呀"野蛮"呀,他们喜欢把这些文明新词挂在嘴边,喜欢贴标签,正可说(当时)成了"四亿总文明"的时代。而少年郭沫若的父亲也"并不是怎样顽固的父亲",他不是不愿意跟上文明流行的趋势,也并非肯定小脚。那么他的骂声是从哪里迸发出来的呢?他好像是接受不了这以"野蛮"论罪的、接下来的逻辑推理和联想,无法容忍了。上述文章的作者,对于连他们自己都得同负这丢脸的责任感到异常痛苦之余,指出了"小脚女人到外国留学这个问题,望大家商量商量",试图逃避到独善其身的态度里去。同样,郭的父亲则说:"你把你的祖先八代都骂成蛮子去了。"这也是由自我意识过剩而极端地超前揣摩时代的逻辑,因此受不了而动了肝火。他的反应方式,他出于男性的独善和儒教伦理所做的叛袭——把先祖传下来的东西说成是野蛮也算文明吗?抹杀祖先本身不正是野蛮吗?——则太有意思了。这再次让人体会到,那是一个对"文明""野蛮"的判断,怎样地近乎神经质的敏感的时代呀!

---

① 郭沫若:《少年时代》,北京:人民文学出版社,1979年,第44页。

第三章 "人类馆"现象与"游就馆"体验

然而无论是像上面那样的逃避也好,发火也好,这样轻巧的法子对于现场的大多数留学生来说是行不通的。湖南青年周宏业看到小脚女人以那样的方式(曾经的"吾土"成为他人的领土,而"吾民"则成了出洋相之物)被展示出来,当然要喊出"吾之同胞,认真反省吧!"来了。而最为率直、最为旗帜鲜明地把这种被外人的冷眼挤出的反省直接表达出来的,当推周作人。他在随笔《天足》中有所描述(文章中的时间并不特定,从自称青年和对刺激的感受方式等来看,可推断那是二十二岁到二十八岁之间留学时代的体验)。

> 我时常兴高采烈的出门去,自命为文明古国的新青年,忽然的当头来了一个一跷一拐的女人。[①]

这时,周就不可能像前面某青年那样"红涨了脸,飞快似的走过",或者是设法糊弄过去了。

> 于是乎我的自己以为文明人的想头,不知飞到哪里去了。倘若她是老年,这表明我的叔伯辈是喜欢这样丑观的野蛮;倘若年青,便表明我的兄弟辈是野蛮;总之我的不能免为野蛮,是确定的了。这时候仿佛无形中她将一面盾牌,一枝长矛,恭恭敬敬的递过来,我虽然不愿意受,但也没有话说,只能也恭恭敬敬的接收,正式的受封为什么社的生番。[②]

---

① 周作人:《天足》。
② 同上。

请试着想一想，那些来到了"文明的新都"，想多少也做一番文明人而不得的精英们的悲哀！如此说来，看到这里伴有生猛形象的"生番"断罪，跟本章开篇一听说人类馆的策划脑海里就浮现出"这分明是把我视为生番贬斥我野蛮"的构图，两幅图景竟如此吻合，不禁让人吃惊。如此一来，它再次证明了开篇的场景并非毫无心理依据的逻辑的附会或一场大惊小怪；另一方面，周的自我评判也表明：即便没有事件的触发，因文明的落差和周围环境而来的强迫观念也会扎根于内心深处，构成问题的土壤。

与此相关联，周作人在文章开篇曾涉及，说有"西妇的'以身殉美观'"的束腰，其害甚于缠足"这样一种说法，从中可以窥见清末以来相当流行的"西妇，以身殉美观""中妇，以足殉丑观"的美丑观和得失比较论，可谓意味深长。它是作为缠足的得失、存废论争的一个根据被拿来使用的。姑且不论这些，其中所反映出来的对女性美的新的意识和关心，不是与明治日本没有关系的，这一点也很有趣。稍微往留学时代之前推，戊戌之年担任湖南新政长官的黄遵宪就开始发布废止缠足令。他说此令的根据在于："本署司壮岁随槎环球四周，先往东海，后至西方，或夹细腰，或蹳利屣，虽属异状，尚无大害，唯华人缠足，则万国同讥。"① 据《日本国志·礼俗志》记载，在滞留日本住在鹿鸣馆的前期，他一方面去体验了"芝山的离宫、横滨的延寮馆、霞关的鹿鸣馆"的"夜会"，一方面被汉学系的文人们包围，听他们的嗟叹。黄或许也偶尔听说过，那些出身士族或者是艺妓的贵妇人去出席江户舞会之前还有抱怨"西洋服

---

① 李肖聃：《星庐笔记》，长沙：岳麓书社，1983年，第539页。

装太紧""勒着身子特讨厌"之类的话——如果允许推理到这一步,那可真是兴味无穷了。

"踯躅于东京之市的拖尾奴才"

在日本大街上无法不让人感到耻辱的,已如前述,不独是女子的小脚。

邹容在《革命军》中提起了另一个问题:"拖辫发,着胡服,踯躅而行于伦敦之市,行人莫不曰:Pigtail(译言猪尾)、savage(译言野蛮)者,何为哉?又踯躅而行于东京之市,行人莫不曰:跄跄婆子(译言拖尾奴才)者,何为哉?(中略)呜呼!此固是我汉人种,为牛为马,为奴为隶,抛汉唐之衣冠,去父母之发肤,以服从满洲人之一大纪念碑也。"

实际上无须邹容指出,这是从赴日留学开始就始终纠缠不休的问题。据实藤惠秀的著作,在1896年第一批十三名留学生中,有四人刚到日本不足一个月即中途回国。关于其原因,实藤氏在四十多年之后问了留下来的唐宝锷,唐是这样回答的:第一,他们频频受到日本小孩子"猪尾巴猪尾巴"的起哄;第二,他们吃不惯日本饭,受不了,就回国了。[①]

同样是实藤惠秀的这部书,还抄录有最初的留学生预备学校日华学堂(收容学生的学塾兼宿舍)的日记里的这样一段:"(1898年10月7日)晚餐后,陪众学生游上野公园,漫步本

[①] 实藤惠秀:《中国人留学日本史》,北京:生活·读书·新知三联书店,1983年,第19—20页。

乡街头，就沿途之见闻予以种种说明，时有儿童呼喊'猪尾巴'之声尾随不去，大为尴尬。"①一边是亲自带着初次来日的清国留学生餐后散步和参观市容的教头先生，一边是齐声起哄的儿童，先生的脸上顿时写满了清晰的困惑。

这就是从留学日本的第一步起就被纠缠不休、令人感到无比地讨厌而恼火的"烦恼丝"（留学生语）的问题。

我以为有三个问题点。其一，近代初期能够到"伦敦之市""东京之市"去的中国人基本上是男性，因此，比之于即便在东京也主要是从某某会上陈列展出的小脚所感到的耻辱，他们自身所承受的在感觉和程度上都不一样。因为是头顶着实物在大街上行走，碍眼固不用说，首先，最主要的，是那种叫嚷着"猪尾巴"的齐声起哄和冷笑不容分说地落到了自己的头上，真是受不了。

然而与此相比，远为严重的是第二点，即，如果说女性小脚作为闺中"美观"如今才意识到它是"丑"观了，是汉民族的"先祖"从宋王朝时代首倡流行的生理的和文化的缺陷的象征，那么男子的辫子，则是"异族"清王朝以无数汉族男子的血为肥料而植种在他们的后脑勺上的。既然产生的历史缘由不一样，那么为小脚和辫子而纠结从而产生怨念，其深浅程度也相差甚巨。

为了更好地理解这种"烦恼"的由来和实际情形，我在此抄录一段当时留学生杂志上刊载的一篇《发厄》。他们因为身居外面的世界而被催生的觉醒、自我重新认识和从中产生的辛酸、

---

① 实藤惠秀：《中国人留学日本史》，北京：生活·读书·新知三联书店，1983年，第19页，注释2。

痛恨之情,这篇文章都表达出来了,所以有一读的价值。

发之有厄也自中国始也。彼其细如缕软如丝不痛不痒,无意识之毛发戴于欧美人之头而短之,戴于佛者之头而尽去之,戴于遍世界女子之头而尽留之而皆安。独大不幸而戴于吾中国数百年来男子之头,而曰将杀而身卒而家墟而乡亡而国非,知中国发史者则不信也。(中略)清兴发祸乃益烈,顺治元年既定江南乃下剃发之令(满洲人的发式是剃光从发际到头顶的头发,中间蓄有浅浅的圆形头发,梳辫下垂于脑后)。其令曰:

向来剃发之制不急姑听自便者(中略)自今布告之后限旬日尽行剃发。若惜发争辨绝不轻贷。

此令下而中国人以发死者无虑千万,吾今日言之,犹凛凛其发悚也。

……吾闻清兵南下时,使剃发者负担游于市,执路人强剃其发,不可则杀之。今剃发担前端有竖杆或曰所以插刀也。虽然吾国人固以繁且庶号天下富,时屠之不能尽杀之,不能灭。野火烧不尽,春风吹又生。休养生息又忽然二百余年,其为中国发最安稳时代矣。道咸之际,洪杨兴于广西,蹂躏十余省,连结十数年,洪杨制必蓄发(今人称长发贼),目剃发者以为妖也。清制必剃发,目蓄发者以为贼也。相搏相击相屠戮而居于贼妖二者之间之数亿万之生灵,其剃发欤则杀于洪杨,其蓄发欤则杀于清兵。忽剃忽蓄忽死盖少能幸免者。是役也,中国全部数亿万人乃随细如缕软如丝不痛不痒无意识之毛发以投入于万万万万不能倖生之域。全世界纵今古横东西所未有之奇祸也。(中略)虽然四十年之光阴又倏倏其已过,戊戌以后,吾中国士人留学日本者以半剃发为不足则尽剃之,政府以为恶,电致今驻日清公使,蔡钧氏令学生必辫发否则曰此逆士也,当迹之于时。学生有剃辫者有不剃辫者,交相恶交相诮,世之论尊王与革命派者不以言论不以事实,唯以去辫不去辫为尊王革命两党之一大标识。然则吾今日中国发祸又隆隆其方兴也。①

东京的孩子们从前面看这些清国留学生,看到的是光秃秃的脑门;从后面看,则看到如邋遢地耷拉在脖颈上的猪尾巴(姑且不从词源上来探讨这个词,《广辞苑》中记其为"辫发"的别称),造型如此怪异,孩子们起哄大概也只是因为觉得好玩吧。在被纠缠的现场会非常难堪,但你要喝止这些单纯的孩子,训斥他们要了解人家的痛苦,那也过分了。必须看到,现象表现在街上的孩子身上,根子则在明治日本人对"清国"以及"清国人"的傲慢和缺乏理解。这就是与上述的"烦恼丝"相关联的第三个问题点。

1906年,某人在去东京的列车上,被邻座的日本人示以这种画报:那上面有两幅画,"一幅为吾人施行立宪改革,日本人代为剪掉辫发。还有一幅为西海岸之间紧绷着一条井绳,绳子的正中间吊垂着电车,其下用日文写有'以二亿人辫发变成一条巨大无比之绳,将其悬于门司、上海之间而使电车通过,也可谓一大壮举'"。② 与此相对照的,有夏目漱石的《满韩处处》

---

① 匪石:《野荻一夕话》,《浙江潮》第二期,光绪二十九年三月。
② 程清:《丙午日本游记》,清末刊。

第三章 "人类馆"现象与"游就馆"体验

中描绘的"肋骨君"的那种类型。

> 肋骨不愧是一个中国通,凡是中国的事无所不晓。有一次他竟当着我的面为辫子辩护。根据肋骨的观点,穿上那样宽松的服装,在颜色华丽的背部垂上一根细长的辫子,会令人激动不已。我非常吃惊肋骨会用"激动不已"这样的词,至今我想起这句话都会感到吃惊。也许是由于我看到过邋遢不堪的老头儿脖颈后面寒碜地垂着一条泥鳅似的东西,所以兴味索然吧!①

毫无疑问,前者的"代行"一切的姿态和充满冷笑的戏弄伤害了留学生们的神经。而另一类辫发礼赞则让我们想起,越是过去的老留学生一代,越是憎恶那些专门猎取中国旧物和残渣,并且自我耽溺于此的、自居"中国通"的日本人。② 再来看看另一边的夏目漱石的态度吧。邹容撰写《革命军》,倾诉辫发男子在外面的世界受到的屈辱和苦痛时所说的"伦敦之市",夏目漱石也正好走过。尽管没有辫子,但同样因带着东洋人的面孔等烙印,"犹如一匹与狼群为伍的龙犬,终日郁郁寡欢"(《文学论·序》)而饱尝了自卑感的他,我想倒是不会嘲笑"东京之市"的"清国留学生"的。尽管如此,仅就这篇文章而言,针对辫发他仍然没有表现出与自己的学识身份相符的历史的、文化的

---

① 夏目漱石:《满韩处处》,载《夏目漱石全集》第八卷,东京:岩波书店,1985年。本处译文依据小林爱雄、夏目漱石著:《中国印象记满韩漫游》,李炜、王成译,北京:中华书局,2007年,第245—246页。
② 参考周作人的《日本浪人与〈顺天时报〉》《日本人的好意》《支那民族性》等,均收入周作人《谈虎集》,北新书局,1928年。

洞察，和对对方的理解。他之所以不能赞同肋骨君，是出于跟街上的孩子"猪尾巴"的起哄声同一层次的单纯的理由，而不会意识到礼赞辫子，正类于的赏玩小脚，是一种比谩骂还要重地伤害中国人的恶俗趣味。漱石尚且只达到这般程度，其他人就推而可知了。

蓄发、断发皆为受难之源

如果把话题从夏目漱石身上拉回来，就会看到在诸多层面经常被拿来与他并列、比较的鲁迅在这里等着呢。虽说只是论述上的偶然相交，但颇能引人兴味。

纵观近代文学，想来像鲁迅那样重视辫子问题并且为之持续写作的作家可能并无二人。从他的第一部作品集《呐喊》（1922年10月出版，十四篇中有三篇涉及辫子问题，即《头发的故事》《风波》《阿Q正传》）到他的绝笔《因太炎先生而想起的二三事》（1936年10月19日去世前三日写作，未完稿），涉及或者是包含这一主题的小说和小品计有五六篇之多。代表作《阿Q正传》表明：鲁迅对这一主题，完全是以之作为他从留日初期就追求的国民性批判这一课题的一个切入点、一把手术刀。整部作品中，贯穿着让那些从辫发国粹论者到辫发耻辱论者们都羞煞愧煞的冷彻的批判精神，这是鲁迅作品的一大特征。而另一方面，如果没有《头发的故事》等诸篇中呈现出来的辫发受难体验，大概很难想象其手术刀的锋利性和彻底性。

他说，青少年时期"对我最初提醒了满汉的界限的不是书，是辫子"。而后，及至稍长，赴日留学的同时，"头发的苦轮到我了"。

  我出去留学,便剪掉了辫子,这并没有别的奥妙,只为他不太便当罢了。不料有几位辫子盘在头顶上的同学们便很厌恶我;监督也大怒,说要停了我的官费,送回中国去。
  不几天,这位监督却自己被人剪去辫子逃走了。

  这是《头发的故事》中的"我"与主人公 N 的对话。除去"我出去留学,便剪掉了辫子"(鲁迅剪掉辫子是在去日本大约一年以后)这一点,其他大体可以看作鲁迅的体验。其中特别说明"这并没有别的奥妙"一句甚难理解,而鲁迅研究专家们对此就有了不同的解读。剪掉辫子之后他拍了照片留作纪念,以"我以我血荐轩辕"的诗句题照赠送友人,于是被从中推衍出各种"象征"(表明反满或者雪耻的决心)说。这是主流。但在另一方面,也有意见认为,鲁迅既然反复说了"不便",那咱们就从正面如实接受这一"不便"的解释吧。暂且抛开关于鲁迅的臆测,在当时的断发行动中,应该说这两种倾向都是真实的。

  前者最典型的,就是鲁迅作"剪掉辫子,也是当时一大事。太炎先生去发时,作《解辫发》,有云——"以追怀的章炳麟。1900年夏,在上海谋划举事的唐才常约集章太炎召开会议。章对唐高举勤王旗帜表示愤怒,在集会场上当众割辫,以示与清王朝的统治和改良派路线的决裂。相比之下,章的忘年战友邹容比章名气更大,近代史记录了他那脍炙人口的造反行动——鲁迅所说的剪掉监督官辫子的造反事件,那"去剪的人们里面,一个便是做《革命军》的邹容"。前面提到的《发厄》一文揭示：在清政府的命令下，驻日公使和一部分留学生监督官员就像狗一样，瞪大眼睛盯着学生们的后脑勺，命令他们不可破坏"祖法"，千方百计地牵制学生。所以当其中一个监督官（叫姚文甫，是鲁迅所属的弘文学院江南班的监督）与另一个监督官的妾通奸而被告发时，学生们认为这简直是上天赐予他们的绝佳机会。这是因为，但凡通奸，谁都可以得而捉之、惩罚奸夫（要以当场捉住为前提，轻者是饱尝一顿耳光，清代则以剪掉辫子为最重的羞辱）。有这样一种传统的伦理观与辫发文明的价值掺杂在一起的不成文律的规定，同时又是统治方滥用的"祖法"的一部分，对于喜欢"以其人之道还治其人之身"式的复仇的中国文人来说，没有比这更加堂而皇之的理由和痛快的机会了。于是包括邹容等数名行动队员某日闯入现场，顺利地将其捉住，痛打了一顿之后，说："纵饶尔头，不饶尔辫发！"便剪掉姚的辫子，将其悬挂于留学生会馆示众，旁边写着"禽兽姚文甫之辫"云云。这一举动让留学生们大叫快哉，与此同时也着实让统治者着了慌。朝廷属官颜面扫地，被激怒的公使说："近来留学生之宗旨变坏，应推邹逆为祸首。"于是，又是照会日本外务省，又是向同文书院索拿邹容。[①]结果，"这人也因此不能再留学，回到上海来，后来死在西牢里"（《头发的故事》）。

除了这些反满大明星们的断发示威活动，还有几近可爱的观念论式的断发先决论也被认认真真地提倡过，那事态就无法让人一笑了之了。

[①] 岳山：《邹容》，上海：上海人民出版社，1974年，第18页。

> 戊戌推翻新政,一蹶不振,论者多咎变法之初不先变发。发短不可以骤长,不可以骤长,则面目形状既变,衣服装束不得不随之而变,衣服装束变,而行为政治皆不得不变矣。惜乎未能先事于斯,遂令一往无余也。①

尽管都同时代地经历了这些,鲁迅仍然在其绝笔的回忆文章中说自己的剪辫并非如太炎先生那样是出于大义名分,"也毫不含有革命性,归根结蒂,只为了不便:一不便于脱帽,二不便于体操,三盘在囟门上,令人很气闷"。——他对自己的剪辫子是只赋予这一层含义的。大概这正是他表白并非因为自己是越人,"也毫不含有"深意的反语式的表现吧?

我想首先可以归之于前述的国民性批判这个思想立场。据某学友的回忆,在弘文学院学习初期,同学们听到孩子们"猪尾巴"的齐声呼喊时很是生气,鲁迅则这样安慰他们:"这种骂声,倒可以编入我们的民族歌谣里,鞭策我们发奋图强。"② 在始终抱持这种几乎令人战栗的冷静态度的他看来,前面所见的那些过度的拘执,毋宁说正是国民性的一大病症。

> 头发是我们中国人的宝贝和冤家,古今来多少人在这上头吃些毫无价值的苦呵!(中略)我们讲革命的时候,大谈什么扬州三日、嘉定屠城,其实也不过一种手段;老实说:那时中国人的反抗,何尝因为亡国,只

---

① 《论辫发原由》,载张枬、王忍之编:《辛亥革命前十年间时论选集》第1卷下册,生活·读书·新知三联书店,1978年,第748页。
② 厉绥之:《五十年前的学友——鲁迅先生》,载《鲁迅生平史料汇编》第二辑,天津:天津人民出版社,1982年。

是因为拖辫子。

鲁迅的这一立场,是与此前引用的《发厄》一文痛悔因"不痛不痒之毛发"而使民族蒙受灾厄,担心今日世间"论尊王与革命派者不以言论不以事实,唯以去辫不去辫为尊王革命两党之一大标识","中国发祸又隆隆其方兴"的看法相通的,这可以说是抓住了问题本质的认识。

如果从大多数断发者来看,应该说鲁迅所列举的不便,首先是难看和无法忍受由此引来的不停起哄是最为现实的理由。至少在有必要向家乡父老辩明自己立场的时候,他们大抵会列举这些理由。某劝留学书说:"或于体操时因辫之障碍而受蹉跌损伤破额流血之苦,不胜愤怒,而遂放手一刀斩断葛根以为快。"① 似乎有这种痛苦感受的例子还相当不少。

当然,年轻的鲁迅对于剪辫子行动的寓意及其后的负面影响不会没有感觉;也不能说,在其生性冷静的背后,没有自己也表个态,来挑战一下这样的年轻血液的躁动。我们借助其挚友许寿裳之眼来看一下:

> 鲁迅剪辫是江南班中的第一个,大约还在姚某偷偷回国之先。这天,他剪去之后,来到我的自修室,脸上微微现着喜悦的表情。我说,"阿,壁垒一新!"他便用手摩一下自己的头顶,相对一笑。②

---

① 《通信》,《敬上乡先生请令子弟出洋游学并筹集公款派遣学生书》,《浙江潮》第七期,第12页。
② 许寿裳:《剪辫》,载《亡友鲁迅印象记》,北京:人民文学出版社,1953年。

第三章 "人类馆"现象与"游就馆"体验

于是他把那"一新"的样子拍了纪念照片,题上那首"我以我血荐轩辕"的诗赠与许寿裳,从中还是让人感觉到了不止于"看啊,方便啦"的兴奋。

但那"摩一下自己的头顶",着实让我惊讶。这个动作在鲁迅作品里反复出现过四五次,可以说其绝笔《因太炎先生而想起的二三事》实际上就是因这个动作的触发而作的。这是他去世前九天的事情。新到的日报的日期让他突然意识到那日是辛亥革命二十五周年的纪念日,革命也好,民国也罢,早已在脑海中没了印象的作者,于是"不觉自己摩一下头顶",而"这手势,每当惊喜或感动的时候,我也已经用了一世纪的四分之一,犹言'辫子究竟剪去了',原是胜利的表示"①——他以如此自"揭秘密"的方式,写下了对最后生涯的追忆。但是如果从刚刚提到的许寿裳有关其弘文书院时代的证言来看,那么这个动作已持续长达三分之一个世纪。并且,在到辛亥革命胜利后才能放心地"摩摩头顶",还可以玩味惊喜与感动(《范爱农》)这之前的八年间,"跑东洋"的他在城里、在乡间都不得不"遭受无辫之灾"(《病后杂谈补遗》,载《且介亭杂文》)。试想想看吧:来到日本,来了劲儿,一时图了个快刀斩乱麻之快,就为这个,竟然招致如此复杂的余味伴随着他一生,甚至凝聚出了一个条件反射式的动作。每想及此,笔者都难禁怃然、战栗之感。

---

① 鲁迅:《因太炎先生而想起的二三事》,收入《鲁迅全集》第6卷,北京:人民文学出版社,1981年。

台湾馆里听警报

再次回到大阪博览会。开幕后的主会场也出了问题。《浙江潮》第二期的"时评"栏目说:"初以支那人与印度等亡国之余列,继又改设台湾馆,并将福建运来产物陈设在内。东京留学生方在力争未知其结果。"(着重号为原文所加)也就是说,继反对人类馆陈列支那人和究明台湾姑娘的身份事件之后,又发生了第三次纠葛。

前面说过,中国朝野对这次博览会很是关注,湖南、湖北、江苏、山东、四川、福建六省参加了在参考馆陈列展品的活动。但是多名参会者感慨道,六省之间互不联系,俨然六个国家,且其陈列品杂乱不堪,大多是古董,与"劝业"没有什么关系,这让新派感到很羞耻。在中国馆之上,参考馆按顺序排列依次为英、美、德、法等欧美诸国,其后是土耳其,"中国总是与朝鲜相伴",让人不禁生出"没有朝鲜不知谁殿后"[①]之感。秦毓鎏等数十名留学生发现福建省的展品被放置到了殖民地台湾馆之中,于是引发了争执。

对于留学生们来说,首先,所谓的"台湾馆"不论是听也好看也好都会引起复杂的心情。详细报道该事件的《浙江潮》同时也登载了极为详细的参观报告。在表示出学习热情和认真精神的同时,一旦笔头写到台湾馆,留学生的心情就开始翻涌起来。

---

① 张謇:《癸卯东游日记》,翰墨林书局,光绪二十九年,第4页。

第三章 "人类馆"现象与"游就馆"体验

出美术馆折而左,复折于右,左则吾中国人所最伤心之台湾馆在焉。其建筑悉依清台湾总督府之原式,入门则庭园之中有戏台也,台上置四人轿,一两傍有台湾料理店(即酒肆),茶店中选幼女二十余人,衣中国服作堂倌。呜呼,此已亡中国之一部国民也。(中略)馆内有台湾人民出品物陈列场,台人欢笑酣嬉俨然一日本国民焉。日本自甲午后至今岁乃开博览会,因布陈其新领土之产物及人民生活之现象以自夸,能戢同种之光荣也。①

秦君一行看到馆内台湾人的姿态,也发出"装束如昨而主人已非"的感慨,却不甘心只去"饮恨吞声",所以在快要离开的时候去参观道路右侧的"清国福建省出品"的展览。那是日本帝国炫耀其新领土"拓殖"的会场,1898年列强在疯狂瓜分"势力范围"的时候,日本还提出不要将福建省割让给他国的要求,到那时为止一直忍气吞声的秦君们认定"那肯定是日本人想把福建省揽为自己的势力范围的阴谋",这说来也不无道理。于是他们马上去诘问工作人员,得到的答复是:因福建出品无地可容,故置于此。"俨然六国"的其他省份的负责人也听闻了此事,却不做表态。于是无可奈何的学生们堵住对日关系最为亲近、应该最有发言权的湖北省(张之洞为总督)出展委员,说事关一国的体面,推动他与日本人交涉,把福建省展品移到他们省份的展览场所,并与日本人交涉。然而该委员仅说了句"中国国势弱,不可因些些小事开罪邻邦,还是息事宁人为好"

---

① 同乡会会员:《日本第五回内国劝业博览会观览记》,载《浙江潮》第三期,光绪二十九年三月,第191页。

就逃之夭夭了。与对模特身份展开调查的周宏业君一样，秦君也很清楚国家间问题的这种区别，一开始他们是打算做"合法斗争"的。但是，既然本国的这些软骨头官员们不肯出面，他们就不得不自己担当起直接交涉的责任。于是这几位留学生火速给东京的留学生会馆发电报，让会馆派日语高手担当交涉代表；另一方面请求面见博览会的高层干部，要求改正。学生们要求把福建省的展品移到湖北省展区，并向其承诺：我们学生与清国官员不同，办事是讲道理的；但又说，君等设不纳吾言，吾等当敲碎玻璃窗，自动移出，贵国开此盛大博览会，万国观瞻，若因此事致与吾辈留学生冲突，贻笑列邦，窃为贵国不取等语。①学生们这番让人感受到为了维护本国的尊严而一往无前的气概，又不会被看成什么威胁的话，传递给了博览会的当局固不用说，甚至还上传到了当时的台湾总督（似乎指的是行政长官后藤新平）那里。据说总督在验证了诸般经纬之后促使了事情的解决。问题解决得如此之顺利让那些软骨头的清朝官员大吃一惊。于是秦君对他们说："君等官僚，利禄心重，成败之见亘于胸中，故与外人交涉，着着失败；吾等留学生一片赤忱，一般勇气，故能不为所屈云云。"②这是人类馆事件交涉以来大为扬眉吐气的一幕，《革命逸史》的著者评价它是"留学生与日方交涉取得的第一回胜利"。

然而能说它是真正的胜利吗？福建展品附设在台湾馆中，果真如当事人说的那样没有深意吗？前面提到的考察官张謇说："观通运馆。（略）台湾模型甚是精致。而其地志亦包括我

---

① 冯自由：《革命逸史》(初集)，北京：中华书局，1981年，第131页。
② 同上。

国福建省诸港,同样施以黄色,甚是怪异。"他将此事报告给参会的朝廷高官,他们却麻木淡然,他因而愤怒不已。① 毫无疑问,这里已经建立起了一种模式,而且在后来的年代中一直沿用,并且有扩大。往后推移至1917年,某留学生在上野的"明治迁都五十年博览会"上,看到在台湾馆之邻为所谓的"满蒙馆"。入而视之,这位学生"则见抚顺炭块与台湾樟脑,黑白争辉。而满洲之大豆、蒙古之牧场亦与台湾棕榈、甘蔗遥遥呼应"②。这场景给他留下了深刻的印象。在现场看到这种情境,和通过报道而知晓此事的年轻人,无论是谁,大概没有谁不会感觉到日本处心积虑想要吞并中国的欲望,也大概没有谁不会提高自己的警戒心和同仇敌忾的意气的吧。

报道福建省展品事件的《浙江潮》在其"时评"栏中甚至这样说。

> 我国人之性质外人知之久矣。予我以虚设之名词,绝我最重之命脉,使我酣睡而不觉,此近今灭人国者之长技也。日本今日之举盖日本秘密手段之缺点也,谓为日本之侮我也,可谓为日本之警我也。③

好端端的一个学习场所和榜样,也兼任起"反面教员"了。

通过以上所见我们可以明白,对于日本来说,本是近代文明一大特色的各种博览会和展览馆,对于来到当地努力学习又敏感的中国留学生来说,却是个摩擦和争端频发的场所。不过

---

① 张謇:《癸卯东游日记》,翰墨林书局,光绪二十九年,第44页。
② 汤尔和:《东游日记》,《东方杂志》第十五卷第三号,1918年,第190页。
③ 《时评·外国之部》,《浙江潮》第二期,光绪二十九年三月十五日,第114页。

与此相比，最让中国年轻的爱国者们受伤的，也教给他们留学之国就是仇敌之国，在直到1930年代的种种日本旅居记和游历记中不绝其名，即在当今的中国也名声大噪的"名胜"，就当数靖国神社内所设的"游就馆"了。

"人以纪其功，我以铭其耻"的游就馆

同样是遭人耻笑，若是因祖先遗传下来的民族体质上的烙印被人指戳而汗颜，也只能说是咎由自取，不能迁怒于他人；但是如果以打架来比喻，你被至今瞧不起的对手打败负了伤，伤口还被这个对手有事儿没事儿地随时碰一碰、捅一捅，大概无论是谁都会勃然大怒的吧。留学生们在面对日本的进步，更深切认清了本国的落后，内心很不平衡的情况下，仍始终保持学习的态度，这点已在前面讲过。但是，不是日本民族的开化和进步，而是新兴日本帝国的扩张和荣光直接带来了我中华的丧权辱国，而将后者夸示予人的"人以纪其功，我以铭其耻"（留学生语）的地方，就是前述的台湾馆，进而就是将甲午战争以来的战功和战利品集大成而常设的游就馆。

借留学生之眼来再现那里的样子：从馆外首先就见"战胜之具堆积如山焉，细观之，皆我国与俄国之枪炮船车等类，日人谓为战利品"[①]；"门之两侧各立有一具军舰的通风口，分别标识'清国靖远号通风口''清国来远号通风口'，皆为甲午之役

---
① 冯延铸：《东游鸿爪录》，山西大同县署印，1921年，第51页。

中被击沉者"。① 日俄战争中从俄军手里缴获的战利品也堆积在门外,馆内则陈列着四百余件据称来自清国的战利品。

> ——陈列有李鸿章所书之海军公所、叶志超之帅字旗及军办之令旗,其匾额有题云海疆锁钥,有第一第二等之炮台,上之石额皆甲午一役之所夺获也。见之令人心寒,不禁潸潸泪下矣。上楼又见有陈列庚子拳变后之顺民旗、德政伞甚多,以及今古之军器分布,刀枪剑戟军装号衣无不备陈,外有中国之红缨帽水晶顶老鸦翎,妇孺看之皆咋舌,笑为奇货。四壁上挂征亡之将士像,又有旅顺黄海之战图及元朝之战图,一一悬列为死者之纪念,生者之观感。每星期日观者如蚁,老幼相携,每见一战利品,群有欢颜,以为己国莫大之光荣。嗟嗟我辈来游,未免伤情。他国之光荣,我国之耻辱也。②

特别是,连军队的司令旗和舰队本部的牌子都被敌军所夺,还有舰队覆灭之后留下的"海疆锁钥"的门匾,没有比这些更让人感到强烈耻辱的了。至于给出兵镇压义和团、占领并管制北京东北城的日军赠送的"顺民旗""德政伞",已经无话可说了。表示"顺从"的旗帜也好,颂扬"德政"的伞盖也罢,都是供奉给压境而入的异族大军和所谓"父母官"的地方统治者的,说起来,那都是在不绝的民族杀戮和暴政之下发达起来的摇尾巴的智慧。这些东西,如今经过直到昨天还以"盖世豪杰"

---

① 王拱璧:《东游挥汗录》,1919年,著者刊行。
② 冯延铸:《东游鸿爪录》,山西大同县署印,1921年,第52页。

推崇义和团的北京市民之手，送给了扫灭义和团的日本占领军。在占领下的北京目睹了这番情境的革新言论界某文人曾不禁扼腕感叹道："排外尚非历史耻，劳师无乃国民羞。"① 而这些展品和历史现象所意味着的，也即所谓中国人的国家思想的缺乏以及对异民族统治的无节操表现，恰恰是由包括对亡命者和留学生表示同情的犬养毅们（他也曾以对南下清军迅速举起"顺民"旗为例）在内的日本有名的政治家和文人，对留学生们不断说教，让他们抬不起头之处。② 在那样的历史氛围和环境之下，不得不面对作为战胜者的战利品的"历史耻、国民辱"，其心境是难以想象的。

不用说，自取其辱固然可羞，但作为展示方的日本人所采用的显然是恶意的陈列方法，连同其中所包含的冷笑，格外地触动神经。自 1894 年"支那处分案"以来，像口头禅一样把"支那的命运就是灭亡二字"说个不停的尾崎行雄，某次演说中在论及中国必然灭亡的三大理由之一的"支那没有战斗力"时，狠狠地嘲笑说："游就馆中陈列着很多"就像"捣年糕的家什"一般的旧兵器，（净是些"两三个人都抬不动"的青龙刀、"不是千手观音就休想击发"的铁铳、"也就比豆腐店里切豆腐刀稍像点样子"的干将莫邪剑之类，支那的所谓兵器本来就是"只要做得大，能摇出大声就行，铁铳也好青龙刀也好，只要大声响就行……而且是打着鼓、铛铛地敲着锣向前走"的，所以他得出结论："无论哪个国家只要开打，都可徒手取之。"）他于是又是叮嘱又是劝："请你

---

① 狄平子:《燕京庚子俚词》，载《百年心声——中国民主革命诗话》，生活·读书·新知三联书店，1979年。
② 《记清华开校日犬养氏之演说》，《浙江潮》第十期，第143—146页。

们去游就馆看看吧。"①

连声名显赫的政治家都以这种语调谈论中国,那么一般人的嘲笑和捣捣戳戳又是如何地刺激了在现场的中国人,就不难想象了。甲午之役以来的劫掠之物,件件皆标明"清国""支那","所标字迹过于显豁,使余汗颜,欲掩不能。而同来观之日人,又往往轻薄妄诞批评。如指'吞日龙旗'曰,'支那天然为日附属品,不观旗日在上龙在下,支那黄龙常景从炎炎之红日……';指'万里长城残砖'笑言,'支那军队向来无用,防敌设险,唯城是顾,今国防又被我打破矣'……"②而且是故意大声地让旁边的中国人听见,这个样子,就越发令人纠结难解了。

陈列的构思与内容所表现出的气量狭隘也给中国人留下强烈的不愉快。摆列战利品时壁饰黄海海战图尚可理解,"更有甚者,绘画陈列忽必烈率大军远征日本大败的故事"又所为何来? 看了这个深以为无聊的中国参观者,不在少数。还有更极端的例子。据《东游挥汗录》记载,游就馆之一室"犹有二物,尤令人目裂神伤:乃中日战争时日军在我领土通告我国人投降归顺印刷文告印枚二方"③。像这样子,一方觉得陈列出来是理所当然,而且内容上是宣传"提携""振兴"的物品,并无让人感到杀气的地方呀;而参观者这一方就难免会从这类过分的展示中感到被强烈地夸示了、凸显了的胜者的傲慢与败者的耻辱。

尽管如此,追求那个时代至上课题的清末第一代留学生们还会表现出如下的理解和接受方式。他们一方面觉得在元寇的

---

① 《清国灭亡论》,《尾崎咢堂全集》第四卷,尾崎行雄纪念财团,昭和三十三年。
② 王拱璧:《东游挥汗录》,1919 年,著者刊行。
③ 王拱璧:《东游挥汗录》,1919 年,著者刊行。

绘图面前很是无聊，而另一方面，甚至当日人对着几百年前发生的故事和以想象描绘的图画，也"隐藏不住迫不及待的跃跃欲试之情"时，"观日本之民气"，感到"日本之胜利隐伏其中矣"①，即大都能表现出一种努力引以为教训的姿态。而且，把人家保存下来的我方甲午惨败的印记创痕作为我们打倒腐败的清廷的"反面教材"，这样一种思路也是可能存在的。黄兴叫刚到东京的儿子先去参观靖国神社的游就馆："你去看一看，就晓得我们国家由于慈禧太后的腐败，成了个什么样子！"②就是一例。

与此相比，中华民国成立，继之，日本占领青岛并强加"二十一条"的1910年代之后，国人对游就馆的感受就越来越恶化了。1910年代之初的留学生，后成为中国共产主义运动先驱的李大钊在"二十一条"事件之际，撰写了《警告全国父老书》等两篇文章，呼吁同胞奋起反抗。文章中他倾诉了他们自己"羁身异域，切齿国仇"的心情，阐明"此三甲纪念，实吾民没齿不忘也"。所谓"三甲"，即甲午（1894年）、甲辰（1904年，中国因日俄战争成为兵燹之地）和甲寅（1915年），他说"甲寅新事实愈发唤醒甲午、甲辰之回顾"，并向同胞讲述自己的切身体验：

> 居东京，适游就馆，见其陈列虏夺之物，莫不标名志由，夸为国荣。鼎彝迁于异域，铜驼泣于海隅，睹物伤怀，徘徊不忍去。盖是铭者，人以纪其功，我以铭其耻；

---

① 王朝佑：《我之日本观》，1927年，著者刊行，第114页。
② 黄一欧：《回忆先君克强先生》，《辛亥革命回忆录》（第二集），文史资料出版社，1981年。

人以壮其气，我以痛其心。唯有背人咽泪，面壁吞声而已。①

后来在东京呼应了国内的"五四运动"的《东游挥汗录》的著者，在游就馆"觉一矛、一戈、一铳、一弹、一戎衣、一旌旄，莫不染有我先烈之碧血，附有我先烈之忠魂。觉我先烈被发垢面，疾首促额，向余哭诉黄海战败、全军覆没之辱。余入此室，冷汗浇背，热血冲脑，复睹遗物，目眩欲倒。……余不知如何以慰先烈也。"②

"睹物伤情"、与先人的怨灵面对等栩栩如生的描写增多，可以说是1910年代之后的体验记之类作品中表现出的一个特征。也可以认为这种表述倾向与第二代留学生中思想之士和文学青年显著增加有关（而第一代留学生中则以师范、法政和陆军士官等居多），但根本上还是1910年代以后中日关系的状况与氛围使然。从"二十一条"到巴黎和会上蛮不讲理的山东问题决议案（这也是引发"五四运动"的导火索），在国家数度蒙受深重国耻的情况之下，人们格外想去追溯国耻的起点，去重新体验、重品其味的吧。而就游就馆而言，参观和谈论它在留日者中间似乎是代代相传的。"五四"时代的留学生、《东游挥汗录》的作者十二年前就从留日先辈那里听到过这样一件令人难以置信的事情：那里的"二十四室中曾以大玻璃瓶酒渍我人头一，题曰'请看亡国奴之脑袋'云云"，"自是，游就馆三字遂嵌余脑髓"。③ 所以作者说，今次从进馆之前就战栗难禁了。

---

① 《李大钊选集》，北京：人民出版社，1959年，第25页。
② 王拱璧：《东游挥汗录》，1919年，著者刊行。
③ 同上。

感到这种战栗,并且将其倾诉出来的声音可能比同时代的任何人都更为影响了年轻一代中国人的,不是留日学生,而是一位留美学生。那就是生于 1900 年的世纪同龄人、我国文坛长老并且与战后日本也缘分颇深的女作家谢冰心(抗战胜利之后跟随作为同盟国中国代表团主要成员的丈夫驻东京,同时受仓石武四郎之邀担任东京大学中国文学课程,后多次访日)。她的《寄小读者》系列作品风靡 1920 年代,可以说如今六十岁以上的中国知识人在学生时代没有不读它的。《寄小读者·第十八次通讯》中就有有关游就馆的文字。1923 年 8 月某日,到美国留学的冰心一行途中滞留横滨,他们于是去东京市内参观。适逢大雨,结束了一天走马观花的参观后,其中"只有二重桥和游就馆两处,我记得很真切",尤其是后者给她的印象让她震惊:"周视之下,我心中军人之血,如泉怒沸。……我是没有主义的人,更显然的不是国家主义者,我那时竟血沸头昏,不由自主的坐了下去。但在同伴纷纷叹恨之中,我仍没有说一句话。"[①] 这里说的"我心中军人之血"不是指别的,那是胸怀凌云之志出发却以屈辱败北的第一代海军军人的血,如泉怒沸的仇恨之血。因为女士的父亲谢葆璋就是覆灭的北洋舰队中的一艘、1895 年 2 月在威海卫的军港内被击沉的"威远号"上的士官。即使在九十高龄的今天激情家特色仍未减退的她,初出国门时就在敌国的首都碰触到父辈的屈辱纪念,其心情令人彻骨同感。大概是因为冒着雨跑进展场的吧,如果先看到放置在入口两侧的所谓"靖远号""来远号"的残骸(换气孔)标识,或许她体内流淌着的"威

[①] 冰心:《寄小读者》,郁达夫编:《中国新文学大系》第七集·散文二集,上海:良友图书公司,1935 年。

远号"士官的血会更加沸腾吧?

沸腾的热血无法抑止,结果当场发生了破坏展品的事件的,也留下了两条相关记录。在并列摆放着从"海疆锁钥"匾额到"顺民"旗的陈列室,"有留学生陕西某君,乃士官学校之学生也。往游该社,目击此种可愤可耻之情形,激昂之余,遂举一巨石向匾额击去。游人大哗。警察赶至,某君竟就逮焉"。① 还有一件事,就是在前面所说的玻璃瓶里泡着"亡国奴的头"的现场发生的:"河南张国威君见而愤,抱瓶碎之于地。日本人因将人头移他处,加张君缧绁之刑"② 了事。

附录——代结语

至此,笔者在叙述时的分析评论已表明,除了露骨的轻侮与侵略者式的态度另当别论外,一般的日本人虽然也是生活在国策的影响之下,但无直接的责任,他们中有很多人带着亲近感接近中国人、照应留学生。尽管如此,或者正因为如此,他们的热情亲切背后,总有某种感觉让你别扭得不行。仅在本章专论的展览会和参观导览之类的场合,就有很多这种别扭的例子。前面说的向学生们赠送入场券、让他们去看演出的神田桥日语学校的校方,他们恐怕不会有明知当日有"支那艺人"的缠足表演而故意让学生们去蒙羞的意图。这是留学运动初期反复出现的现象,对刚刚登陆的"清国留学生"善意地迎接、热

---

① 王朝佑:《我之日本观》,1927年,著者刊行,第114页。
② 王拱璧:《东游挥汗录》,1919年,著者刊行。

心作向导的日本人经常如是说明：若是到了长崎，就说这里距离平户很近，就开始讲说击灭元寇的故事；若是在下关（马关）的市内观光，必然提"当年，贵国的李鸿章宰相如何如何"，并带领大家去签订媾和条约的纪念地参观。如此种种，说得好听是好心没礼数；说得不好听，则是一种强加于人的态度，特别是充斥其根底的"我如何如何"式的目中无人、自以为是的毛病，让人哪里坐得住听得下？即便是到了今天，我们都想敦促日本人意识到这一点并进行反省呢。这暂且搁置不论，现将一个同类型的极端例子作为附录补充在此，以代一番诉说的结语。这是相当后的时代的事了，但其典型性意义丝毫不减。另外笔者认为（即不想解释为），这次参观的邀请方也未必就怀有有意恫吓的意图。说清以上两点后，兹抄录如下：

支那人到军港观光

一群支那人
到军港观光，
领头的是黑胡子
外国的海军中将。

走遍大都市，
望着异国的马路
他们哀伤——
低着头走路
像朝鲜人一样。

他们来到了军港，
望着异国的船坞
他们哀伤——
贮藏着的战舰
曾经冲破了故国的海港，
在扬子江上横冲直撞。

他们来到了军港，
眺望军舰
他们忧伤——
那无数的大炮，
不是曾经在故国的天空轰响？！

他们登上军舰，
听海军中将的演讲
"皇国的海军如此雄壮，
它是东亚和平的保障。"
默默地听着，
默默想起故国变成战场。

他们走进了船舱，
围住大炮的屁股，
听少尉说明如何开放；
"瞭望台的电机一动，
空浪浪……空浪浪……
打中了敌人的胸膛。"

几十颗心一跳，
炮弹正落在
"一二八"的上海，
"九一八"的沈阳。

炮弹带来了
火的惨笑，
血的怒潮，
焦土，饥饿，
奔逃和死亡。

一群支那人，
从军港归来，
低着头走在路上
像朝鲜人一样。

（留学生文艺月刊《东流》创刊号载，
1934年8月东京）

第四章　在日留学生与日俄战争

喜迎对俄开战的中国人

  日俄战争开始后，人们由于对沙俄的痛恨，还把同情寄予在日本方面，听见日本打了胜仗，大家都很高兴。[①]

  后来成为知名的共产党元老革命家、当时的留学生吴玉章如是证言。此前一年（1903年）的4月，俄国拒绝从中国东北撤兵（1900年借八国联军出兵之机占领）并且图谋吞并中国东北的消息传来，留学生们发出呐喊："我等居留之日本，当鸣锣传警之日（当月27日号外，作者注），全国国民，上而政府、贵族，下至车夫、下女，亦莫不鼓手加额，扬眉狂喝曰：击俄！击俄！"[②] 隔天留学生们即召开全体会议，组织成立了"拒俄义勇队"。这就是史上

---

① 吴玉章：《吴玉章回忆录》，北京：中国青年出版社，1978年，第19页。
② 林调元、陈蔚等：《温州留学生敬告同乡书》，载杨天石、王学庄编："中华民国史资料丛稿"，《拒俄运动1901—1905》，北京：中国社会科学出版社，1979年，第138页。

有名的"拒俄运动",其全貌在《拒俄运动 1901—1905》这部史料集里有详尽记载。义勇队于当年11月、12月间重新发起运动,遭到镇压之后不久即爆发了日本的对俄战争。仅仅听到开战和日本在旅顺港外、仁川海面相继告捷的消息,不管日本是否宣了战,也不想想双方把哪里当作了战场,就把它当作自己的事情似的欢欣鼓舞——这是当时国人普遍的第一反应。

不仅当地的留学生如此,国内社会各界均做出了共通的反应。据上海某报纸报道:"学生加入到居留民的提灯游行队伍中,商人祝贺日本有了新军舰,甚至出现了申请归化的横滨华侨。"[①] 吴玉章的家乡四川盆地也是万民同庆:"重庆的日本人相继设宴庆祝,君(吴的朋友)也在报社召开宴会以示回谢。"[②] 如上海具有代表性的综合性杂志《东方杂志》所报道的:"内地人除不知日俄战事者外,莫不望日之战胜。"即便懵然不知何事者也被这股热潮热昏了,以致"前次内地有谣传日本大挫于平壤而市面为之恐慌者"[③]。再来看看日本方面的一则报道,是写随着战事的发展,市井中一喜一忧模样的:

清人轻侮俄国

> 近日《北清日日新闻》的"北京通信"谓,不仅是北京,直隶满洲之全省人民莫不欢庆日本之胜利。若夫居大清国首都北京之官吏能有人民中间表示出来的热情与爱国心的一半,不唯清国的中立将稍会得到尊重,在

---

① 《警钟日报》1904年3月15日。
② 《谢奉琦烈士事略》,《四川文史资料选辑》第一辑。
③ 《论黄祸》,载《东方杂志》1904年第二期,第16页。

必要之场合，为使俄国于侵入中立地带更为小心计，募集五十万的集合队及勇敢的士兵亦非难事，此为近时天津、北京的茶馆、戏园辄以此为话题的热议，可见清人开始逐渐轻侮俄国。(《万朝报》,5月11日)

从东京的留学生到北京的茶馆闲人无不卷入这种热潮中，那么这种心理的底流到底是如何形成的呢？《东方杂志》分析道：

> 盖专制立宪，中国之一大问题也。若俄胜日败，则我政府之意，必以为中国所以贫弱者，非宪政之不立，乃专制之未工。此意一决，则凡官与民所交涉之事，无一不受其影响，而其累众矣。黄种白种，中国之一大问题也。若俄胜日败，则我国国人之意，必以为白兴黄蹶天之定理，即发愤爱国之。日本亦不足与天演之公理相抗，而何论中国？此意一决，则远大之图一切绝灭而敬白人之意将更甚于今日，而天下之心死矣。①

不得不说，此论切中要害。现在再回到吴玉章那里。那是多年以后，成了马克思主义者的他把他们自己声援日本归结为缺乏阶级观，和受了梁启超之流温和的改良主义的影响。这样的结论当然没错。但是他当年在去日本的船上曾经吟咏过这样的诗句："莫谓东方皆落后/亚洲崛起有黄人"②，因此无论是内

---

① 《论中国所受俄国之影响》，《东方杂志》1904年第2期，第17页。
② 《吴玉章回忆录》，北京：中国青年出版社，1978年，第17页。

容上还是历史时段上（当时拒俄运动尚没有兴起），都不能单纯地说成是"对俄国的强烈憎恨"，毋宁说，是一种泛亚细亚主义的思想与情感。这种思想自然也不适合用阶级来分析，但在当时它非但不是温和、不彻底的，反而越是热情高涨的革命志士就越热烈地信奉黄种人要崛起，对它期待，为它呼号。比男性还意气轩昂的热血革命家秋瑾女史也不例外。当在北京听到对俄开战并首战告捷时，她不惜奉上了最高级别的欢呼和赞美之词：

> 明治天皇雄武姿，
> 独立精神寒鉴齿。
> 奋发神威不可当，
> 投袂扫穴殴贪狼。
> （中略）
> 捷报飞来大地欢，
> 从今世界庆安澜。
> 草木山河皆变色，
> 未许潜蛟侧目看。
> 仁乎壮哉赤十字！
> 女子从军卫战士。
> 吁嗟一线义勇队，
> 唤起国魂强宗类。①

而在结语中，秋瑾说"几欲起舞乘风去 / 拍手樽前唱凯歌"，

---

① 秋瑾：《日本服部夫人属作日本海军凯歌》，载《秋瑾集》，上海：中华书局，1960年，第75页。

出发留学的心情已经迫不及待了。这里想提起一下"从今世界庆安澜"与"未许潜蛟侧目看"两处。所谓"侧目",可以读出"睥睨"和"偷偷地窥视"这两种意思。也就是说,在她看来,日本对俄开战,不仅止住了俄国东侵的步伐,也是对多年来从大洋彼岸觊觎并且不断东侵的恶龙们的阻遏,是使东亚的太平洋成为名副其实的太平之海的首战。

然而我们必须看到:就中国的志士们所反映出来的这种"黄白竞争""黄人联盟"的思想来看,与其说它是自发产生的,不如说深刻地反映了劝诱接纳留学的日方的影响。

与开战前史相关的日本留学事始

一般的说法是:本来清末的赴日留学运动本身,大而言之乃时势之所趋;小而言之,则是在以张之洞的《劝学篇》为代表的新派的号召下,作为戊戌新政的重要一环发生的。以此概括这段历史固然得当,然而如果回到千方百计地寻觅活路、寻求"新方案"的激荡时期的现场,就能够发现,历史的行动往往会意外地因为一件小事受到启发,或者因为一声呼喊而诱发。比如《劝学篇》和它所强烈号召的留学日本等等。其实推动赴日留学运动的原动力不是别的,就是日本政军官绅各界开展的对清"亲善攻势"和留学劝诱活动。其中,牵头的是日本军队的参谋本部,而且这个劝诱工作是在俄国支援盟友德国占领胶州湾、俄国军舰旋即进驻旅顺港(1897年12月)和强行租借旅顺、大连(条约成立是在翌年3月)之后立即开始的,从历史时机上来看也意味深长。1898年1月,神尾光臣、梶川重太郎、宇都宫太郎三位将官肩负着参谋本部之命，带着次长川上操六中将托交的礼品前往湖北拜访张之洞[①]；他们同时还会见了（其父谭继洵任湖北巡抚的）谭嗣同等人，密筹结盟之事[②]，故可推断，劝诱留学乃为准备对俄决战之战略的一环。不过这个机会也可视作良机。通过《中俄密约》（1896年俄方迫使访问俄国的李鸿章签订），俄国企图独占包括经三国干涉刚刚迫使日本归还的辽东半岛在内的满洲全境。这种蛮横至极的行径给日本提供了拉拢中国新派和地方实力派投向日本怀抱，牵制俄国与亲俄的慈禧太后、李鸿章一派的绝好的"反面教材"式的口实。于是，神尾光臣等人对张之洞和谭嗣同们说："彼我本兄弟……不意朝鲜一役，遂成仇衅，又不意贵国竟不能一战，挫衄不可收拾。嗣兹以来，启各国心，危若朝露，每一回首，悔恨何及。"[③]如果仔细倾听自此以来的言论，那么就会发现在东亚同文会成立时的"主意书"中使用了完全相同的表述："日、清、朝三国之交已久，文化相通，风教相同，情似兄弟之亲，势如唇齿之形……与彼之环舆列国之朝婚夕寇互相攘夺者可同日而语耶？岂料前年昊天不吊，兄弟阋于墙，列国乘隙，时局维艰，呜呼！弃忘前嫌，防其外侮，岂非今日之急！"[④]也就是说，忘掉甲午战败的仇和恨，互相携起手来吧。姑且不论其他的相关史实，这些对清工作的基调，其要点的设置（此外，俄国的威胁固不用说，

---

① 《清光绪朝中日交涉史料》第五十一卷。
② 唐才常：《论中国宜与英日结盟》，湖南省哲学社会科学研究所编：《唐才常集》，北京：中华书局，1980年，第152页。
③ 唐才常：《论中国宜与英日结盟》，湖南省哲学社会科学研究所编：《唐才常集》，北京：中华书局，1980年，第152页。
④ 东亚同文会之《主意书》，载东亚同文会编：《对支回顾录》上卷，原书房，1968年。

还宣扬了以日本为中介的对英同盟的好处）确实相当差劲。以此次游说为契机，正如日本所期待的，张之洞一派作为亲俄派李鸿章的对抗势力成长起来后，第一步就是提倡赴日本留学，并派遣了第一批士官留学生。

而维新派一方，谭嗣同的挚友唐才常也接受了神尾们的话。唐说："今日人既愿联盟，我且愿密联中英相犄角，且愿以性命死生相扶持，千载一遇，幸何如之，快何如之。"[①]话语中表现出了孩子般的兴奋。可是，三年前负于日本时悲愤慷慨，叫嚷着与日本不共戴天的，不也是你们吗？但以此来责备他们"健忘"和国际关系认识上的"幼稚"，也是没有意义的。无论如何，是要迅速找到自强的范本，将国家从被瓜分的危机中拯救出来的紧张感，和即便是为了对抗最可恨的西太后一党也要如何如何这样一种意识，才使得他们倾听日本、对抗俄国的。那位梁启超也在逃亡的船上，把东山再起的希望与他正在前往的日本连接起来。他这样吟咏道：

> 东方古称君子国，
> 种族文教咸我同。
> 尔来封狼逐逐磨齿瞰西北，
> 唇齿患难尤相通。
> 大陆山河若破碎，
> 巢覆完卵难为功。
> 我来欲作秦廷七日哭，

---

① 唐才常:《论中国宜与英日结盟》,湖南省哲学社会科学研究所编:《唐才常集》,北京：中华书局,1980年,第153页。

大邦犹幸非宋聋。①

所谓的"秦廷七日哭"是春秋时代的故事，说的是公元前506年，楚国为吴国所破，楚国贵族申包胥为恳求秦国出兵救援而在秦国的朝廷上痛哭七个日夜不绝声，最后秦师乃出。对日本能信赖到这种程度？日本值得这样期待吗？这都是疑问。即或这种心情是真率的，你先主动大叫北方的"封狼"来啦，又奉日本是古来的"君子国"、如今的"大邦"，想以此让对方竖耳以听，难免会让人感到这是拉拢日本的合纵连横，即所谓战略上相互利用的心理。与此相比，渡日之后历经数月，梁启超在他的《论学日本文之益处》一文中诉说了接触到新书籍和新思想之后的兴奋，发出了"向日本学习"的号召。文中，他甚至抱着"他日两国合邦""坚守黄种人之独立，杜绝欧势东渐"的梦想。这个越做越大的梦中可以推断就有成立于1898年11月、与抵日后的梁有所接触的东亚同文会提出的"对抗黄祸论"和"同人种同盟"等诸种主张的影响。实际上该会成立之后不久，近卫笃麿会长就与（与梁同时来日的）康有为进行了面谈。其时他说："东洋时事日趋迫切，东洋是东洋人的东洋，东洋的问题必须由东洋人处理，而于东洋实行亚洲门罗主义的责任则在日中两国人士的身上。"②

至于那些后来来日的留学生们，不难想象，听到这一类的话则更为日常化了。秋瑾女史那激越的诗篇也如诗题"日本服部夫人属作日本海军凯歌"所示，正是旅日之前在北京与服部

---

① 梁启超：《去国行》，载《梁启超诗文选》，广州：广东人民出版社，1983年。
② （日本）外务省编：《日本外交文书》，第三十一卷第一册，东京：日本国际联合协会，1954年，第662页。

宇之吉夫人的亲密交往之中产生的。从日本方面来说，黄色人种结盟也好，实施亚细亚门罗主义也好，很清楚，绝不是被动的或者情绪化的产物。这也可以说是反过来利用"黄祸论"的喧嚣和列强按"势力范围"瓜分中国的积极战略，借此既可能彻底扭转日本在三国干涉后的国际孤立与在瓜分"势力范围"狂潮中的迟到，也可成为不久的将来对俄开战的准备工作之一环。这种准备工作，包括从提供战场与所谓的"局外中立"宣言，到争取舆论的同情与确保战地后方的安定等，当然都要获得中国方面的支持。这样说，虽然多少有些模式化地图解之嫌，但后来的"大东亚政策"与"大亚细亚主义"的实践也印证了日本方面的基本姿态与意图。

尽管这是日本"大东亚战略"中的意图，但中国留学生与志士们却对其泛亚主义的思想与情感产生了共鸣。能够列举出来的几个方面的背景因素，除了前面所说的俄国这个"反面教师"的作用与日本方面的"亲善"工作等种种国际政治方面以外的国内的情势（顾不上日本的意图，必须最优先地学习日本）、时代的思潮（那是个不管有无别人启蒙，"黄人—白人"的问题已日益切身的时代），还有"同文同种"这种历史上的亲近感，等等，这些因素都作为真实的底流在起着作用。尤其是国家兴亡与黄色人种的胜败这两个问题总是被认真地结合或混同在一起，这是当时的特征。吴玉章回忆说，在 1903 年这个时间点上，他自己被明治维新以来同文同种的日本人所示范的"黄人崛起"的道路所倾倒，而对先进文明的本家西洋列强却感觉不到什么崇敬之情。① 即使是不停留于这种朴素的情感，也有留学生认为，

---

① 吴玉章：《吴玉章回忆录》，北京：中国青年出版社，1978 年，第 17 页。

在当时黄白二人种竞争的世界上,"环视亚洲大陆,唯彼日本惧种族之沦亡而上下一新,政艺并举,免焉日有孜孜期待战胜白色人种于未来之世界。然而地狭人寡,竭其全力不过能厕乎白种间以存黄种之一部。故黄种之绝续存亡与吾祖国之兴衰治乱有密切之关系"[1]。这是认真地而且是从自强与连带责任出发来考虑这个问题的,用现代人的什么主义或思想的尺度来议论他们的"单纯",没有意义。而且,关于这个论者所意识到的本国的责任,也没必要去问是否能够践行,有没有践行的自信。或者应该说,正是由于有了这种真率的感情与焦虑,才使得他们对于在祖国振兴与黄白竞争的时代的日俄战争的意义,是尽量谦虚并且因此也"单纯"地去理解和接受的吧?

日俄战争爆发的两年之前,陈天华曾经说要"向仇敌之国学习"。因战胜而气焰膨胀的日本当局颁布《取缔留学生规则》,从权力当局到普通日本人都轻侮留学生,陈天华怒而投海自尽。他自杀之前留下的《绝命辞》中说:"平心而论,日本此次之战,不可谓于东亚全无功也。"[2] 他说的"功"主要指"保全东亚",就像他说的"倘无日本一战,则中国已瓜分亦不可知"。姑且不论陈天华,就一般人而言,开战初期的期待完全变成了现实,也就是说,日本取得胜利"证明了'黄白'公例不可尽信,君权民权还是必争",这可以说是根本的教训和收获。越是以推翻清朝为宗旨的革命派留学生就越重视这一教训,这进一步刺激了日后的运动。作为一个例子,留日大前辈秦力山如下的总结不可忽略。

---

[1] 《教育通论》,载《江苏》1904年第三期,第41页。
[2] 陈天华:《绝命辞》,载陈天华著,刘晴波、彭国兴编校:《陈天华集》,长沙:湖南人民出版社,1958年,第237页。

第四章 在日留学生与日俄战争

夫今胜败之由,岂偶也哉!读十余年来之战史,除各国属地之争独立外,所谓国与国之交哄,其一为中日,其一为日俄。中国人口过日本十倍,面积过日本十七倍。俄国人口过日本五倍,面积过日本二十余倍。以湘淮身经百战之劲旅,可(哥)萨克名著历史之雄师,而其败也不啻摧枯。合中俄两国之势力,几占全世界之半,而皆不能战胜四千万人穷岛之国民。中国犹得曰,因守旧不变也。彼俄罗斯于西洋物质之文明,倘非所谓万物皆备者乎?片言以括之曰,二十世纪以后专制之政府,断不能取胜立宪之国民。①

"真正令人羡慕死了"的光景

对日俄开战拍手称庆,"几欲起舞乘风去"的秋瑾女史,那年夏天来到了东京。其时第一次旅顺总攻战刚刚打响,辽阳发生了第一次大规模会战。热情的秋瑾一下船就一头栽进了军国热的旋涡,转瞬之间沉浸在强烈的刺激之中。在这篇被推定为刚到不久就写下的名为《警告我同胞》的文章中,她向祖国的同胞传达了自己这样的体验:

我于今有一大段感情,说与列位听听。我昨天到横滨去看朋友,在路上听见好热闹的军乐,又看见男男女

---

① 彭国兴、刘晴波编:《秦力山集》,北京:中华书局,1987年,第126页。

女、老老小小都手执小国旗,像发狂的一样,喊万岁,几千声,几万声,合成一声,嘈嘈杂杂,烟雾冲天。我不知做什么事,有这等热闹。后来一打听,哪晓得(是)送出征的军人,就同俄国争我们的东三省地方,到那里打仗去的。俄国,我们叫他做俄罗斯,日本叫他做露西亚,这就叫征露的军人,所以日本人都以为荣耀,成群结队的来送他。最奇怪的就是我中国的商人,不知羞耻,也随着他们放爆竹,喊万岁。我见了又是羡慕,又是气愤,又是羞恼,又是惭愧:心中实在难过,不知要怎样才好,只觉得中国样样的事,色色的人,都不如他们。却好我也坐这次火车走的,一路同走,只见那送军人的人越聚越多,万岁、万岁、帝国万岁、陆海军万岁,闹个不清爽。到了停车场,拥挤得了不得。那军人因为送他的人太多,却高站在长凳上,辞谢众人。送的人团团绕住,一层层的围了一个大圈子。一片人声、爆竹声夹杂,也辨别不清。只见许多人执小国旗,手舞足蹈,几多的高兴。直等到火车开了,众人才散。每到一个停车场,都有男女老幼、奏军乐的、举国旗的迎送。最可羡是那班小孩子,大的大,小的小,都站在路旁,举手的举手,喊万岁的喊万岁,你说看了可爱不可爱?真正令人羡慕死了。不晓得我中国何日才有这一日呢?①

无限地羡慕,由此生出焦躁、不安和沮丧——可以说,这是来到在"举国一致"的炽热中又因连战连胜而沸腾的东京街

---

① 秋瑾:《警告我同胞》,载《白话》第三期,1904年10月。

头的成百上千的中国年轻人共通的反应。而且不仅限于志士类型的人,就连当时就被视为体制内听话的冷血之人曹汝霖也有他切近的观察,并且不禁心生感激。那时他正好住在已去世的中江兆民的家里,他说:"当日本征召退伍兵之时,我住在中江家,见退伍兵应征到东京者,军部令分住到民家,视房屋之大小,配住兵之多寡。中江家派住八人,中江家自动让出六叠房两间以住兵士,自家母子女三人,挤在四叠半的一间小屋里。余以外国留学生,不令让屋。每日三餐,总以肉食饷兵士,兵士亦帮同操作,彼此和睦,恍若家人。我看了真觉感慨,中国人民与兵士,哪有这种情形?"①

诸如此类的感想、感触并非始于日俄战争之时,也绝非停留在单纯的感慨的层面,而是可以追溯到来日初期的亡命客和留学生。当时,他们就很快地把它们以视尚武精神、军国民主义为一剂救国良方而加以讴歌和提倡的形式,写在了留日学生的精神史乃至近代思想史上。

梁启超曾经于亡命日本初期写的随感《祈战死》一文中披露过这样的体验:

> 冬腊之间,日本兵营士卒,休憩瓜代之时,余偶信步游上野,满街红白之标帜相接。有题曰:"欢迎某师团步兵某君,某队骑兵某君"者;有题曰:"送某步兵某君,某骑兵某君入营"者;盖兵卒入营出营之时,亲友宗族相与迎送之以为光宠者也……其为荣耀则虽我中国人入学中举簪花时不是过也。(中略)余于就中见二三标,乃

---

① 曹汝霖:《一生之回忆》,香港:春秋杂志社,1966年,第34页。

送入营者,题曰"祈战死"三字。余见之矍然肃然,流连而不能去。①

故此,梁启超追溯此前"吾尝见甲午乙未间,日本报章所载赠人从军诗,皆祝其勿生还者也"的印象,随即想到杜甫的《兵车行》(车辚辚,马萧萧/行人弓箭各在腰/爷娘妻子走相送/尘埃不见咸阳桥/牵衣顿足拦道哭/哭声直上干云霄。……),即"中国历代诗歌皆言从军苦",而今"以视此标上所谓祈战死者,何相反之甚耶",心情益加复杂。同样于甲午年间刊行和广为宣传的、他来日后多次译介的尾崎行雄的《支那处分案》中就有这样的支那人论,再经过上述尖锐的对照,他承认"日本国俗与中国国俗有大相异者一端,曰尚武与右文是也"。由此而产生出的,是《斯巴达小志》《新民说·尚武篇》《中国之武士道》等一系列论著,是"且按诸天演物竞之公例,其势亦有不能至者也。故尚武精神,为立国第一基础,识者听同认矣。而自今以往,20世纪之世界更将以此义磅礴充塞之,非取军国民主义者,则其国必不足以立于天地"②的结论,是仿效从古代的斯巴达到普鲁士、俄国、日本诸范例,实施尚武教育的号召。

再集中到纯留学生的范围之内来看,梁的提倡首先得到了爱徒蔡锷的完美继承,诞生了《军国民篇》这篇名论文。此事应该受到特别的关注。作为考察留日精神史时不可或缺的存在而屡屡在本著中出现的蔡锷,正如有识者评价的那样,自长沙时务学堂学习时代(1897—1898)起就是深受梁启超喜爱的弟

---

① 梁启超:《祈战死》,《清议报全编》第六辑。
② 梁启超:《斯巴达小志》。

子,但日后登上历史舞台的他却并未加入梁的派系;另一方面,他在东京时与黄兴、宋教仁等结下了同乡之谊,在论及革命时也表达了同感,却未参加黄兴等人所创建的革命团体。他就是这样一个兼备多方面素质与才能和独立人格的杰出人物。[①] 即便是在提倡军国民主义方面,虽然他与其师同轨,却也不辞展开超越导师的高论。

蔡锷的思考与主张

蔡锷曾经在《致湖南士绅诸公书》中传达了"自浮海而东"以来目睹"学校会社,功德商情,农工实业,军备重要,日懋月上,不可轨量"的情形,讲述了对这个国家"权密阴符,无孔不入,志意遒锐,欲凌全瀛"的印象。接下来,他指出:

> 推其帝国干涉之主义,恐怖坚韧之情形,殆无日不若趋五域之大战,临东西太平洋而有事。[②]

这是很短的一节文字,但在同一时期里能如此敏锐地感受到整个日本弥漫着的"卧薪尝胆"的气氛,能够做出如此一针见血地直指核心的论断的,此外没有见到第二人。这还反映了自1899年来日,中途一度回国参加起义,事败后立志"投笔从戎",现正就学于士官学校的蔡锷的志向与观察力。这一点当然

[①] 陶菊隐:《蒋百里传》,北京:中华书局,1985年。
[②] 蔡锷:《致湖南士绅诸公书》,《蔡锷集》,长沙:湖南人民出版社,1983年,第13页。

是站在高处专作高论的梁启超们所无法匹敌的。而且致力于成为未来军事家的他始终关注体制性的即举国的"恐怖坚韧"与"国民皆兵",观察到"日本社会上之于军人也,敬之礼之"的诸般措施。故此在1902年这个历史节点上,他断言"日本之军队胜过欧美"。俗谚云"好铁不打钉,好男不当兵",那么"以吾国之贱丈夫,而与彼劲悍无前之国民兵战,是犹投卵于石,热雪于炉"①,自更不待言了——他因此获得了从根源上来观察问题的视角。

当然,直面迥异的现实与价值观,被激起反省的,并非仅有蔡锷一人。特别是目睹日俄开战之后送兵出征之风景与每日报纸上刊载的逸话美谈,谁都可能会怀有与秋瑾同样的心情,达到蔡锷两年前的结论的高度吧。陈天华也如是说:

> 夫日本视军士为无上之荣誉,国家之所以鼓舞之者,殆不遗余力;而中国则至贱者兵也,其出征也非如日本之有军人援助会也,其死也非如日本之有勋号年金也,其伤也非如日本之有廪给终身也。(1904年3月13日的《万朝报》上登载,甚至连清驻日公使都给"军人遗族救护会"献金,可以想象一般留学生对这样的组织与措施的关心与感动了——著者)至于社会上之待遇,则不特不能与日本兵士同科,且适成反比例。②

所以,陈天华的结论是,人家能有"一有招募,则争先恐后,

---

① 蔡锷:《军国民篇》,《蔡锷集》,长沙:湖南人民出版社,1983年,第24页。
② 陈天华:《论中国宜改创民主政体》,载《陈天华集》,长沙:湖南人民出版社,1958年,第207页。

一临战阵,则骈首不辞"①之气势也就毫不奇怪了。然而问题是在下一步。用秋瑾的话来说,那就是:"不晓得我中国何日才有这一日呢?"前面已经看到,对这个问题,她自己是非常悲观的。这些——包括上述的追问方式以及"中国什么都不如他们"式的叹息——可以说反映出了当时大多数人的倾向与认知水平。

蔡锷出类拔萃的第一点在于:他绝不停留在羡慕他人、哀叹自国的层面上,而是尽量冷静地洞察物事,试图汲取历史的教训。在《军国民篇》一文中,他注意到这一事实,"日本自布征兵令以来,国民多目为强征血税,烦言啧啧,每有斩杆揭旗之暴举",指出"而今日反谓从军乐者,抑亦由于学校兴而教育昌,教育昌而民智开耳"。(与此相关,他也并不只是去听,而是进行详细的调查考察。举个例子,"吾尝检译日本小学读本,全籍多蓄爱国尊皇之义,而于中日海陆战争之事迹尤加详焉。其用意所在,盖欲养成其军人性质于不知不觉之中耳。夫图画一课,末艺也,而有战舰、炮弹、枪炮等幅,其用心之微,固非野蛮诸邦国所得而知之矣"。②)获得了如此发展观视野的蔡锷树立了这样的自信:中国若就此转换方向,则军国民精神的培养和国力的增强绝非不可能,并以此为出发点撰写了《军国民篇》。这是从《新民丛报》的创刊号开始连载四次的大论文,涉及从教育、哲学、思想、文学和艺术、舆论、风俗到国民体质的养成及兵制兵器的改良等各方面,可以说它提出了以日本为鉴"建造"军国民的纲领。蔡锷最初的文集编纂者对此加了这样的按语:"凡吾国读此报者,类能言之。倭人下河边半五郎,尝刺取此篇及《新

---

① 陈天华:《论中国宜改创民主政体》,载《陈天华集》,长沙:湖南人民出版社,1958年,第207页。
② 蔡锷:《军国民篇》,《蔡锷集》,长沙:湖南人民出版社,1983年,第22页。

民（丛）报》中蒋百里先生所著《军国民之教育》一首（篇），汇为军事编，以示其国人。至明治末，印已七版，其用心盖非鸡林贾人（鸡林是朝鲜的异称，鸡林贾人指的是中日之间贩卖书籍的书商——著者）所能拟也。"[1] 可见其影响之一斑。

当然不是要归于他一个人的影响，随着日俄开战，以及后面将要论述的士官留学生的激增，蔡的历史认识与中国也可能实现强兵的这种自信日渐扩展的倾向很明显。陈天华也挺起胸膛说："孰谓日本之武勇非因政策而养成者乎？中国之不武勇非因政策而消失者乎？改易其政策，而中国之武勇不若日本，吾绝不信之也。"[2] 而更为有趣的，则是那个梁启超。曾经为他人的"祈战死"而一唱三叹，"皇皇然大索之于四百余州，而杳不可得"的他这次（或因弟子的高论，或是战时的氛围使然）却仿佛精神抖擞起来，积极追溯中国古来的武勇传统，编纂成一册国民教科书，副标题是"高等小学及中学教科书"。梁在该书的自序中说："取日本输入通行之名词，名之曰'中国之武士道'。"其所专注的题名之趣向，可以与蔡锷的军国民论的第二个特点联系起来。

《军国民篇》的结尾提出了这样的新命题："故欲建造军国民，必先陶铸国魂。国魂者，国家建立之大纲，国民自尊自立之种子。"虽说该命题实际上与军国民主义表里一体，但在当时仍不失为一个重大的问题。之所以这么说，一是从诸如"武士道乃日本之国魂"（蔡锷）、"日本人之恒言，有所谓日本魂者，有所谓武士道者，又曰日本魂者何，武士道是也。日本之所以

---

[1] 蔡锷：《军国民篇》，《蔡锷集》，长沙：湖南人民出版社，1983年，第19页。
[2] 陈天华：《论中国宜改创民主政体》，载《陈天华集》，长沙：湖南人民出版社，1958年，第207页。

能立国维新，果以是也"（梁《祈战死》）之类的言论也可看出，其问题意识的来源与日本有关。还有一点，作为对此问题的回应，《浙江潮》和《江苏》等留学生杂志上不久就进行了热烈的讨论，使国魂问题几乎成为一大纲领。

本来，将本国和本民族人格化，视其魂为民族精神，危急存亡之秋倡导"魂兮归来"（《楚辞·招魂篇》），是自屈原以来文人抒发志向的传统，它在两千年之后新的民族危机和民族振兴期，在新的忧国之士的心灵里复苏了。初期留学生杂志和上海革新派的刊行物上，会时常涌现出"学湘累大夫之吟……曰：中国魂兮归来乎！"①之类的呐喊。为此，他们"于是上九天下九渊，旁求泰东西国民之粹，囊之以归，化分吾旧质而更铸吾新质……而国民乃昭然其如苏，呆然其如隔世，一跃而起，率黄族而与他种战"，在内心熊熊燃烧起了这样的抱负。这种使命感与雄大的气概说起来是足令后人羞愧的，然而自己所追求的"新质"到底包含着怎样的内容，却未必分明。即令是蔡锷，在提起问题的同时，也只能用这样一句话结束其全部论述："执笔至此，吾汗颜矣！然而吾脑质中，有一国魂在。"②也就是说，虽然因把握不了全部内容而焦虑，但他想说也说出了的，意欲表达而能够表达的，正如其书名，就是尚武精神、军国民精神这一点。

笔者执笔至此，为慎重起见，也试着对"军国民主义"这一词作了一番调查。这一查就发现，姑且不说中国的辞典，就连日本的事典之类的大辞书也只列有那令人憎恶的"军国主

---

① 壮游：《国民新灵魂》，载《江苏》第5期，1903年8月。
② 蔡锷：《军国民篇》，《蔡锷集》，长沙：湖南人民出版社，1983年，第38页。

义",却找不到附有"民"的这个词条。联想所及,大概蔡锷所说的日本"帝国干涉之主义,恐怖坚韧之情形",现今听起来会很刺耳吧。但是,尽管对日本帝国主义的干涉意图有所警惕,但清末时是那个顾头顾不了尾的情势,又是在探求真理的途中,所以跟意识形态上的帝国主义批判——当时还在列宁的《帝国主义论》出现的十多年前——的意思是大为不同的。蔡锷所谓的"军国民主义,昔滥觞于希腊之斯巴达,汪洋于近世诸大强国。……帝国主义,实由军国民主义胎化而出者也。盖内力既充,自不得不盈溢而外奔耳"①。若说它幼稚,这确也是幼稚得近乎可爱的定义。而国之上下在"恐怖"的危机感(也暂且不说其内容)中紧张一致,能做到"坚忍"的那种氛围与体制,对于身后背负着士大夫层毫无气力、国民一个一个七零八落的祖国的他们而言,自然惊羡不已。那真是一个对泰西东洋不暇选择,专一只顾"囊之以归"的着迷时代。从眼前的"国民皆兵"的体制到小学的军国教育和坊间的"体育会"设施,加上自从来到这里之后每日耳闻目睹之原点斯巴达,到俾斯麦的铁血主义和拿破仑的席卷欧洲,甚而至于传说是穆罕默德所言的"死于圣战,升入天国"的豪言壮语,不管什么统统收拢过来,再添加进中国古代也有过的"胡服骑射"等故事,将其一起发酵而成的,就是当时所提倡的"军国民主义",也就是他们所说的民族复兴的"新质"。

---

① 蔡锷:《军国民篇》,《蔡锷集》,长沙:湖南人民出版社,1983年,第19—20页。

第四章 在日留学生与日俄战争

"军国民"热

当"军国民"热成为一种时代思潮时,我们就能够理解为什么在日俄开战的前一年兴起的拒俄运动中,义勇队会被迫解散,改名为"军国民教育会"了;也能够理解运动本身虽然终结了,但学生们对自身愤而行动如此兴奋的另一种的心理了。他们通过结成义勇队看到了:"吾国人爱国之心、排外之力、敢死之气,非绝无根性,断断不会沦为奴隶。从此益加奋迅,益加扩充,大有全国皆兵之望。"① 所以,被镇压之后,他们制定出了"铁血"之气越发浓厚之"鼓吹、蜂起、暗杀"的方针,并随即转而实施。在东京每天都能眺望到近卫师团训练和演习的青山练兵场附近,一所秘密的军事学校(孙文提议,犬养毅居间斡旋,聘原骑兵少佐小室友次郎和步兵大尉日野熊藏为教官)建成了。横滨的一所地下隐蔽处中也开始传授炸药制造法并实际制作。留学生们还开始参加神乐坂附近的"体育会"。随着日俄战事的推进,受当时氛围的影响,有一两次他们还重提了组建义勇队的话题。②

仅举一例。拿看起来最为普通的"体育会"来说,留日学生对这个组织的着眼点,充溢着出乎创建这一组织的日本人的

---

① 《军国民教育会纪事》,"中华民国资料丛稿"《拒俄运动》,北京:中国社会科学出版社,1979年,第109—110页。
② 参考"中华民国资料丛稿"《拒俄运动》,北京:中国社会科学出版社,1979年;冯自由著:《青年会与拒俄义勇队》,收入《革命逸史》,中华书局,1981年,第104页。

意表的、完全是一派清末志士式的气概和眼光，实在有趣。蔡锷所撰写的《军国民篇》就反映了这一点。

> 日本自甲午战胜中国以后，因扩张陆海军备，益知国民之体力，为国力之基础；强国民之体力，为强国民之基础。于是，热心国事之俦，思以斯巴达之国制，陶铸大八洲四千万之民众（斯巴达之国法，凡系强健男儿，至七岁则离家受国家公共之教育，其教育专主体育。兵役义务之年限，至六十乃终，而妇女之教育，与男子颇相仿佛，其主旨在勇壮活泼，足以生育健儿云），乃创体育会。而支会亦相继林立，招国中青年而训练之。仅历二载，而各地学校之体操教习，殆取自该会。自兹以往，吾恐不及十载，体育会之势力与其主义，必将浸淫三岛矣。（中略）积热之士，复从而设推行之方，深与国民皆兵主义以助力。①

因为抱持着这种理解和接受方式，所以最初出入神乐坂体育会的是革命运动家黄兴也就绝非偶然了。归国之后担任绍兴大通学堂督办的秋瑾第一步着手创办的也是"体育会"，在那里她规划将女学生编成"国民军"进行训练。"体育会"以教授日本兵式体操的形式会集了绍兴一带数十名会党首领，聚集在一起准备举事。② 留下来的资料显示："1908年夏天，留日学生李根源受孙中山、黄兴之托，在日本东京成立'大森体育会'，

---

① 蔡锷：《军国民篇》，《蔡锷集》，长沙：湖南人民出版社，1983年，第27页。
② 参考陶成章著：《秋瑾传》，收入《秋瑾集》，上海古籍出版社，1979年。

为革命党人讲授军事体育学。后来在辛亥革命时闻名一时的陶成章、刘揆一、焦达峰、孙武等人，都曾是'大森体育会'的成员。"①

其间还出现了如下场面也就不足为怪了。那是武昌起义之前的暑假期间的事情。长沙明德学堂看不到几个人影的运动场上，能看到有人互相投掷刚从日本"直贩"过来的野球（后来名为"棒球"）。据黄兴的长子黄一欧回忆，那是以他为中心组织的"暑期野球会"，其目的是"因学掷野球而练会抛炸弹，以为将来发难的准备"。②这也许多少会让人感觉：难道不管什么都要与那个联系在一起吗，但对它却不能一笑置之。这些貌似玩革命游戏的举动，固然一方面显示出对凡是新学来的近代设施或手段的认真投入；另一方面，人们大概也不难从这些手无寸铁的学生们脸上看出因其志向、因其手无寸铁而比别人加倍认真，甚至带悲壮感的表情来的吧？

这种时代流行的倾向并不停留在一部分志士的英雄逸话层面，也扩展到了国内的新教育现场。勃兴不久的中国近代教育中，重视学校体育，特别重视军事体育，这种一般性的理念在较早阶段就被旗帜鲜明地确立并且付诸实施，就是出于这个原因。"辛亥革命前夕，'各省教育总会联合会'曾经作出决议，在全国范围内实行'军国民教育'，高级小学以上各类公、私立学校，一律开展体操运动，注重军事体育锻炼。"③据悉，直至中

---

① 李沛诚著：《杨昌济教育思想简论》，长沙：湖南教育出版社，1983年，第82页。
② 黄一欧：《黄兴与明德学堂》，载《湖南文史资料选辑》第2辑，长沙：湖南人民出版社，1961年，第21页。
③ 李沛诚著：《杨昌济教育思想简论》，长沙：湖南教育出版社，1983年，第83页。

华民国成立之后的1910年代，这种方针一直在沿用。① 以上叙述让我们明白，也许可以说，军国民主义的信仰与热情在中国近代教育形成期所产生的影响并不输于曾经的"民智启蒙"论。

仅就这一点而言，即使那个在1903年拒俄运动中组建义勇队的时候对主张说服清朝当局抗俄的方针嗤之以鼻，因而本人也不参加义勇队的活动、让人感觉多少有些冷漠的鲁迅也未能例外。他说自己也难免受"当时的风气"的煽动，写下了一篇"慷慨激昂、顿挫抑扬""现在看起来，自己也不免耳朵发热"②的文章，毫不犹豫地参与到留学界汹涌澎湃的舆论热潮之中。这就是作家鲁迅登场之前最早创作的小说样式的作品（从日文改编的色彩浓厚，或许是激昂兴奋时期的急就章，"后来无论怎么记，也再也记不起它们的老家"③）、连载在《浙江潮》第五期和第九期上的《斯巴达之魂》。

回过头来看，即便是当时使用频率最高的"斯巴达"和"军国民"这两个词也都是漂亮的洋词，特别是那令人神旺和任意想象的传入未久的欧洲古文明"斯巴达"这三字三音，人们真是频繁地把它挂在口头、诉诸笔端；并且，如在舶来当初的"玻璃球"那样能映出各种各样的形态一样，被各种主义主张用来引证、论述——既有立宪主义者倡言："斯巴达为尚武之祖国，斯固然也。……又曰斯巴达为专制政体之祖国，……彼盖民权之专制而非君权之专制也。……宪法立而革命之惨剧可

---

① 魏建功：《我在五四前后所受的思想教育》，载《五四运动回忆录》（下），中国社会科学出版社，1979年，第980—981页。
② 鲁迅：《集外集·序言》，《芒种》半月刊第一期，1935年3月5日。
③ 同上。

以永绝。"① 也有着重引用当时最为惊世骇俗的《天演论》观点的论者说:"往者斯巴达人,生儿有尪弱者则杀之,故其种皆勇悍善战,此淘汰人类之实行者也。"② 以"教育救国"为志者,则宣传"国民教育,每溯源于斯巴达,其教育之唯一目的,养成健全之军国民,使其能力圆满发达,足立于人世困难之涡流中,黯然生活自由,屈服他之英勇国民。"③ 这完全是地道的教育家所下的定义,完全有别于狭义的强兵论。因女子留学等新鲜事物开始出现的"新女性"们,也以自己的方式最早接受了这种自我主张:"斯巴达女子有言:'唯斯巴达女子能生男儿,亦唯斯巴达女子能支配男儿。'"④

在如此浩繁的论述中,与论说文的翘楚、蔡锷的《军国民篇》相比,唯一致力于描写斯巴达文学形象的鲁迅的《斯巴达之魂》,虽然体裁规模不同,却是足以相提并论的。作品讲述的是在公元前480年发生的"温泉门之战"中,斯巴达王黎河尼佗率领市民三百、同盟军数千与大举入侵的波斯决一死战的气壮山河的场面,全篇的着眼点在于:通过一名因病未参战而生还的士兵,和回家之后妻子不但拒绝了他,还自刎以雪自家莫大耻辱的故事,来歌颂斯巴达之魂,即不屈的军国民精神和为国而死的节操。"世有不甘自下于巾帼之男子乎?必有掷笔而起者矣。"从这样的名句里,我们读到了与后来含蓄深邃、笔尖清醒的文明批评家鲁迅迥异的、仿佛另一个人的无法遏止的年轻激情。

---

① 梁启超:《斯巴达小志》,《新民丛报》第13期。
② 《淘汰篇》,载《大陆》第一期。
③ 刘显志:《论中国教育之主义》,《中国新报》第六期,1907年7月18日。
④ 亚特:《论铸造国民母》,载《女子世界》第七期,1904年。

有关这篇文章成立的背景，1981年版《鲁迅全集》的题注引用了初刊该文的杂志在其前一期（第四期）上的《留学界纪事·拒俄事件》，指出在寄给北洋大臣袁世凯的书简中也使用了"昔波斯王择耳士以十万之众，图吞希腊""留尼达士亲率丁壮数百扼险拒守，突阵死战，全军歼焉"等与鲁迅文章中的引言相似的句子，注明"本篇即在此时发表"。1981年版《鲁迅全集》虽没有再明写，然而如果再进一步的话，也可以说鲁迅的这篇文章大概是为了鼓舞激励誓师的留学生们而写的，或许是他将誓师大会上表示自己也愿以红十字会人员的身份随军出征的女留学生的身姿与拒绝生还的丈夫的烈女形象重叠在一起了。但凡与伟大的革命文豪鲁迅有关的，人们大概都愿作如此联系，或者透出这层意思的吧！但是，留学生周树人君并没有参加第一线或者外围的斗争，甚至与其保持着距离，则是毫无疑问的事实。倒不如坦率地承认这一点。然而，虽处（从实际运动的角度来看）动与静、群体与个体、热烈与冷静各自相反的两极，心灵却同时被同一个理想图景所吸引，心潮都为同样的故事所激荡，这件事情本身不就能够让我们窥知军国民精神与信仰在时代的空间中生机灵动，渗透于年轻灵魂中的实态吗？

得不到回报的声援与期待

受到日本沸腾的对俄开战的军国热的刺激，可以说诞生了三层心理状态。为黄色人种的首领日本的骁勇善战而兴奋，此为第一反应；接着是羡慕，以及与此互为表里的焦虑和稍稍恢复的自信复杂地交织在一起的感情；如果称其为第二层心理的

第四章　在日留学生与日俄战争

话，那么在我们的国土上日本战胜了俄国到底意味着什么？这第三层的心理一经产生，就必然引发新的担心与警惕。特别是随着日本连战连胜进入第二个年头，这第三层心理更加强烈。

前面引用过冯延铸所著的《东游鸿爪录》，该书记述的是他从1905年6月到翌年的留学体验，其中描述了他登陆日本之后遭遇的场面。

> 从神户到东京途中某站，来往火车相迎而行。彼方车上满载征俄之日军，突见我辈东渡学子至数十名之多，衣服奇异，不中不西，有指而骂者，有望而笑者，骂我国人不知愧死，盖以彼辈以血肉之躯为中国争地，日从事枪林弹雨中，死伤甚众，我等有何面目到彼国求学乎？笑我等异言异服，有洋装有华装，有半洋半华之装，怪状百出，不见精神，有宽袍大袖发辫长拖者，奄奄无生气，为东亚病夫国之代表。一骂一笑，抚心自问，皆予我以难堪。此事为我所亲见，此语为贺视学所译述，亦国耻之一也。①

刚刚来到了"老师"跟前,不是遭到什么背后的指指点点，而是突然地被迎面指责，被用粗野的声音起哄、喝倒彩，想想当时他们受到的冲击和狼狈吧。即便如此，或者还不知道人家哄了些什么，有点弄不清楚状况而干着急。碰巧，不，应该说不巧的是，正好有懂得日语的领队在旁边。经他一字一句地给大家翻译——在那种场合，即便是意译和误译，但是站在监督

---

① 冯延铸:《东游鸿爪录》,山西大同县署印,1921年,第6页。

留学生的官员立场上故意恶意地翻译而煽动大家"义愤"的挑事心理是不可能有的——出来的上述意思，其刺耳和对神经的触痛是不难想象的。

　　冯延铸一行大多是游历官绅，也就是说，是在短时间内参观学校等诸种设施的同时，听一些集中讲义课程就回国的一种急就的"镀银"群体。说起来，这种乡村土豪和地方官吏占大多数的群体基本上既不通语言，也全无预备知识，只是随着科举废除和日俄开战后国人蜂起"东洋留学"的集体盲从心理，趁着这股热潮蜂拥而至罢了。尽管如此，他们也是抱有亲日的感情和开阔眼界的愿望的吧。没想到一来就碰上了这般情形。他们被迫明白了自己对日本的憧憬是如何的单相思。高涨的军国热的反面对自己来说是如此的冰冷，感觉也太惨了。

　　然而这些并非战争后期才出现的现象。这一边，就在包括北京、上海的内地都在为日本的首战告捷而欢庆的同一时间，东京街头已然开始嘲弄清国人了。1904年3月出版的《大陆》杂志（下田歌子为后援，由留学生于1902年在上海创刊）第二卷第二号上刊载的《留学生之狼狈》一文就报道了这方面的情况。据载，开战不久，留学生中之归国者接踵于途，基本上都是因为受到日本人的冷笑、侮辱、孩子的投以瓦石以及大人变相的"逐客"而忍无可忍。文章举了一例：两个学习医学的学生不忍半途而废，伪为痴聋，修学如故，却被老师和同班同学以为其开"送别会"的形式羞辱而不得不归国。又举一例："又有日本政党某公，素与学生善。尝召学生至密室语之曰：君等日以流血为志，今可归国流血矣。"对此进行评价的文章作者说：是日本人愤怒于我们中国人不参战、不出力吗？而看热情招待访日的伦贝子（满洲贵族、钦差大臣）的情形，似乎也未必是对中国采取局外中立的立场感到不快。文章又转而猜测还是因为留学生有始无终：去年那样高叫着"拒俄拒俄"，如今却谁也不再吱声了，"日人故而轻吾学生哉？"。且不论学生的推测是否正确，这里表现出来的是真切的烦恼。如果回溯一下所有人，特别是在初期，对日本寄予的期待与热情，就不难想象那种冰冷、冷漠是如何地切肤刺骨。相比之下，上述推测中后半部分的潜台词更为触动神经。用中国话来说，"心病"，就是内心深处最大的烦恼、最羞最痛最不愿被触碰之处——从拒俄运动的失败来看，一方面国家本来就赢弱，且当局者是可憎的"异族"卑怯者；另一方面，就像当时流行的对中国人的评价那样，自己做事总是"五分钟热度"、靠不住——却还是被触碰了，这懊恨、这羞耻绝对是无以复加的。这让人想起曾经的战斗性评论家周作人所说的话："中国人何以对于日本恶感最深？……我想第一个重要的是因为日本是能了解中国人的坏性质，用了适当的方法来收拾他。"[1] 从刚刚所见的"送别会"和冷言冷语中，恐怕我们的归国者和评论家们也都感受了这种"收拾"了吧。

王朝佑在其《留学时代之观察》中记载了他所经历的投石事件。1905年夏某日，"余赴三省堂购书也。途中曾受儿童之石头击。彼时余甫十九岁，仍不脱幼稚脾气。意谓无端受辱，岂不可耻。乃愤而与较。然彼众我寡，终不获胜，反负伤焉。亟趋派出所，诉诸警察。警察以儿童喧哗，无关法律，安慰余数语而去。彼时群儿犹摩拳擦掌，欲与余为第二次之决斗也。余因孤身一人，难得良好之结果，遂忍气吞声，而回学校。"[2] 实

---

[1] 周作人：《排日的恶化》，载周作人：《谈虎集》，北新书局，1928年。
[2] 王朝佑：《我之日本观》，1927年，著者刊行，第109—110页。

际上，日本的军国少年一直喊清国留学生为"清国佬"，一直欺侮他们，对俄开战只不过是新的契机，侮辱性的喊叫也升级为投掷石子的游戏，这种状况随着战事的胜利情况变得越发不可收拾。

不管怎么说，1905年的夏天令人心情沉重。在日俄开战后的留学热中，很多大龄留学生来到日本学习一般课程也是一个特色。连《时事新报》（明治三十八年六月十八日）都对此作了报道。留学生中的第二年长者，是个叫周霞的六十四岁的老爷爷。没想到，将这位云南的周老人吟咏的诗流传出来的，竟然是来自长城以北的《东游鸿爪录》的著者。这是偶然呢，还是一种同病相怜的现象？诗作歌咏的是日本海大海战之后的盛况："三呼万岁震东京／举国商农尽是兵／十五万人齐祝捷／他人含笑我吞声。"[①]成千上万的日本人沉醉在庆祝胜利的喧嚣中，余势之下，如果发现旁边有支那人，（即便不去扔石子）他们也会或用眼神或口头表明说"看到了吧"。这就是在东京街头很容易感受到的氛围。"他人含笑我吞声"，这种异常沮丧的情与境历历如在眼前。所以要是举办什么祝捷大会或者阅兵式，往往是"他们日本人因为战胜俄国而得意万分，我们见之则内心沉痛"，[②]因而不去看了，即便去了也不留下任何感想文字。[③]

不过必须说，留学生们很少有因此感情用事的，他们对日本的胜利予以肯定，并积极从中吸取教训、获得自信的姿态始终没有改变。刚才那个在街头被投以瓦石的青年王朝佑在窝心气愤之后说："世人只知日本之盛，在乎兵强，殊不知彼于小学

[①] 冯延铸:《东游鸿爪录》，山西大同县署印，1921年，第58页。
[②] 黄尊三:《三十年日记》之《留学日记》，湖南印书馆，1933年，第53页。
[③] 《宋教仁日记》，长沙：湖南人民出版社，1980年。

儿童,已施以不挠不屈之精神教育矣。"① 这种被欺辱中也不忘汲取教训、提醒同胞的心态,甚至会让今人心生不忍。来到日本的第一站就遭到征俄军人的辱骂、归国之前与他人分享"他人含笑我吞声"的心情,这个叫冯延铸的人同样能够冷静地去观察,从而留下一册观察记录。正因此,他的著述的结尾这一段是值得倾听的:

> 红日国旗几有雄飞东亚之势。试追其强盛之由,不过无人不学、举国皆兵而已。唯对外仇视,度量偏浅。小学课本编入敌国之情状,教师不惜详细剖解,在学子幼稚时代即已深入脑筋。观其载中俄故事,野心勃勃竟流露于字里行间。如以效力言之,因为强国之本;若以对外言之,有伤交怜之谊。岛国人民其性使然。武士道大和魂亦不免有缺陷耳。②

毋庸赘言,我想提请注意的是文章最后应该说是多少有些感到意外并为之遗憾的口吻。如果回想起梁启超、蔡锷以来对军国民精神和武士道的羡慕、急欲追求吾国魂的真率之情,这里则好像传达出一种戚戚然、点滴在心头的感觉。

---

① 王朝佑:《我之日本观》,1927年,著者刊行,第110页。
② 冯延铸:《东游鸿爪录》,山西大同县署印,1921年,第59页。

灵台无计逃神矢——近代中国人留日精神史

当听到"我们为中国而与俄国开战"

回头来看，没有比那些征俄士兵因胜而骄、因骄而发出的不知天高地厚的"为中国争地"的狂言更加招人反感的了。尽管如此，那一群刚刚抵达日本就遭到辱骂的国人不会知道，那是军国日本当时流行的典型逻辑，并且是由著名的学者鼓吹构建的。开战之前就充当开战论旗手的户水宽人博士就是其中的代表人物。户水于1904年10月出版的《亚细亚东部的霸权》中对上述逻辑的狂热笃信，那些普通的日本士兵根本无法与之相比，就是那些一心做着大陆雄飞美梦、主张扩张的国士们，也不知要比户水差多远，可以说那是为日后以"满洲事变"为起始的十四年侵华战争撰写的全部脚本（从20世纪"必须有一度以日本陆军践踏支那之决心"，到"满洲"—直隶省—北清—南清的占领顺序与方法，直至凭借"王者之政"治理支那之要领）。其中的一节为我们展示了当时"为了中国而争夺土地"逻辑的全貌。

> 日俄战争爆发之初，支那人或忧而曰若日本战胜，满洲则将为日本领土；之后彼又忧曰，日本必会将满洲归还中国，但中国需向日本支付赔偿金；再至后来则毫无所忧，唯曰：日本必不取偿金归还满洲，日本如此处事乃理所当然。此今之支那人曰如意算盘者大率如此。事实上满洲已为俄国所占乃世界有目共睹。今日本人发兵数十万，流血散财占领满洲，谁会不要补偿便归还满洲？日本当然应当将满洲归还给支那，但支那亦应多少

付出一些赔偿。然而不管赔偿金付与不付,只在名义上将之归还即可。(中略)流了珍贵的日本人的血液,加之耗费巨额资财方得以占领的满洲,不论经多少年依然应当占领之。①

以位高名重的帝国大学的教授言之,这实在是一番卑劣失态、近乎饶舌的辩解。相应地,这种样子让人感到当时在这一方面日本的不断自我膨胀和露骨的热望。基于这一点,当笔者对留学生的记录文字进行调查,而未见直接涉及该书的评论时,多少有些感到不可思议。不过,即便不去阅读如此露骨的言论,或者未读之前,他们不用说都已通过自己的感觉也好、观察也好,经过独立思考,注意到了日本方面的这种意图,而且这种言论对他们而言,可以说都有相应的认识成长上的价值。那位秋瑾女史对于欢送出征情景所反映的一个民族的蓬勃朝气就是很羡慕的,但另一方面,她也知道所谓的征俄军人无非就是要去"同俄国争夺我国东三省"的,所以当读到"中国的商人们(不论是华侨还是归化者)也一同放鞭炮高呼万岁全然不知耻"这一段时,她"既愤且恨",无法容忍。同样的例子,从她的词中也能看出来。前面说过,她不惜把日本海军的初战告捷当作东洋对西洋的初次胜利而欢呼,但是随着争夺战在中国大地上的不断扩大,她的忧虑也在加深。有一首题为《黄海舟中日人索句并见日俄战争地图》(诗题,还有另一版本:《日人银澜使者索题并见日俄战地早见地图有感》)的诗被认为是她在1904年年末临

---

① 户水宽人:《亚细亚东部的霸权》,有斐阁书房,明治三十七年。

时归省途中所作的①。当对方扬扬得意地向她展示"争夺我国东北三省"的日俄两军的形势图，并要求她为此写一首赞诗时，可以想象一方的麻木不仁和另一方的痛苦。看到那张"早见地图"，大概最先从她头脑中掠过的就是：这一来我东三省，不就又将重新涂上"非我颜色"了吗？秋瑾于是吟诵道：

> 万里东风去复来，
> 只身东海挟春雷。
> 忍看图画移颜色，
> 肯使江山付劫灰。

这里的"颜色"，从其所指的意涵与感情倾向上看，和她在年初一诗中吟咏的"草木山河皆变色/未许潜蛟侧目看"中的"色"，也就是，在自此绝不允许恶龙们觊觎东洋这种共通的敌忾心之下一改我们东亚的"颜色"中的"颜色"，已完全不同了。

如上所言，他们同时抱持着对黄色人种新英雄的期待和对新"列强"日本的警惕，有时偏重前者，有时倾向于后者，既自我矛盾，又与外部擦出了火花。这种状况，若说是认识的时代局限性，确实也是局限性，说它很难把握平衡，也的确很难。要而言之，这可以说是以当时的留学生为中心的新的中国知识界普遍的特征。

能否叫例外不好说，不过其中确也有像鲁迅那样始终与外界事物保持距离、冷眼以对的人。弘文学院时代和鲁迅总在同一屋檐（数十年之后仍然印象深刻，夏天一个屋子中"八个人包在

---

① 《秋瑾集》，上海：上海古籍出版社，1979年，第79页。

一个大蚊帐里")下生活起居的同伴沈瓞民回忆说，1904年初春，一部分浙江省留学生认为日俄开战后的激荡时期是中国革命的好时机，他们中间开始出现回国从事独立运动的动向。在赠给鲁迅的诗作中写下"东亚风云起／吾曹效力时"的沈瓞民，就是其中一人。广濑中佐等人沉船封闭旅顺港的战报传来后不久的某一天，为沈壮行的鲁迅和陈师曾两学长邀请他到东京日比谷公园啜茗吃果子（果子即中国的点心，鲁迅喜食之）。他们边啜茗吃果子边热议形势。与那些亡命日本、以运动为目的的活动家群体（因此与从宫崎滔天到犬养毅乃至头山满等诸种倾向的亚细亚主义者往来甚多，且受其影响）不同，他们是由国内的学堂派遣过来的，所以比较专心于治学，对于政治问题也有与他们知识青年身份相符的关心。在日俄开战前后的诸种动向中，他们首先看到的是什么呢？七博士关于满洲问题的意见书，户水宽人那大牌招摇的架势和不祥的言论，还有中州进午（"日本统治满洲"说）和有贺长雄（"满洲委任统治论"）等人的名字。鲁迅警告同伴们说，日本野心勃勃，近邻又对中国的弱点了如指掌（或者自以为了如指掌，这一点鲁迅、周作人二兄弟直到晚年都持此论），若是日本战胜沙俄独霸东亚，则事态就会很严重，中国将要遭大殃呢。鲁迅自然会对留学生广泛声援日本的风潮深感痛苦和焦虑，他批判自己所尊敬的同乡前辈蔡元培在上海创办的报纸《俄事警闻》"竟也袒日而抑俄"，认为"这事太无远见"，很是着急。所以他让沈瓞民一到上海即告诉蔡元培等人三点意见："（一）持论不可袒日；（二）不可以'同文同种'、口是心非的论调，欺骗国人；（三）要劝国人对国际时事认真研究"。据沈的回忆文章介绍，他到上海后就跟蔡元培见了面，传达了鲁迅的意见，后来《俄事警闻》的持论有所转变①（事实上，日俄战争爆发不久，该报纸就承认仅以对俄为刊名不妥，后改名为《警钟日报》，对日论调也加强了警惕的色彩，但这发生在沈归国之前，所以不能断言是采纳了某一位留学生的意见）。

日俄战争刺激下的士官留学

日俄战争对中国人赴日本留学运动最直接、最具体的影响，表现在士官留学生数量的激增。本著至此的论证把速成师范和速成法政作为赴日留学的两大主流来考察，尚未集中论述士官留学的情形。这固然与士官留学生在全部留学生中所占的比例小有关，但主要还是因为最初两期的士官留学生大部分是从清朝当局的武备学堂中选拔出来的职业军人，他们与以民间志士和自费生为主体的一般留学生世界有区隔而很少出现在各种运动的表面。但是如果从日俄战争的角度来重估这个问题，就会发现不一样的情形。

本来，向日本的陆军士官学校派遣留学生，如最早提到的，是作为神尾光臣等人游说张之洞的直接成果而实现的，也就是说，如果从当时日本陆军参谋本部的战略意图来看，清末的"士官留学事始"是与日俄战争前史相关联的。当初，此前一直与朝廷的三国联盟依存政策同步、并未持有独自的外交路线的张之洞，就借故躲避了来访意图微妙的神尾一行，仅令部下去会

---

① 沈瓞民:《回忆鲁迅早年在弘文学院的片断》,载《鲁迅回忆录》（第一集）,上海:上海文艺出版社,1977年。

第四章 在日留学生与日俄战争

见他们。后来听了部下的报告，心想"原来如此"，迅疾叫回了已前往南京的神尾一行。折回来的是宇都宫太郎。他向张之洞传达了"密商联合"的"内旨"等，同时列举了将陆军士官的培养委托给日本的种种优点，并且允诺对士官留学生给予优待。张之洞动了心，迅速上奏朝廷，认为应该考虑日清联盟，结果被"和日修好之后，本无不洽，若遂连横恐北方之患必起。倭将所请，断勿以轻允，是为至要"①数语驳回。尽管如此，第一步还是迈出了，张之洞果断地转换了他自己创办的湖北武备学堂此前偏重德式教育的方向，开了向日本派送士官留学生的头。

关于最初派遣留学生的情形，某回忆文章中这样描述道：

> 张之洞任湖广（湖北、湖南）总督，特注重练兵兴学，1896年创办湖北武备学堂，第一期考选学生一百二十名。教官为德国军人。青年们当时都恨英、日帝国主义，所以热心学习德国的军事技术。武备学堂原定三年毕业，然后选拔优秀学生赴德深造。日本此时视中国为其禁脔，不愿别国染指，故派特使来华游说，并面见两江总督刘坤一、湖广总督张之洞，要求选派武备学堂学生去日本士官学校学习，表示中日"亲善"。（中略）湖北首先派出了二十人。学生是不愿去日本的，被派的二十人便去见张之洞，说："文官怕战，武官怕死，才把朝鲜、台湾送掉了。日本是我国死敌，我们不去日本。"张听了勃然大怒，厉声指责："不去不行，你们想一想，我们学习西洋比日本早，海陆军比日本多得多，为什么日本打败了我

---

① 《清光绪朝中日交涉史料》，第五十一卷。

们？就是我们武器和战术不如他们。"张说到这里，又和颜悦色地说："你们不是学过《孙子兵法》吗？知己知彼，才能百战不殆。去，就是为了知彼，就是为了战胜他们。"张说毕即走出会见室。傅慈祥说："原来是要我们学孙悟空的办法，钻到铁扇公主肚子里去，看清她的五脏六腑。"吴禄贞接着说："对，我们闹它个天翻地覆！"①

傅慈祥、吴禄贞等人都是这个群体中出类拔萃的胸怀大志的人物，他们的对话所表现的，无非是我们已经看惯了的留日初期的一般感情。也就是说，无论是张之洞的所谓《孙子兵法》云云，还是学生们以孙悟空自命的架势，都未必不可作为那中华思想式的大道理或者逞强的话来听。不过深入一步看，会发现并非那样单纯。如果不限于最初的士官留学生，而是纵观整个留学日本的过程的话，即便有一部分血气方刚的志士真的想像孙悟空那样钻到"铁扇公主"的腹中大闹一番，并且真是按照兵法所说的以"知彼"为目的而出发的话，去了之后效果大多是相反的：首先知晓了的是可怜的"己"，而且结果不是钻到"敌人"铁扇公主的肚子里，倒是折回到派遣他们的"三藏法师"跟前横冲直撞开来。这是留学史上的事实，是历史的辩证法。现实就是，自比孙悟空的傅慈祥本人，就在赴日一年之后为新的意气点燃，奋然投身以他的出发地汉口为中心的唐才常起义，也就是说在张之洞的脚跟下造起反来，结果一下就被张之洞杀害了。②

---

① 傅光培：《先父傅慈祥的一生》，载《潜江文史资料》第二辑，1986年。
② 参考冯自由：《庚子唐才常汉口自立军实录》，收入《革命逸史》（第六集），北京：中华书局，1981年，第27页。

第四章 在日留学生与日俄战争

就以张之洞断然决定转向日本并且向其派遣留学生来说，一方面固然有因日方的劝诱而卷入了列强在东亚竞争圈子这一侧面，另一方面也反映了以19世纪末期为转捩点的中国军队建设的新动向。直至1894年中日交战，清朝军队的主力是"湘军"（湖南，曾国藩系）与"淮军"（安徽，李鸿章系）这两大体系。两军都具有作为地方豪族实权派的私家兵一样的出身，并且都是靠镇压太平天国壮大起来的，所以可以说，无论是所谓先天还是后天，它们都早已形成了对内作战凶、对外抗战熊的中国旧式军队的体质。湘淮两军的对日作战以被无情地击溃告终，清朝的当局者也渐渐开始意识到军队现代化的必要性，故此采取了诸如编练新式陆军、招聘外国军事教官、派遣武备学堂学生到日本留学等措施。顺便说一下，从清末到中华民国之后的中国军队，有中央军（具有国防军的性质，清末的"新军"是第一代，由留日士官和一部分武备学堂生构成其骨干）与地方军（担当内地镇抚任务，原湘军、淮军那样性质的军队）的区别就是从这个时代开始的。

赴日的士官留学从一开始，实际上就出现了这种三岔的"卍"字形的构图，并且后来持续发挥着影响。不管任何新举措都首发先声的张之洞，虽然在饰演清末第一名臣方面获得成功，实际上他在权力中枢和中央军界均没有自己的地盘，他本人也欠缺霸者的资质。真正的实力派人物是世所公认的新军鼻祖袁世凯。他出自"淮军"系统，从战前开始就留镇朝鲜，在旧军主力溃灭之后不久（1895）就被授命并开始在天津的小站镇建设新军。从那时开始，不管有没有人游说，他已看清了向日本陆军学习的必要性，就采用了应该采用的。而另一方面，袁的势力在京畿一带的膨胀引起了清廷与皇族的警惕，他们在北洋练兵大臣袁世凯之外于中央新设了练兵处，并为重夺新军的主导权，急急选送"满洲八旗"中的未来之星们去士官学校留学。1899年开始进入预备课程的第一期士官留学生四十余名（包含了上述二十名湖北学生）就反映了这个"卍"字，他们赴日之后就直接分为南派、北派和"八旗"派这三个派别。①

士官留学的变迁

当局派遣士官留学生刚刚有了第一期（陆军士官本校在校时间是明治三十三年十二月至三十四年十一月）和第二期（明治三十四年十二月至三十五年十一月），还没过多长时间，就不得不迎来变化的节点：其一是"投笔从戎"的秀才群体以及希望自费进入士官学校的志士群体的出现；其二，即受日俄战争刺激的士官留学生人数的急剧增长。

作为派遣方的清朝统治当局，面临着培养新军军官的迫切需求；而反过来，又担心他们的革命化。换句话说，把枪给了他们这群人后，他们是会保自己的驾，还是要了自己的命？因为有这异常的不安，故此特别对士官留学生，从一开始就采取了严选主义，规定尽可能地从各省长官管辖下的武备学堂中选人，并且由各长官亲自写推荐信，以及必须是有官费资格的。如果没有这些，即使来日，公使馆也概不受理。成城学校和士官学校方面共同协议，若没有驻日公使的证明书，则不受理学生的入学申请。他们试图通过这些措施极力防范来日的革命派

---

① 参考《李烈钧将军自传》，台湾：文海出版社，1944年，第6—7页。

第四章 在日留学生与日俄战争

混入军界。

但是，再严防死守也跟不上新兴势力的飞速发展，和清末官场混乱不堪及解体之势。大体来讲，无论哪个国家哪个时代，总是以志士群体的人才居多，越优秀者就越容易成为忧国之士。所以对于他们来说，毋宁说更适应选拔考试的方式，因此无论是武备学堂还是派遣留学生，他们都能入选。张之洞输送的第一期中的吴禄贞、第二期中的蓝天蔚等杰出人物就是极好的例子。吴出身知识名门，因家道中落，在"未及弱冠"的十六岁进入武备学堂。当时，进入新式的专门学堂从科举之途来看不是正道，最多被视为"匠（职人）道"，但是由于衣食住宿全部免费，所以像吴禄贞以及同时期进入南京水师学堂的如鲁迅那样出身没落世家、有志于新学的秀才[①]辈出。这种现象很是显著，也意味深长。因此吴禄贞能够迅速崭露头角，在张之洞最初派遣留学生时就被选中。到了东京，他就在当时尚不到百名的官费留学生中间发起了"励志会"，与同伴相约去参加唐才常起义，在留学生会馆的开馆仪式上发出"此会馆之于中国，无异美国之独立厅！"的狮子吼，成为初期士官留学生世界中最早出现的反满革命大明星一般的人物。[②] 至于下一期的后辈蓝天蔚，则是拒俄运动之际最让清当局胆寒的学生义勇队的总队长，

[①] 严格而言，鲁迅并不算是"秀才"。1898年12月18日，鲁迅参加过一次原籍会稽县科举考试的初试，在550名考生中名列第137位，但他没有参加接下来的府考和第二年的院试，故不可能中秀才。鲁迅后来曾在一封信里说自己不会写八股文，不然在前清早中了秀才，应该与此事有关。详情可以参考学者顾农的《鲁迅考秀才》（载香港《文汇报》2008年4月22日）一文。译者以为此处是广而言之，指后来从事新学但曾经念过私塾、与科举多少有瓜葛的旧知识分子——译注。

[②] 参考赵宗颇，夏菊芳著：《吴禄贞》，上海：上海人民出版社，1982年，第24—25页。

是极有器量、最需注意之人物。

接着就有同样是顶级秀才的蔡锷、蒋百里等人,他们是从民间而且是从西太后一派的宿敌梁启超的系统进入陆军留学生队伍的。那是1902年第三期(那一年首先进入成城学校的预备课程学习)士官留学中开始出现的现象。那么他们是如何成功潜入的呢?可以举出两方面的原因。其一,是在留学生来源地不可能实施审查,即留学生数量庞大,而且增长也很迅猛,入校、转校,出出进进的让人眼花缭乱,这是首先可以想到的因素。同时,接受入学的一方在对应措施上也有很大的空子可钻。比如日本外务大臣小村寿太郎等属外务派,而且其任职时间是在担任驻清公使之后,所以对清当局的慎重方针表示理解[1];与之相对的,参谋本部却在清朝方面重新确认限制私费生的政策之后仍表明不赞成[2]。有了这样的空子,则可以想象,经过恳求,还是可以获得在资格审查中大而化之的可能性的。另一个方面,就是满清朝廷的方针未必被各地长官坚决执行,这大概也是很大的原因。精明能干能洞察利害关系的汉族士大夫出身的地方长官多少都会与维新派暗通款曲,故易于通融。那些爱跟着起哄、搭乘新政的顺风车的不劳而食的庸碌之辈,也会为志士们潜入新军提供机会。蒋百里是由浙江省长官推荐的,蔡锷则是经由身处日本的梁启超的斡旋在当地转校进入成城学校的。[3]梁

---

[1] 清"外务部档案"第二四七五卷,未装订,北京第一历史档案馆。
[2] 黄福庆:《清末留日学生》,(台湾)"中央研究院"近代史研究所专刊(34),1975年。
[3] 参考陶菊隐著:《蒋百里传》,北京:中华书局,1985年,第8页。原文表述如下:"蔡在长沙时务学堂得到梁启超的重视,正和百里在杭州求是书院受到林太守、方县令和陈监院的提携一样。"

的斡旋又或许是经由国内的某个官僚推动的，或是托了日本当地的人情关系。而靠国内体制的腐败获得机会的最典型的例子，可见于"捐官留学"的现象。不用参加官吏选拔考试，那些腰缠万贯的大财主或者暴发户给政府捐献巨额（根据官位，且有时价）的金钱，从而购得官位或者官称。这种"捐官"制度自从秦朝就有，到了清末，由于内外危机加剧，对外赔偿日见高企，这一制度达到了历朝历代的顶峰。据明治三十五年（1902）四月八日的《万朝报》披露，留学生的大敌、驻日公使蔡钧正是通过"捐官"而入仕的上海的一个不学无术的商人。而《辛丑条约》（北京议定书）签订之后，官场身份的滥发反为革命党人利用。他们捐金从而取得了官吏的资格后，就开始策划并实施将同志送入日本的士官学校，即清朝的新军内部的行动计划。徐锡麟的例子就很有名，可惜他没有骗过驻日公使的眼睛，结果没能进入士官学校（归国后，带着买官而获得的官称，他乘便刺杀了满洲的长官，自己也殉难身亡[①]）。就好像商量好了一样，湖北、湖南也出现了徐锡麟那样的事例，并且他们还成功地成为士官生而入学。[②] 另外，利用地方行政和留学生管理上的混乱而在名簿上做文章，在东京当地的同伴之间传递、顶替包括士官留学在内的官费资格的做法也很通行。钻入士官留学队伍的手段真是五花八门。举个在名簿上做文章的例子：首先设法在派遣的名簿上加进去一两个虚构的姓名，到东京再让合适的人顶替入学。驻日公使杨枢向国内的汇报中，就说留学生中"顶替者、

[①] 陈魏：《光复会前期的活动片断》，《辛亥革命回忆录》（第四集），北京：文史资料出版社，1963年，第127页。
[②] 李书城：《辛亥前后黄克强先生的革命活动》，《辛亥革命回忆录》（第一集），北京：文史资料出版社，1961年，第183页。

冒名作弊者很多"，要求以后必须让被派遣者拍照，照片必粘贴于咨文之尾并盖用骑缝印章，等等。从杨这么细这么急的样子，可以看得出当时工作的松垮疏漏和顶替入学风之盛行。资格的顶替传递之风是公然流行的。当时各地方的官费名单一旦确定下来，其后该地是持续寄总费用的，但更新手续和检查核对等则基本处于放任状态，公使馆对所谓代行管理之责更是避之唯恐不及。在这种情形下，在当地，同乡之间就会转让公费资格。所以不限于潜入的士官群体，只要能凑够一年半载的费用就可先到东京，在当地按顺序等待转让，这一敲门之策好像被普遍地使用着。

其中还出现了这样妙不可言的例子，说的是行动慢了一拍的河南省的故事。该省根据上面的规定——有武备学堂的省份从其学堂中选派人员——开始选拔留学日本人员，然而这个河南武备学堂的校长是个平庸无能、心胸褊狭的满洲官僚，平日里与成绩优秀的汉族学生摩擦不断，彼此的关系总是处在你压我顶、剑拔弩张的状态。此时正好上级传下令来，要从他的学堂里派出几个人，这在他正好是欲渡河而船来。于是他从一百二十名学生中按照反抗自己的顺序，挑了靠前的五十个人，授予官费，把他们打发到日本留学。对志向远大的学生来讲，这当然是求之不得的"惩罚"。在那种混乱的"新政"时代，如此本应罕见的例子似乎也并不那么稀奇，而且并不限于蒙昧无知的满洲贵族。据某回忆录记载，以老奸巨猾而著称的张之洞也不能置身事外。在派遣第三次士官留学生之前，在汉口市内某教堂召开的秘密集会走漏了风声，其参加者皆为武备学堂等新式学堂的精英。曾经毫不迟疑地处死了唐才常和部分门生的张之洞，向以爱惜人才的美名为资本，如果作为构成他的这一名声的一部分而创设的新式学堂中，即他的眼皮底下，再出一批造反的"门生"，再让一直就对政敌和汉族高官警戒心颇重的满洲朝廷知晓的话，将会很麻烦。于是张就把参加集会的武备学堂的学生加以划分，过激派远去欧洲，稳健派的则到日本，统统送去留学。① 这里面的盘算固然可以理解，但是从加速清王朝掘墓人的成长这一点看，他与上述的满洲庸官相比，也就是五十步笑百步吧。

登上时代舞台的那群人

1904 年 5 月，北京练兵处颁布了《选派陆军学生分班游学章程》，第一次将陆军留学生派遣的相关政策明文化，同时实施中央集权，显示出渐趋正规化的姿态。排除日俄战争的刺激这一大背景，直接促使正规化政策出台的要素可以举出两点。其一，第一章中论述的杨枢公使积极地建言献策起了很大的作用，这是黄福庆在《清末留日学生》中所做的考察。不过与此相比，还有一点，即，士官留学的第一期和第二期学生中，满洲贵族所期待的军界新星铁良和良弼相继归国，成为练兵处的实权人物这一事实应该更为直接和重要。他们作为满洲统治阶层精明能干的新生代掌门人，在牢牢掌控应该掌控的重点（由各地长官独自派遣改为中央管辖，强化禁止私费的士官留学等）的同时，从自身的经验出发，对于向日本学习"强兵"之道的必要性没有怀疑，在"章程"出台的那年年末，实施了一次一百二十名的

---

① 张难先：《湖北革命知之录》，商务印书馆，1945 年，第 89 页。

大规模的统一派遣①。日俄开战之后的士官留学热则又起了添柴加火的作用。

从接受方的注册资料《日本陆军士官学校中华民国留学生名簿》（台北：文海出版社）来看，（清代的）第一期四十名、第二期二十五名之后，第三期（明治三十六年十二月—三十七年十一月，即1903年12月—1904年11月）是九十五名，第四期（明治三十九年十二月—四十一年五月，即1906年12月—1908年5月）八十三名、第五期（明治四十年七月—四十一年十一月，即1907年7月—1908年11月）五十八名、第六期（明治四十年十二月—四十一年十一月，即1907年12月—1908年11月）一百四十三名。除去跨越战前、战中的第三期，战前由地方实力派独自派遣的第一、二期合计六十五名，日俄开战之后统一派遣的"实质二期"（即上述的第四至第六期。第五期和第六期后来同期毕业，并且来日时间比标记的正式编入士官学校时间大约早两年）是二百八十四名，增加了三倍之多。并且上面看到的第五、六两期合并的情况，很像是上一期刚开学，中途又叠加了一期。这种应对措施从陆军士官学校方面来讲是打破常规的，从其背后，不是可以感受到那个时代特有的急促与热烈的氛围吗？

仅仅数年之间，就形成了几个不同的（以时期与形势为特征的）阶层与（利益集团）倾向，带着这些印记，中国近代军队的第一代军官候选大军齐集于邻国的首都，并在那里成形。

自然，从留学生活的层面来看，问题与冲突也都相应增多、膨胀了。别的不说，派遣的路线就不同，他们的处境和待遇要

---

① 黄福庆：《清末留日学生》，（台湾）"中央研究院"近代史研究所专刊（34），1975年。

第四章 在日留学生与日俄战争

比其他留学生好,所以他们的态度张狂,或者显得狂。然而不用说他们不会有什么反满呀、革命呀这种政治意识,就连平均的学识水准和对知识的关心程度,他们也都相当低下。对于这一个群体,勤勉认真的学生和私费的民间志士们起初就以冷眼观之,这从鲁迅写下的这首戏谑的塔状诗中就可窥见一斑。

> 兵
> 成城
> 大将军
> 威风凛凛
> 处处有精神
> 挺胸肚开步行
> 说什么自由平等
> 哨官营官是我本分①

这里反映的是1903年把士官留学的预备教育从成城学校移到参谋本部新设的振武学校之前的情形。

总穿着成城学校的制服,总炫耀成城是名校,迈着大将军一样的步子到处逛着(哼,那帮家伙,还学习吗?),归国后当个哨官、营官之类的指挥官是理所当然的,什么自由呀、平等呀,让它们见鬼去吧!(瞧这副嘴脸!)他们就是这副旁若无人的样子,就是这样的观感。在描写稍晚时期的留日生态的小说中,有这样一首诗:"祖国嗟文弱/鼓涛事壮游/戎衣工拍马/军服

---

① 沈瓞民:《回忆鲁迅早年在弘文学院的片断》,载《鲁迅回忆录》(第一集),上海:上海文艺出版社,1977年,第47页。

惯吹牛／戈剑操同室／驰驱到酒楼／中原将士少／屈膝可封侯。"①这首诗同样也描写出了无节操的一介武夫的形象。尽管他们当中也有不少抱着救治祖国文弱的志向的志士，但还是要被一言以蔽之："反正、无非、就那样……"在这种厌烦不屑的态度中不难读到偏见与忌妒，而这本身就可以看作一种时代相。不过，可以认为，"戈剑操同室／驰驱到酒楼"云云确实反映了武学生中派阀之间的互斗，或者与革新派学生之间的斗殴（诸如破坏集会等）事件之多发。

而另一方面，革命成功之后的历史论著与回忆录之类的文字，总是以那些"素有大志"，在日期间与孙中山、黄兴等往来的革命党系的军人群体为中心来讲述的。这固然没错，但是必须说，与革命同盟会直接相关的是极少的一部分，士官留学生中进步的主流还是以吴禄贞、蓝天蔚、蔡锷、蒋百里等先辈精英为代表的、站在革新一边，同时信奉强兵论、走"国防救国"路线的这一群人。蔡锷、蒋百里，还有另一人（张孝准，早逝），分别是以其所属的士官学校第十六期的骑兵科、步兵科和炮兵科的第一名成绩毕业的，有一种说法，为此明治天皇还亲自向他们赐赠了军刀②，三人一时并称"中国三杰"。（蒋与蔡锷一样是位全面型的人才，他在入读士官课程的同时，参与发起和创办了浙江省留日学生同乡会和《浙江潮》，并担任了创刊号主编。③）蔡、

---

① 阿英：《小说闲谈》，上海：上海古籍出版社，1985年，第83页。
② 陶菊隐：《蒋百里传》，北京：中华书局，1985年，第10页。据该书作者介绍，蔡与百里、张孝准三人有"中国三杰"之称。根据日本军部规定，士官榜首由天皇亲自赐刀，日本人引以为荣，此次为中国留学生所得，他们又不免耿耿于怀。所以从第四期起，步兵科的中日学生分开授课，以防中国学生再度夺得锦标。
③ 陶菊隐：《蒋百里传》，北京：中华书局，1985年，第7—8页。

蒋二人在其留学时代均没有参与关于革命与宪政的党派与主义之争,也许让人感觉稍显"中庸"。后来蔡成为"再造共和"的元勋,而蒋直到1930年代一直保有中国第一军事家的名声,可以说他们是在执着于信念的同时一心一意地蓄积实力的成功典范。

那么回过头来看的话,不论是秘密的革命党,还是信仰"国防救国"的志士群体,拜机会和"缝隙"所赐,清末的最后几年,他们在践行最初梦想的路上可谓一帆风顺。

那些直属北洋陆军和朝廷练兵处等处的人后来回到了他们原来所在的机构。除此之外,"投笔从戎"的这一群体固不必说,就是随着上面的一声令下就匆忙由地方派遣出去的留学生中,也有很多人不属于特定的机构。在后面这两部分人里,优秀者反倒更多些,所以归国之后他们成了"一家养女百家求"的红人儿。为了建设新军,从积极进取的长官到装点门面起哄的长官,只要一听说谁是从东洋归来的——借用当时的措辞来说——就是一副倒屣相迎的姿态,还时不时地上演相互争夺、挖墙脚的大战,所以他们的行市大涨也是自然而然的了。蒋百里甫一归国,立即为"盛京(奉天)将军"所请,被任命为"督练公所总参议"。公所为奉天全省督练新军的最高枢纽,"总参议"相当于参谋长,其上的公所长官"督办"是由省级长官(普通的省是"巡抚",清朝发祥地独称"将军")兼任的,所以蒋百里以其二十五六岁的年纪,一跃而成为京畿地方的新军的第一实权人物。而浙江省的巡抚也揪住临时归省的蒋百里不放,要说服他为家乡尽力,并把该省的新军训练全权委托给蒋。故乡给予极大的信赖,待遇也优渥,并且还能够尽孝顺父母之道,这种中国式的功利观与伦理观全被拿了出来。但是蒋百里为了贯彻近代国防建设的初志，还是毫不犹豫地决定到被视为中国国防双重重镇的奉天和东北地区赴任。①

在很多传记和传说中以孝顺闻名的蔡锷也没有回到母亲身边，而是选择广西省作为实现理想的舞台。广西省是中国西南部遏制法国蚕食的国防最前线，与蔡锷的故乡湖南省相邻，乃偏僻贫穷之地，但是有利于集结同志和蓄积实力。据说蔡锷很是关注这种地利之便。孙文等人在广西一带屡屡策划并实施起义，也是基于同样的判断。蔡锷并没有像孙文的革命党派那样悲愤慷慨、东奔西走，正因为如此，他那慎重沉着的决断和稳重的举止与旧式军人迥异，他的出现即意味着近代爱国军事家的出现——应该给予他这样的评价。

湖北的吴禄贞由于曾在两年前参加过唐才常举事，甫一归国就遭到张之洞的囚禁。"三日后，召他来一次，意欲申斥。与预想相反，吴禄贞凛凛然，开始滔滔不绝论述天下国家，完全折服张之洞，张甚至连连叹其奇才奇才，任命其为省学务处助理、军务处助理等……旬日间由阶下囚成为座上宾。"②前面也看到，这并非仅仅因为吴禄贞人品出众、辩才出色。张之洞固然有善于用人、长于算计的这一面，但必须承认，包括张之洞在内的清末名臣在新政实施之际确实是"求贤若渴"的。所以拒俄义勇队总队长蓝天蔚毕业之后到达武汉，也从省"将弁学堂"的教官晋升为湖北新军司令部的正参谋。在将弁学堂，他跟日本教官友好相处，互为搭档（容易互相理解，也由于留学归国者大多兼任讲义的翻译），在共事的同时连活动也以日本的方式进

---

① 陶菊隐：《蒋百里传》，北京：中华书局，1985年，第12页。
② 张难先：《湖北革命知之录》，北京：商务印书馆，1945年。

行。他们到学生宿舍组织读书会,结成学友会,以"读书"为幌子秘密集会,每集会必"演说",等等。这类东洋舶来的"危险的游戏"对于当时的年轻人来说都极"酷",极富刺激性,或许可以把它比喻成20世纪初叶中国式的壮士剧吧。如此不到一年,蓝天蔚就成了湖北新军年轻人中的耀眼明星。①

有关归国留学生在新式军队的教育与训练现场的活跃情形,看一看蒋百里数年后到北洋派的保定军官学校(蒋介石等人即毕业于此)就任校长时的英姿,就大体能够想象了。

这位年方二十九岁的新校长,跟学生的年龄大致相仿,(学生)还有年长于他的。他到校视事的第一天,学生看见他的风度和姿态,跟旧校长截然不同:一个白面书生,身着黄呢军服,外加红缎里子的披风,腰挂长柄指挥刀,足蹬擦得发亮的长马靴,骑着一匹高大的马,这是整齐、严肃、漂亮的象征。似乎百里刚跨进校门的那天,这个学校已有焕然一新的气象。

(中略)

百里到校后的第一训为清洁与严肃。这本是一条浅近的法规,百里却认为这是一国文野盛衰的明显标志:不清洁象征民族的衰老,不严肃代表国民散漫而无组织。他下车后的第一件事是叫西装裁缝用皮尺量好全体学生的体裁,每人发给一套新军服,皮鞋、马靴和一切装备也都换上新的。他对学生的仪表非常重视,凡有帽子未

---

① 许兆龙:《蓝天蔚》,收入《辛亥革命回忆录》(第七集),北京:文史出版社,1963年。

戴正,钮扣未扣好,皮带未扎紧的,他必令其止步,亲手替他们纠正。第二件事,他每天必巡视厨房,考察食物的营养成分,并与学生同桌进餐。第三件事,规定了学生互相帮助,互相监督,每七人为一组,一人犯规,全组同罚。第四件为认真教课,对外语和战术两门非请假不许缺课,如遇教官请假,他就自己来代课。所用教育长张承礼(号耀亭),是他的士官同期同学,所聘教官一色都是日本士官的毕业生。[1]

文章用这种口吻叙述,即便没有最后的"一色"这个"点睛"之笔,其课目教程的内容与措施做法之所由来也已一目了然了。

就在蓝天蔚开始在湖北活跃的时候,学长吴禄贞已经奔赴北京,并且是由铁良、良弼这两位军界新星请去的。这两位分别是吴的同期与晚一期的陆军士官生,他们是濒死的满洲贵族阵营中罕见的能干好强不服输的人。从留学时代起他们就关注汉族学生的反满革命动向,同时他们自己的变革大趋势也很明了,认为首先应从惩治满族自身的腐败和增强实力着手。在士官留学的同学中,他们与吴禄贞等优秀的汉族学生相处得要比与平庸的同族人融洽,所以此番成为朝廷练兵处的第一号和第二号实权人物后,他们要一步一步地从袁世凯那里夺回新军的主导权,于是向吴禄贞等同窗寻求帮助。[2] 史家曾经一言以蔽之,谓"以汉制汉",这是恰当的,不过需要更多关注一下在历史现场起作用的那些活生生的事情。这些满洲贵族和吴禄贞等士官

---

[1] 陶菊隐:《蒋百里传》,北京:中华书局,1985年,第25—26页。
[2] 参考李炳之著:《良弼印象记》,《辛亥革命回忆录》(第八集),北京:文史出版社,1964年。

生进的既非速成班,也与那些分散在各处租房子住的自费生不同,他们过的是正规的"全寮制"的军校生活,并先后两次经历连队实习,所以想象他们一天二十四小时都在相互意识汉满之别是不自然的。毋宁说,他们之间自然产生了"同窗""共训"之谊,并由此互相认可了对方的人品。而双方心里对袁世凯的警惕和憎恶的感情,尽管出发点各异,但就防拒袁世凯的统一战线而言,也有共通的一面。首先,通过三年的军校和连队生活的体验,强化国防和实行军队现代化成了他们共通的认识。从这个层面来说,再看看袁世凯的号称新军但只重用欠缺近代军事学素养的手下人,把一国的国防军当作私有物的军阀式做法,留学归来的少壮军官们产生了无法容忍的感情和轻侮之心,生出只有我们才能创建真正的新军队而担当主流的野心和自负,也是理所当然的。从这里,形成了与排满排汉不是一个层级的、反对既成军阀袁世凯的统一战线。而在武昌起义爆发之后,意欲篡夺革命成果的袁世凯为什么必须同时暗杀抵抗革命的良弼和响应革命的吴禄贞,也就可以得到解释了[①]。

如此看下来,可以发现袁世凯对士官留学生的态度最为狡猾。顺便说一下,笔者在查阅明治三十年代后半期日本的一份报纸的过程中得到了这样的印象:在当时的日本,袁世凯被视为最为开化的名臣和关键人物而受到欢迎,并被寄予厚望,而且比在中国的名声更好。这里也反映了不同的感觉或者想法。的确,他表现得非常热心新政,积极进取,在陆军留学方面也着手较早,派遣学员的规模在实力派这一层面是数一数二的。

[①] 相关内容可参考如下著述:《吴禄贞》,上海:上海人民出版社,1974年;申君:《清末民初云烟录》,成都:四川人民出版社,1984年。

但是他只在新军训练上使用陆军留学士官,却不用作心腹,也几乎没接受过北洋新军系统之外的留学生。相反,刚刚提到的满洲贵族,倒是不辞"三顾之礼",积极招徕人才。这一对照所反映的无声而紧张的对峙很是有趣。然而北方终究是北洋新军的天下,归国的士官留学生大部分不得不前往西南各省求发展。这种无奈的离去反而导致大势力的形成:辛亥革命在南方发生,并且迅速地扩散开来!率先呼应武昌起义的是云南省,从此一例来看,省会昆明策划和指挥新军一齐起义的二十一名军官中,蔡锷以下十九名是日本士官留学生,指挥省内各要地统一行动的十九名军官和活动家中,也有十四名是去日本的留学生。[①] 也正是云南蓄积起来的这股革命力量,在四年之后埋葬了曾经排斥他们、彼时要当新皇帝的袁世凯,这又不能不让我们感觉到历史的嘲讽,或者说是一种因果报应。

被拉到列强争夺的场域

关于日俄战争与中国留学生的关系,我们在政治、思潮和人际关系诸方面,以及中日之间和中国国内这两个场域作了论述。最后,还有必要从另一大场域来看这个问题,那就是围绕东亚的国际竞争的场域。无须重新立论,因为赴日本留学从最初就是与种种策动、笼络和离间纠缠着发展过来的。这从当时中日两国的报纸和留学生杂志上很容易找到相关消息,并且论

[①] 参考冯自由著:《辛亥云南省城光复实录》,收入《革命逸史》,北京:中华书局,1981年,第222—226页"附录 云南起义诸人革命以前略历"。

评也很清楚。我在此就引用几处来看。

1902年7月末，驻日公使蔡钧拒绝推荐希望自费留学士官者，由此导致了留学界首次的镇压和反抗事件。这位代表一国的官员在使出种种龌龊手段的同时，开创了召日本警察进入公使馆逮捕本国学生并驱逐出境的先例，从而引起了很大的反响和震动。《东京朝日新闻》和《二六新报》等报纸在一个月内对此进行了持续报道。而在此三个月之前，蔡钧上奏中止日本留学的密信因为责骂日本而惹起了日本舆论的恼怒，这件事我在第一章已有所涉及。我想关注的，是最早对蔡钧的密信予以披露的《万朝报》于1902年4月7日的如下报道：

与蔡事件相关的怪闻

有与清国公使蔡钧送往本国的密信事件相关的奇怪风闻传播开来，即此前他所提出的中止派遣留学生的意见，并非他一人之意见，其背后恐有可怕的黑幕，蔡只不过是此黑幕的傀儡。

清国学生大量派来日本，特别是清国学生到日本接受军事教育一事引起俄国极度不安，驻本邦俄国公使对此事极为关注，不稍懈怠云。

虽无从知晓俄公使与清公使之间的关系如何，然而清公使平生嗜阿堵物（金钱）爱之若渴乃其可怜的弱点，若能从这一弱点加以突破，则乃一可任意笼络之人物，似亦事实也。

两个月之后的6月13日，该报纸还就袁世凯招聘日本武官作了这样的报道："袁世凯深为信赖日本武官，（但）若公开招聘之，往往易招致外国的反对，故作为私人招聘，已与目下处于退职中的我陆军士官五十人缔结特约云云。"在牵制军事教育的同时，《二六新报》（1902年7月26日）介绍了由清肃亲王掌管的"北京工巡局"（警察）原定招聘日本警察事务教师，却遭到驻北京的俄国公使阻拦之经纬。《二六新报》（1902年6月15日）对这一系列的动向进行评价说："俄法作为其对清国之经营策略，阻扰清国留学生赴外国留学，以免受日英等的政体风俗等濡染，何其误清国之甚哉！"先不论在自任"诱导清国"的日方态度的背后也并无例外地存在着"其对清国之经营策略"，这里还有两点值得注意。其一，这种牵制行动在留学日本运动展开的初期，也就是清廷于1902年公布实施新政、开始真正运作日本留学事项之后紧跟着就展开了；其二、勿被日英等政体风俗濡染这一说法主要是君主专制国俄国进行牵制的口实。这种口实背后的东西，稍后再说。总之，留学反对派蔡钧公使警告说学生们受日本自由、民主说濡染而"丧失根本"；而赞成派杨枢公使又不得不郑重表明对君主立宪、忠君爱国的日本尽可放心，从这也能看出俄国的恫吓是有效的。

然而不用说，这种种动向以及威胁抱怨必然招致留学生们的反感。《江苏》第三期的"内国时评"中的一文写道："近来俄国公使屡运动我国大员，谓日本为立宪国，故留学生深感其风习，遂有勃发民权思想之患。唯俄为专制政体，与清政府同一，若多遣子弟往俄京留学，可绝无此种之虞也。"[①] 这是1903年5月以后的事，从中可以窥见对留日学生的拒俄运动感到恐

---

① 《内国时评》，《江苏》第三期，1903年，第147页。

惧的俄国越来越拼命牵制中日接近的动静了。对俄国公使的这番打肿脸充胖子地"推荐往俄国留学",《江苏》杂志的评论者的回答也很奇特:"今其后俄人之策果行与否?清政府果用其言与否?其问题尚未决然,吾青年同志不可不持一方针以应付此问题也。其方针为何曰?二十世纪中树万丈之光芒骎骎乎有倾倒专制政府之势者,非俄国之学生乎?吾国青年苟因其所长而效之,则他日留学于俄之所得胜于日本者不益多乎?虽有智慧不如乘势。有志者勿以其危险而不为也可矣。"这完全是一副留学生年轻人的腔调。然而这并非仅仅是豪言壮语,或者是逻辑上的反制,应该看到,在种种言论背后,就隐藏着他们所说的"今日中国的人心(所)有(的)两大问题"之一的"专制还是立宪"这个问题意识。

俄国的盟友德国也密切注视着中国赴日本留学生的动向(拒俄运动后某留学生回国之后发表演说,其中的所谓"排外"言论使得驻汉口的德国总领事迅速向湖北巡抚呈报宜速禁止的意见书。下列的文章中一并记录了此事)。如果说俄国对日本留学的牵制主要是在意识到日俄即将开战后才采取的行动的话,那么德国方面则绝不停留在单纯的掩护射击的层面上,其特色在于符合他们身份地、鲜明地重提了早先由德国主倡的黄祸论。

这也是1903年的事情。德国某将军在《柏林军事周报》上发表了关于中国人赴日本留学的论文,《江苏》杂志作了部分转载①。将中国学生的日本留学与"黄祸"绑在一起并且对中国留学生加以警告,这种言论似乎前所未有,该学生杂志的评论者不禁万分愕然:"怪哉留学生也!政府忌之,疆臣恶之,顽固士

---

① 《德人干涉留学生》,《江苏》第九、第十合期,1903年。

大夫亦嫉之。顾政府之忌留学生也，俱其革命也；疆臣之恶留学生也，思其指摘也；顽固士大夫之嫉留学生也，虑其得志而变易旧章以夺若辈之衣食也。若政府若疆臣若顽固士大夫皆与留学生有利害之关系，故其忌之恶之嫉之犹有可说，而何有于外国人，更何有于德人？"评论者作了如此推理质疑后，所抄译、介绍的德国将军的论点大体如下：

> 日本在中国之势力日益增加。日本古时曾得支那伦理教育之益，今欲将其学得之欧洲教育还酬中国。其为之也非出于真诚之谢意，而出于谋势力之扩张。日本之将校下士在中国教育军人，大著成绩。又许多中国人留学东京，剪辫改装，青年子弟入东京幼年学校，与日本幼年生毫无取异。此少数之中国人，以之改革中国虽不易，以之结合黄种则有效。支那人素缺国民精神，唤起之者，厥唯日本。黄种人尚如此兴起，不唯将与俄国为敌，恐欧洲各国必蒙其害。①

这种论述逻辑的确让人感觉明晰透彻。与此相关的还有两点值得注意。首先是对其的反应。留学生对此的回答是：内外"皆重留学生如是，留学生诸君皆当洗刷精神，勉求实学，期有以贱德人结合黄种革新中国之预言非然者"。这似乎还有一直以来的"谢谢反面教员"这种单一模式的感觉，但新年一过日俄就开战了。随着日本显出连胜之势，中日知识人都公然不讳地"祝黄种之将兴"（《东方杂志》），宣称要"变'黄祸'为'黄福'"

---

① 《德人干涉留学生》，《江苏》第九、第十合期，1903年，第274—275页。

（孙中山），"应该向天下宣传'黄福'"（《万朝报》）。当时东洋文士的趣味中包含着福祸相倚、福祸转换的观念，这些言论生动地描摹了那个时代气宇轩昂、气焰万丈的气息。然而我们必须断明，日本人所谓的"福"的内容与孙文的解释迥异其趣（孙文在其《中国问题之真解决》一文中，始终强调"中国人是世界上最热爱和平的人民"，"中国的觉醒与开明政府的成立，不仅对中国人，对世界都是有利的"。与之相对，1904年6月22日的《万朝报》在高唱打倒专制国家俄罗斯"即对人类的福祉所寄与者非鲜也"的同时，宣称"日本人所显示出来的优势国民的事实，是诱导同样的黄色人种，给予他们组织信条礼典知识的动机"，"此种优势态度应是给予四亿生灵之一大福祉"等等，二者的差别一目了然）。

再说德国人因中国人到日本士官学校留学而重提黄祸警告的严重性也不应忽略。如果说，引发黄祸论的契机是1895年的日本战胜与三国干涉还辽事件，目标是针对日本的话，那么这一次，由于本章所考察的经纬，"强兵"意识逐渐增强、新式军队正在建设中的中国，则成了黄祸论新的矛头所指，这就是值得关注的第二点。《东方杂志》对这种形势作了如下总结。

> 自一千九百零二年变法以来，受教育于日本之中国军官，多充当教练师者。洋操之兵，既逐渐增多，于是西洋人亦遂信中国之军制不难与欧洲抗衡。及日本战胜强俄，中国之爱国者与官场尤喜谈征兵之制，谓不及数年，可以有兵二百万。西洋之人受其迷惑，益形惶遽，惠尔氏 Pirtnam Wesle 于一千九百零五年著论，虽知中国之将才缺乏，经济困难；顾谓五年之后，中国将有步兵三十六万人。至一千九百十五年，且有一百五十万人

可以出战。日本之兵数,必不能与之相敌,而不敢侵侮之云云。(中略)德皇闻之,遂预想蒙古人种之来侵,而愿以德国为领袖,合欧洲之兵以抵抗之。①

---

① 勃兰德:《黄祸论》,钱智修译,《东方杂志》第九卷第二期,第48页。

第五章　到达日本的前后·软硬两种摩擦

"奋身东渡探神山"

吴玉章离开故乡四川盆地、开启他的日本留学之旅,是在1903年的年初,其时农村正沉浸在农历春节的浓烈欢庆气氛中。

> 那时还是元宵期内,到处锣鼓喧天,当人们正在兴高采烈、欢度春节的时候,我们一行九人,好像唐僧取经一样,怀着圣洁而严肃的心情,静悄悄地离开故乡,挂帆而去。①

地方上那时候依然保留着春节期间(直到"元宵"——上元提灯节为止持续半个月)所有家庭成员不外出、不操生计、全家团聚的风俗习惯。虽说是求道之旅,他们却是在那样的氛围中离开的。连春节也顾不上过就要离开家,此情此景让人心生孤独。这家人竟至于如此局促于生计,传出去一不好听二也不吉利。至于吴玉章,他虽然尚能忍受"贤妻幼子难以割舍",二百

---

① 《吴玉章回忆录》,北京:中国青年出版社,1978年,第17页。

元川资却是长兄卖掉了田产换来的,这让他无论如何都难以心安。不顾一切毅然决然地到"东洋留学",他的这种姿态与吟唱着"钗环典质浮沧海／骨肉分离出玉门"①的秋瑾的身姿重叠在了一起。秋女史在激励友人的另外一首诗中的吟咏:"闺装愿尔换吴钩"②("钩"同"戈",春秋时代吴国所造的兵器,《楚辞》中说"操吴戈兮披犀甲",这里的意思是你也要放弃做富贵人家的闺中女性,当一个战士吧),生动地描绘出了思想更为进步的女侠的飒爽英姿。尽管这样,"钗环""闺装"虽可舍,或即便像一些解释所说是出于对不幸婚姻生活的绝望,但作为两个孩子的母亲(吴玉章也是两个孩子的父亲),骨肉分离的痛苦必定是透入骨髓的。从心里,我们或许能够透过笼罩着父亲留学生和母亲留学生们的出发的肃然氛围感受到有别于庄严肃穆的另一种东西吧。

  船在前行,帆在高扬,心情激荡,但可不是一路顺风满帆。那个时代的川江(四川境内起至湖北宜昌,中间夹着"三峡"的长江上游)暗礁漫布,水流湍急,在此航行的几乎都是中国式帆船,这一段是触礁倾覆的事故多发地带。吴玉章顺流而下的时候也因前方岩壁崩塌而险些不能通过。另一个四川人谢奉琦听说也经历过帆船通过三峡时候遭遇暴风雨差点儿触礁倾覆,船内大声叫嚷、哭泣、乱作一团的一幕。谢作诗吟咏说:"匆匆荡桨下渝关／风雨羁人意往还／回首西藩无净土／奋身东渡探神山。"③也就是说,对他而言,翻船的危险只不过是风雨对人的意志的考验,不管是眼睛、灵魂,还是身体都不顾一切地向东而行,

---

① 秋瑾:《有怀·游日本时作》,载《秋瑾集》,上海:上海古籍出版社,1979年。
② 秋瑾:《寄徐自华》,载《秋瑾集》,上海:上海古籍出版社,1979年。
③ 何得方、李静轩:《谢奉琦烈士事略》,载中国人民政治协商会议四川省委员会、四川省省志编辑委员会编:《四川文史资料选辑》第一辑,1979年。

第五章 到达日本的前后·软硬两种摩擦

他绝不回头。他的这种精神与后来在东京成城学校结识的同乡吴玉章不期相契相合。

帆船顺流而下,触礁之事频频发生;现实社会中也频现触礁之景象,骚乱事件不断。

出了三峡,长江变成了洋洋大河,向日本的留学进军到了这里,见到张之洞麾下的"两湖"军势也如滔滔江水一般呈现出一派磅礴气势。也许吴玉章与谢奉琦他们的帆船遥相守望,也许从洞庭湖出发的湖南留学生们的帆船相互瞻望竞发,也许两湖同志在宜昌或是汉口换乘日本汽船时汇集到了一起。事实上,几乎在吴玉章一行靠近洞庭湖北端的岳阳的同时,乘载着杨昌济、陈天华等第二批湖南省官费留学生一行的小船刚从岳阳出发东行。早就过了而立之年的杨昌济与热血青年陈天华等人不同,他是抱着教育救国的志向奔赴日本的。

> 余自弱冠,即有志于教育。值世局大变,万国交通,国内人士,争倡变法自强之议,采用东西洋各国成法,创兴学校,以图教育之普及。余以为处此时势,非有世界之智识,不足以任指导社会之责,于是出洋求学。①

杨昌济叙说,要将这些求来之学"熔铸确立起一个新学派",这是西学东渐之时应该采取的方针。以此为目标,直到四十多岁,十年间他先后留学日本、欧洲,为了达到真正的不惑境界勤勉求知。他奔向目标的努力,用中国的谚语来说,那就是"十年磨一剑"。以此"剑"与反满革命家秋瑾所求的"吴

---

① 王兴国:《杨昌济的生平及思想》,长沙:湖南人民出版社,1981年,第45页。

钩"相比，尽管实体与形象有别，但对他而言这就是最为锋利的救世利器。毋宁说，杨昌济为此忍受了比秋瑾等活动家更为艰难的熔铸利剑的孤独，也不得不忍受更为漫长的骨肉分离的痛苦。

如果将杨昌济的启程不仅从与同时代，还再从与下一个世代的关联层面来看，则既是可能的，并且还有象征意味。出发之际，登上可南望母亲般的洞庭湖、东揽长江大川的岳阳楼，他不禁生出"苍凉万里感"，发出"江山孰主持"的追问。也可以说那是自古以来就有的一种风流的反抗模式。从怀才不遇之士到忧国人士和造反文人，每登临山上的亭台高阁，大体都会放歌高吟，壁上题诗，统治者一方则称之为"反诗"而进行镇压。杨昌济的题壁诗虽不属于此类，但以一个乡土教育家而言，应该说其中还是有点儿不安其分的追问的。它在十多年之后，被毛泽东发出的"问苍茫大地，谁主沉浮"的名句继承了，可谓意味深长。

结束了十年的外国之旅，回到湖南第一师范学校的讲坛上的杨昌济不负初衷，从伦理学、逻辑学和哲学讲到心理、教育诸学，他将所喜欢的中国的理学与康德、斯宾塞、卢梭等诸派学说圆融无碍地加以应用糅合。在他的熏陶下，毛泽东、蔡和森等一群有为青年成长起来，其中毛泽东还是获得他认可、与他的女儿杨开慧结了婚的爱徒。以他的这群弟子为中心结成了中国共产党的母胎之一"新民学会"。学会的最初活动，就是组织前面提及的引进社会主义思潮的大进军的赴法留学。杨先生的影响自不待言，运动的全国组织者中也有很多吴玉章这样原来的留日学生，所以可以说是留学唤起留学、第一波唤起新一波的绝好的例子。不同的是，毛泽东等弟子们日后主要以向共产革命和暴力革命寻求出路为主，而先生在他的时代虽已有了"江山孰主持"的意识，但还是只从学问去追求他的道路。

话说船上的杨昌济在读了早一年的留日前辈杨度的《支那教育问题》的论争记录后大为感动，他掩饰不住内心的兴奋，开始与同伴们切磋日本语言学。① 虽说他是了不起的人物，但有这样的反应也是正常的。在如此混沌的状态中，巨大的期待、不安和好奇心交织在一起，无论如何都很容易做出反应并且持续发酵。然而这种兴奋状态同时也容易诱发人事关系的触礁事件。黄尊三在其《三十年日记》中记录了作者一行1905年5月15日从长沙出发、翌日到武昌时碰到的所谓"跪拜礼"纷争事件：学生们从长沙出发后，为他们送行的湖南巡抚端方立即向在武昌的两湖总督张之洞拍电报汇报。管辖湖南的张之洞是留学日本运动的始祖，并且素以爱惜人才著称，所以他也想会会这一行学生。然而当他要求学生行跪拜礼时，问题就发生了。鸦片战争之前，朝廷统治者多次因为礼仪问题拒绝会见外国使节，并且视之为"原则问题"。好不容易从旧世界逃脱出来的学生对张之洞的要求群情激奋，认为行跪拜礼很傻、绝不遵从也并非不可思议。恼怒的张之洞大发雷霆："有湘生多革命分子，不宜遣送出洋，请撤退回湘！"② 不过给张发电报的端方虽然名义上是张之洞的下属，但也是一位很有才干的满洲官僚，他的存在也对汉族实权人物张之洞发挥了牵制作用。是不是为此张才显得格外乖僻呢？张之洞强硬提出："有南省久废跪拜之礼，藐视王章，公有何深谋远虑，请以见告。"③ 这也是发生在当时的

---

① 朱德裳：《癸卯日记》，载《湖南历史资料》第一辑，1979年，第213页。
② 黄尊三：《三十年日记》之第一部《留学日记》，湖南印书馆，1933年，第3页。
③ 同上书，第4页。

一幕。当时的情形是:电报你来我往,特派委员(上述的明德学堂校长胡元倓)紧急赶赴现场斡旋劝说,耗费十数日,终于准备好了进入谒见会场的手续。对此黄尊三发出这样的感慨:

> 为此无谓之事,阻滞中途,不能进行,光阴虚掷,未免可惜。中国大官,只顾一己虚荣,不知尊重他人人格,实属可鄙。以自命好士之张香涛,尚不免此辱人之行,他更无论。思至此又未免可慨。①

学生们当初"并无意图"(端方为反击张之洞而替学生辩护的话),这大概是确凿的。然而也不能把拒绝跪拜礼说成是年轻文人的好胜。从学生一方说来,当时他们是要离巢飞向打开了的世界故而对旧的束缚说不,仅从黄的日记中所使用的"尊重人格"等新词就能够看到近代自我的觉醒。而在另一方看来,"拒绝跪拜礼"即是"藐视王章","藐视王章"即是"革命分子",但张之洞的这种三段论也不能被归为因其年老昏聩(时年六十八岁,四年之后死去)和妄自尊大而性情乖扭——我们从中看到了时代所表现出来的紧张关系和神经过敏。

随着帆船靠近长江的入海口上海,紧张和兴奋也进一步增强。

上海,这个长江运输大动脉上的重要节点,也成了近代日本留学运动最大的集散地。那里人头攒动,挤满了伺机待发者、络绎不绝的出发者和归来者,是个往来人群"宛如过江之鲫"一般的港湾。可以说这里交错着诸多的希望与期待、成败与悲

---

① 黄尊三:《三十年日记》之第一部《留学日记》,湖南印书馆,1933年,第4页。

喜、美与丑的光影。那种氛围既杂乱无章又活力四射，如果仅仅阅读日后成功的革命家和教育家的立志传记是无法明白这一点的。前面几章以留学动机为核心考察了对日观和国家民族的水准，但对这个底流的关注不够充分。比如，针对集散地上海和东京速成所的混乱情形衍生出的批判用语中，与"过江之鲫"相并列的还有"终南捷径"，并且实际上使用频率很高。成语"终南捷径"出典于《新唐书·卢藏用传》（卢藏用想入朝做官，故意隐居在京城附近的终南山，借此博得大名，皇帝听说之后将其召入宫，使他终于完成了入仕心愿），自古就是"仕官的捷径"的同义语。清末的留学生和考察官吏经常用这个词来批判该界的动机不纯和人心退废。我们要是如此再次使用也很容易。但是当时的留学生杂志上所刊登的大量的劝说留学的文字中都堂而皇之地提倡："仕官之野道、利益之野道、学问之野道、名誉之野道，皆在此。"① 就连秋瑾女史也无奈地例外发出感慨："我又见多数学生，以东瀛为终南捷径……呜呼！此等现象进步软？退步软？吾不敢知。"② 她曾经隔海再三呼唤自己的兄长赴日留学："处于今日之时势，追求事业不可不出洋一次。"她牵挂着兄弟，娘家家道败落，长兄的求职又不遂意，内心颇为苦闷。最后，她发出了如下现场报告来催促：

　　各省学生为求学卖田者甚多。若不独立思考而成日

---

① 实藤惠秀:《中国人日本留学史》,くろしお出版,1960年,《中国留学生史谈》,第一书房,1981年。

② 秋瑾:《〈中国女报〉发刊词》,载《秋瑾集》,上海：上海古籍出版社,1979年,第13页。

坐食，区区钱财也将化归乌有，故追求学业方为正途。[①]

的确，当听到"仕官之途、利益之途皆在此"之类的话时，人们都会轻易地下结论（比如说"终南捷径"、中国人"唯利是图"），或者是若不这么说大面上过不去。但是秋瑾的话不是也可以听作"快快逃离倾覆的旧巢"的呼叫吗？一触及这样的声音，使人感觉就像突然碰触到在人们脑中动机的最深处一直起着作用的某种东西。是否可以说这是已进入末世的封建社会的地壳的下沉，或地层的滑坡崩溃？感觉周边老是阴沉暗淡，动不动处处都会传来嘎吱嘎吱的崩裂声和阵阵贼风，令人随时胆寒心悸——曾经为了病床上的父亲每天不得不在当铺和药铺之间往返奔波的少年周树人，由于家道没落而被从南方领到寒冷的沈阳的叔父家中的少年周恩来，都有过这种体验；而卖掉"钗环"和土地渡海而来的秋瑾和吴玉章大概也都不是仅仅为了投身宏大志向而来。不论秋女史自身是否意识到，这已是女史所追问的"进步软？退步软？"之前的问题，是和亡国灭种这种天下国家层面的危机感同时，也是关乎大多出身于封建旧式家庭的留学生们自身的存在根源的大问题。如果没有对这种"处于今日的时势"而蓄积的不安的同理心，恐怕很难理解涌向上海码头、踯躅于异国街头的"鲫"们的挤挤拥拥的。

把视线拉回到移动中的学生身上，就会发现上海也是他们留学蜕变过程开始和趋于活跃的出发基地。首先，对于从内地出来的乡下秀才们来说，半个世纪以来的开港地上海本身就已经完美地映现了外面的世界，那里有应接不暇的刺激等待着他

---

① 《秋瑾集》，上海：上海古籍出版社，1979年，第69页。

们。某四川人向他的家乡友人这样描述了途中的所见所感:

> 上海洋场十里,崇楼杰阁,排云而立。自来火光彻霄汉,几疑不在人间。洋人甚多,大都雄伟绝伦,精力弥满,即其妇孺,亦勃勃有英气,今而后知东亚病夫之称,为不虚已。①

仰望着"崇楼杰阁,排云而立"的那个青年的身姿,与来到欧洲新兴大都会中央菩提树下大道的太田丰太郎②的身姿重合在了一起;那种因洋人"雄伟绝伦,精力弥满"而发出的"东亚病夫"的慨叹,又何尝不是火车经停浜松时对月台上的西洋人看得出神的三四郎的感触?后来去法国留学而与日本没有关系的《暴风雨前》的作者以前大概不会读过森鸥外和夏目漱石,但他的身上却发生了看起来不可思议的类似现象。如果用一句话来判断的话,它反映了对黄白人种的优劣呀、竞争呀非常敏感而又喧闹的东亚时代相。不过前面已经多次提及,害怕民族自身在"天演炉"中被"淘汰"的阴影之下的中国人的自卑情结(再想一想第三章提到的某青年在上海第一次在动物园的围栏内看到动物和"野人"就触发兴亡之叹的情形)要严重得多,但它也因此成为一种能量,被这种能量鼓动,他们来到了日俄战争中的日本,投入了那个改变面貌的世界。

与此同时,上海也是各种政治论和政治动向的集散地。阅读了只有在这里才能到手的逆输入的禁书的青年邹容下定了要

---

① 李劼人:《暴风雨前》载《李劼人选集》第一集,成都:四川人民出版社,1980年,第318页。
② 太田丰太郎,该人物出自森鸥外的《舞姬》。

"报大仇"的决心。后面将要谈到，一年后又有两个青年在等待赴日前后，因对岸的拒俄运动遭到镇压、沪上邹容和章炳麟被抓坐牢而悲愤至极，遂分别在长江口与马关外海"愤慨而死"①。在此期间到达上海的邹容同乡、青年吴玉章也不可能外于此。

在过了三峡后换乘的轮船中，吴玉章结识了四川某维新派人物，二人颇为投契，相约抵达日本之后首先去横滨拜访梁启超。然而滞留上海的十余日间，吴的观念却发生了翻天覆地的变化："在此之前，我还只知道康有为、梁启超他们那一套改良主义的思想；到上海以后，我即开始接触到孙中山、章太炎他们关于资产阶级革命的宣传；虽然知而不详，但稍一比较，就觉得革命的道理更为充分。于是，我对康梁的信仰便一落千丈。"于是，没隔几天他就修正了东渡后的路线："到了日本。路过横滨时，看梁启超的念头早已没有了。我们一路到了东京。"②

浮槎海上

在论述先辈们浮槎东渡之前，出于比较的兴趣，我稍微查了一下森鸥外的《航西日记》。果然，差异还是一目了然的。拿秋瑾来说，她由于获得了女子留学的机会，兴奋得即兴吟咏出"洋洋信大观"那样的表现了解放感的诗句，并向姐妹们发出"乘快乐的汽船，吸自由的空气"的召唤，掩盖不住内心喜不

---

① 《江苏》第四期。
② 《吴玉章回忆录》，北京：中国青年出版社，1978年，第18页。

自禁之状。跟她相近的感触,可以从鸥外的"烟波浩荡心胸豁"的句中找到,但是鸥外的全诗是这样的:

> 水栅天明警柝鸣,
> 渭城歌罢又倾觥,
> 烟波浩荡心胸豁,
> 好放扁舟万里行。①

果然,还是不同。这是由于虽然对于年轻的森林太郎来说,即便也是第一次出洋,但日本本身环海,又是比中国早一步被大洋时代催醒的国度,其海洋意识先觉者阶层,也远为厚而广的缘故吧,所以在日本成长的森林太郎同时还能够对自己说:"林叟有言君记否/品川水接大西洋。"在对大洋的认识上,这让人感到一种初次看到海只是感叹"洋洋信大观"的秋女士所没有的、东西洋相接的实感及与此相应的余裕。对年轻的森林太郎来讲,所憧憬的大西洋彼岸、驶向那里的航线和途中停泊的一个个港口,无疑都足以引起他的异国情趣和知的兴奋,所以就能落在"好放扁舟万里行"的心境上来。在这一点上,从在出发的节点上就内心充塞着急切的秋瑾们,哪里会有一边吟着老套的渭城云云一边从容"倾觥"的余裕呢。虽然她也歌咏"吸自由的空气",却绝非单纯为了享受自由而东渡日本,这一点很清楚。她是去她所说的"我国志士汇集之地"的东京,在那里十二分地、尽情地享用"赴会馆,跑书店,往集会,听讲演"(鲁迅)的自由,以凝聚和捎回革命的风雷的。以"万里东风去复来,

---

① 『鸥外全集』第三十五卷,岩波书店,1975年。

只身东海挟春雷"(前章)的仓促之身,她无法去享受"扁舟"的风雅与轻盈,又奈之何?

然而通观甲午战争之前的东瀛游记之类的文字,其中却丝毫不见渡海之前内心澎湃不已的感情。那个时代赴日的大多是外交官等官吏和旧文士,大概是因为那时还没有面临世纪末列强大瓜分的危局,对日本也没有屈辱感吧。他们与后来的留学生阶层不同,基本占据着视野开阔的一等舱和上层的甲板,所以诗中多吟咏景色。特别是在面对日本的场合,总不禁要自夸一下自古以来"乃公"予"足下"如何如何。1877年赴任的首任驻日公使何如璋对火轮船这种文明的利器真心发出了"飞轮日夜真千里"的感叹,但是并没有表达出更深的东西,等到船行驶在日本领海后,他就陶醉在"不在诗中即画中"的美景中了。同船的副使张斯桂等人刚一到这片海上就立即生出"入海去寻徐市裔／平倭还记戚元戎"之思①。而且从何如璋到甲午战争之前赴日的明治维新肯定派学者黄庆澄,在船离开长崎经过平户附近时往往会记下"元世祖至元(1264—1294)中,命范文虎、阿塔海将兵十万,以战船九百征日本,至平壶岛,大风破舟,(中略)即是处也"②等,这种"昔日荣光"式的哀愁或玩味时时可见。那么,可能看似细枝末节了,上述这种现象到甲午战后的留学时代便戛然消失,取代"平户"的"马关"(媾和之地,中国称在此签订的中日条约为《马关条约》)二字却像烙印一样出

---

① 张斯桂:《使东诗录》,载"走向世界丛书"《甲午以前日本游记五种》,长沙:岳麓书社,1983年,第142页。
② 黄庆澄:《东游日记》,"走向世界丛书"《甲午以前日本游记五种》,长沙:岳麓书社,1983年,第326—327页。《东游日记》中记为"战船九百",作者文中记为"战船九千",有误——译注。

第五章 到达日本的前后·软硬两种摩擦

现在这个时代东渡者们的记录中。前后两相对照，又让人感觉到许多鲜明地反映了时代、昭示了国民感情的东西，值得指出。

如果梳理赴日留学生们所呈现出的期待与兴奋的精神谱系，我们可以追溯到戊戌政变失败后在亡命日本的船上的梁启超。站在甲板上的梁启超"披发长啸览太空"，他的背影，让人联想到忧国大夫屈原。后来声名显赫的梁启超其时还是年仅二十五岁的英俊青年，不过萦绕在他心头的并非老屈原，而是成就了明治维新的年轻志士们的面影和意气。在船上创作的诗篇《去国行》中，他用"男儿三十无奇功，誓把区区七尺还天公！不幸则为僧月照，幸则为南州翁。不然高山、蒲生、象山、松阴之间站一席"的口吻激励自己，以"前路蓬山一万重，掉头不顾吾其东！"结尾。①

这首诗从初联开始直到最后，每联都重复了结句"掉头不顾吾其东"，读着读着就有一种令人一惊的感觉。不顾前途多难而一路向东，这种气概虽令人敬佩，但我们从初次去国的吴玉章、谢奉琦等人身上也已经看到过，那么为什么还会读了霍然一惊呢？因为青年周恩来在去日本留学的出发之际曾经吟咏过一首七言绝句，首句正是"大江歌罢掉头东"②。与梁诗的创作时隔二十年，青年周恩来的"掉头东"与梁大先辈的"掉头……东"之间有无影响关系，无法臆断，也没有必要推想。无论周是否从梁诗受过启发，总而言之，虽为维新改良与共产革命两个世代和两种类型，在为了"济世穷"的求道之旅启程之际，他们都曾被共同的指向性和气概联系在了一起，今天想来仍不

---

① 梁启超：《去国行》，载《梁启超诗文选》，广东人民出版社，1983年。
② 《周恩来青年时代诗选》，北京：人民文学出版社，1978年，第13页。

禁令人心生感叹。

日本平凡社东洋文库版的《留日回顾——一个中国无政府主义者的半生》①（《留日回顧——一中国アナキストの半生》）的著者景梅九作为北京京师大学堂第一届留学日本派遣生，他启程赴日是在1903年的冬天。正常情况下是从天津港开船的，但因为冰锁港口，他乘坐的那艘船改由不冻港秦皇岛出发，又是夜间上的船，所以他记不得多少细节了，只"记得当夜同诸人乘小船渡上轮船，那轮船叫做什么丸，乘客都在底仓里各占了一个睡卧的地板。不多时听见摇铃，人家说预备开船。又听见铁索乱响，人家说是起锚；又听见机轮转动的声音，人家说是开了船了……"②这样的记述似乎什么也没说，但是对于一个生长在中原山坳（山西中条山脉的正中）里、连黄河也见不着的他来说，那无疑是深深地留在脑海中的瞬间。作者的叙述中透露出了一种紧张感，竖起的耳朵听着清亮的"铃——铃——""嘎啦嘎啦"以及引擎声。随着这些响动次第入耳，心脏跳动也跟着加快的怦怦搏击声都能为我们听见似的。后来，从第二天早晨开始，甲板上的他就沉浸在壮观的海景中。出了渤海进黄海，大洋渐趋开阔，景色变得全然不同，同时甲板上的对话也在变。

> 又和朋友谈到甲午之役，北洋舰队全军覆没，又动了一番感慨，便道：
> "如今偌大个中华竟成了无海军的国，岂不可耻！"我说着。

---

① 景梅九:《罪案》,北京：京津印书局,1924年。
② 景梅九:《罪案》,北京：京津印书局,1924年,第15页。

一个朋友说:"中国何尝无海军?不过变了形象罢了。"

我便问:"变了什么?"

他说:"早就成了颐和园了!"

我又问:"是什么缘故?"

他说:"甲午之后,李鸿章本来打算复兴海军,把款都筹现成,却被西太后拿去修了那一座颐和园,糊里糊涂把几千万银子都花净了,把复兴海军的事,永远一字不提,后来也没人敢过问。所以人说颐和园是中国海军衙门,一点也不差。你道可恨不可恨呢?"

我便道:"那就无怪人家讲革命了。"

友人笑说:"还没到外国,就讲革命,无怪人家不派留学生了。"

几个人在甲板上你说我笑。①

我们看过了刚一告别祖国就追问"江山孰主持"的杨昌济内心的不安分与等待渡航的几天中就倾心革命论的吴玉章的转向。上述的也是一个例子。那都是基于不同的立场追求而脱胎换骨的留学,人一旦踏上了征途就开始改变是理所当然的。而且这种情形不局限在进步派青年学生中,就连体制内的游历官绅也在发生改变,这就更有趣了。

稍晚几年的1908年,直隶(河北省)第三届游历绅士团出发去日本。刚离开天津不久,"同船上有为去日本留学者预先剪辫子的匠人"马上就开始做起了剪辫子的买卖,而且生意相当

---

① 景梅九:《罪案》,北京:京津印书局,1924年,第16页。

红火。这是清朝末期慈禧太后故去之后的事情，比起留学初期来说社会对剪辫子的态度多少变得宽松了。即便是旧绅士阶层，因为这是要到新天地去吸纳新文明的，所以也想索性自己也面目一新一下吧。到了外面，他们不仅不愿被别人指称为顽固，恐怕偶尔还想装装志士，尝尝当革新派的风头和心情吧。某五十岁的老绅士大概也从旁羡慕大家争相剪辫的热闹情形吧，于是一边躬身自顾一边低吟了一首：

> 通才何必守硁硁，
> 自古英雄不爱名。
> 如果辱身能报国，
> 也甘削发学文明。

也就是说，为了成为通才，没必要墨守成规，英雄自古以来就不在乎毁誉褒贬，如果侮辱了身体却能报国，自己也甘于剪掉辫子学文明。垂着辫子是报国，剪掉辫子则是不光彩、自辱身体的行为——这种旧观念在他身上好像还根深蒂固，但是周围的氛围已是另一种样子了。他最终是否剪掉了辫子并不重要，只要想象一下船舱里的热闹情形和老绅士的惶惑不安，就会觉得饶有趣味。

这里又能想起森鸥外的话。他在明治十七年（1884）八月二十九日的日记里记有"作日东十客歌。曰：泛峨舰兮涉长波，日东十客逸兴多"云云，并从"田中快谈"和"饭盛痛饮"到森生的"鼾息若雷"，罗列出一串可乐可讶异的事[①]。遗憾的是，

---

① 『鸥外全集』第三十五卷,岩波书店,1975年。

第五章 到达日本的前后·软硬两种摩擦

应该说既有地位也还算有余裕的这些京畿缙绅们，却没有那份"逸兴"。他们必须利用登陆日本之前的一两天再做做心理准备，并赶紧改变自己的外观。如果不是拿他们在船上的身姿跟明治维新近二十年之后的森林太郎们相比，而是将其与同一时代状况下的明治以前的海外渡航者们的身姿相比较，又将会如何？比如津田仙（毋宁说他的女儿、后来创办了著名的津田塾女子大学的津田梅子更为有名），他在庆应三年（1867）乘坐"咸临丸"渡美，据说一踏上美国土地就马上剪掉了丁髷①。而此前的元治元年（1864），时间上早了四十年，与我们的留日先辈大举渡日的路线逆向而行，新岛襄先驶往上海，他也是在登陆上海之前剪掉了丁髷。②津田有可能是受到新大陆文明的冲击而无法忍受丁髷的难看样子，那么新岛的情况怎样呢？是因为对刚刚被迫开港的上海产生了很多遐想或思绪吗？还是在靠近陆地之前因凝望着长江水而突然产生了对感到变得混沌的多舛前途的预想，为使自己身心紧张起来，而果断剪掉发髻的呢？不管是看作下定决心去承受考验的表态，或者是意识到丁髷发型的丑陋，说到底，这跟辫子之重——新派视之为满洲三百年统治的耻辱的印迹，剪掉它就是造反，就是示威；对于保守派来说则意味着拥护现行体制的标识兼保身之术——是无法比拟的。就算自以为采取了果敢行动的津田和新岛们，大概也不会知道，同样是头发，竟然还会有如此在意、如此解不开的心结的吧。

---

① 丁髷，是日本明治维新之前男子的发型，即剪掉头顶的头发在头后扎起向前弯曲的发髻。
② 《历史与人物》，昭和五十九年三月号，角田房子、福本武久文。

"黄海旧战场"

让我们的目光回到驰走于黄海的船上。"黄海!"不知谁叫了一声。可以说,比起前述旅洋途中那些不太安分但多少还令人愉悦的情节、言行来,这两个字和一声呼叫则唤醒了景梅九等人的甲午战争记忆。它不仅是在航海途中,就是在整部中国人留日精神史上也时时事事投下阴影,是构成能随时激发留学生们相互矛盾的反日姿态和情感的基本机制的重要组成部分。

那真是阴暗的、令人心情沉重的海。《黄海舟中感怀二章》这首诗表达了这种心情:

> 片帆破浪跋沧溟,
> 回首河山一发青。
> 四壁波涛旋大地,
> 一天星斗拱黄庭。
> 千年劫烬灰全死,
> 十载淘余水尚腥。
> 海外神山渺何处,
> 天涯涕泪一身零。

> 闻道当年鏖战地,
> 至今犹带血痕流。
> 驰驱戎马中原梦,
> 破碎河山故国羞。

第五章　到达日本的前后·软硬两种摩擦

领海无权悲索莫,
磨刀有日快恩仇。
天风吹面冷然过,
十万烟云眼底收。①

第一首吟咏的是:被茫茫无涯的大洋拥抱着,千年的劫火(当然包括六百多年前也是从这个海出发的"元寇"的弘安战役)全都化为灰烬。然而回望十年间,无论经过怎样的冲刷、濯洗,那血腥都残留不去!当此番情景掠过心头的时候,又谈何劫烬"灰全死"!前方的三神山(日本)也突然间化作渺小的对象而远退,整个人沉浸到凄惶不安中。第二首吟咏的是:站在甲板上,愈是凝望当年的鏖战之地和犹带血痕的海浪,就愈被唤起的"故国羞"与"无权悲",也越发期待着报仇之日;然而逼向眼前的只有寒彻肌肤的天风,以及包含着未知的考验与挑战的"十万烟云"。这首长期以来被视为秋瑾所作的诗歌,在新版《秋瑾集》中考证为是秋瑾的亲友燕斌女史赠给秋瑾的,于是改收在附录中。固然,秋瑾也曾在临时归省时从北边经过黄海,其时同船的日本人向她展示了日俄战争地图,使她流下了"忧国之泪"。她的泪水与友人的"破碎河山""领海无权"之叹是相通的。如果不是在因为日俄两强的争夺战而化为修罗巷②的北中国与黄海海上,就不会有如此痛彻肌肤的感受。半年前

---

① 《秋瑾集》,上海:上海古籍出版社,1979年,第96页。
② 修罗巷,修罗是梵语 Asura 的译音,意为"不端正"或"非天",是古印度神话中住在海天的一种恶神,常与天神战斗。佛教采用其名,将其列为天龙八部之一,或轮回六道之一。修罗巷,同修罗场,指修罗与天神战斗的场所,后来用它来比喻残酷的场合。

从上海扬帆出发的秋瑾女史乘坐航行于中国东海上的"快乐的汽船"的时候,内心还澎湃着解放感,没有阴影;同样是从上海出发的,但无论是从吴玉章的回忆录里,还是黄尊三的日记里,都不曾见到后来秋瑾在黄海上触发的感慨的影子。

在这里值得注意的有一点。那就是,与刚才的景梅九和燕斌女史们相比,十年后去留学的第二代留学生们更是频频为黄海旧战场上的战争与死亡而扼腕叹息。1913年冬从天津出发的李大钊发出这样的感慨:"过黄海,望三韩(朝鲜半岛古时的三个部落,喻韩国)故墟,追寻甲午覆师之陈迹,渺不可睹。但闻怒潮哀咽,潮水东流,若有殉国亡灵凄凄埋恨于其间者。"① 那是日本吞并朝鲜的三年之后,所以他并没有让自己的遐思只是向南投向北洋舰队遭到全歼的旧战场,而目光一向北就自然望见了三韩旧地。如今人们说甲午战争拉开了中日不幸年代的序幕,而那些东渡的留学生们对那一年清军覆灭所带来的惨痛而深远的影响则有着更为切身的感受;进入1910年代初期,留学日本的当事者们对于朝鲜亡国的反应也多有超乎想象者。举个例子,在东京拉开中国新剧运动帷幕的有名的"春柳社"②的后续成员们,这时期连续上演了《亡国大夫》《安重根刺杀伊藤》《高丽闵妃》等剧目,把刚刚模仿日本所创立的最初的舞台化作了拥护朝鲜、痛斥日本的舞台。进入笔者视野,与这种倾向相关联的另一个例子是差不多与李大钊同时出发、经由朝鲜半岛在釜山度过1914年正月的郭沫若。尽管只是短短几天的路过,但在他脑中留下了深刻印象。滞留日本四年之后,他以小说处女作

---

① 李大钊:《警告全国父老书》,载《李大钊选集》,北京:人民出版社,1962年。
② 《回忆春柳》,载《中国话剧运动五十年史料集》第一辑,北京:中国戏剧出版社,1958年。

《牧羊哀话》①的形式重构了朝鲜经历,其中的一首《怨日行》借着对那猛威肆虐致使"土崩苗死"的太阳的怨恨而倾诉激越的反日感情的诗,是全篇的重点。有一种观点认为,如果说鲁迅的《狂人日记》是中国民主主义新文学中最早的反封建主义的檄文,那么可以说《牧羊哀话》则发出了谴责帝国主义侵略的第一声。至于小说本身的故事则很单纯。

憧憬"金刚山万二千峰"而千里迢迢来到朝鲜的主人公——一位中国青年,从村里的老妈妈那里听到了"国破家亡"的故事,非常伤心,他说:"似这样断肠的地方、伤心的国土,谁有那铁石心肠,再能够多住片时片刻呢?"之后黯然离去。但转眼间,到了半岛南部,映入他的眼帘的,还是那"汇集万二千峰的溪流,朝朝暮暮,带着哀怨的声音,被那狂暴的日本海潮吞吸而去"的景象。

本来就让人头昏目眩的波涛汹涌的大海里,殉国的亡灵的怨恨在旋卷,旧属国的亡国子民的悲泣响于耳际,此情此景之下,不仅会产生激愤的诗,甚至可能发生愤极的死——现实中也的确发生了。《东游鸿爪录》留下这样的记载:"直隶(河北省)第四期游历绅士一行跟随省学务长官卢清氏回国,途中顺便去朝鲜。船停泊在仁川港时,通州人潘子英目睹日本人苛待朝鲜人的情形,愤不可遏,蹈海而死,以期警醒同胞。"②

---

① 郭沫若:《牧羊哀话》,载《新中国》第一卷第七期,1919年11月15日。
② 冯延铸:《东游鸿爪录》,山西大同县署印,1921年,第59页。

被叩开的海，忧郁的海

笔者调查清末留学生的"愤死"事件时，仅仅将各种散见的记录汇集起来，就发现有十二例之多。正史记录的陈天华的例子很典型，看了《绝命辞》就可以明白，他对于所谓的"清国留学生取缔事件"，特别是对该事件进行报道的当地报纸称清国留学生"放纵恣劣"这样的诋毁攻击愤怒难禁，从而到大森湾投海自杀。[①]不过可能也有人质疑：这些人全部都是"愤死"的吗？的确存在死因不明的两三个例子（《宋教仁日记》等文献中记载了山西省李培仁的情况，报道说是因为当时家乡发生了英国某公司掠夺矿产权案件愤慨而死的，然而近年也有人作证说，这样内容的遗书是反对运动进行中的同乡会成员放在溺死者的尸身上的[②]）。但是即便死因不明，死者也希望自己和他人以"愤死"去理解和接受，而且即便部分死者的死因中有性格抑郁的因素，但无疑其精神深处蓄积着无法承受的愤懑（就像李培仁那样，偏偏选择"二重桥"的护城河作为绝命之地，难免让人感到一种"给你死！"的心情；当然也有并非以日本为特定对象的）。我们不得不说，这是那个时代特有的情感倾向。

说到这里，还想请关注一下如下事实，即：十多次"愤死"的地点，大半选择了大海，其中最早的三次都发生在去日本的船上。开创先例的是仇满生。仇满生，本名陈鲲，后改名为仇

---

① 《陈天华集》，湖南人民出版社，1958年，第154页。
② 李尚仁：《争矿运动中李培仁蹈海的真相》，载《辛亥革命回忆录》（第八集），北京：文史出版社，1982年。

第五章 到达日本的前后·软硬两种摩擦

满生,顾名思义,他应该是个激烈的反满者。他在而立之年进入福州的东文学堂(日本人开设),积极追求新思想,交结志同道合之人。他抱定"生平欲为克林威尔、丹顿、罗拔士比,亲鞠查理斯第一、路易十六世之事"的志向,于1903年5月前后为追随好友而去日本留学。他来到上海时,正赶上俄国拒绝从满洲撤兵、留学生发起拒俄运动以及清朝政府镇压的消息接踵传来。在悲愤和忧郁中,他乘坐"西京丸"出发了。

> 乘西京丸赴东,船抵马关。仇满生操闽音,与船客语甚久。客山东人,不能闽语。仇满生因乘梯出上舱,客尾其后,见仇满生望海而立,张目四顾,少顷,遂奋身跃入海。时波浪汹涌,船主命停轮,投救生环数四,而仇满生不肯复活,但见如山之浪,澎湃砰訇,掠船而过,仇满生即葬身于此大浪之里,飘忽以去矣!①

关于仇满生愤慨而死的动机,熟悉他的性格与志向的亲友将之归为上述的悲愤;留学生杂志也将此作为对自己战斗队伍的激励事件去理解和接受,这也可理解。即便是这样,因为是非常突然的纵身一跳,感觉其深层还是应该有某种出到海上便不断迫近的那个时代的大洋所特有的或者叫作"死的强迫"或者叫作"死的诱惑"这样一种东西的吧。

首先,对于因西势东渐门户被打开而不得不放眼世界的近代初期的中国人来说,"海"这种事物是以怎样的形象映入他们

---

① 《记仇满生》,《浙江潮》第六期,1903年6月,第145页;另载杨天石、王学庄编:《拒俄运动》,北京:中国社会科学出版社,1979年,第188—189页。

的视野的呢？以黄河流域作为文明的发祥地、基本上是大陆文化的中国的东边的大海，自古以来就充满神秘，从秦始皇开始的历代皇帝都喜欢行幸至此。这大体上是出于认为最东部海滨的最高处就是距天子的根源最近的地方这样一种信仰吧。在那里，他们登临泰山向天朝拜，夸示其登峰造极的权威，陶醉在一览天下国威的风流庄严里。他们虽然憧憬传说中漂浮在东方海上的使人长生不老的蓬莱仙境，却从来不大有向大海本身挑战的气概，因为既没有时代需求，也不曾有对海洋物质生产的强烈渴望。秦始皇一度命令徐福带领"五百童男童女"去寻找长生不死药，也以往而无返告终。这以后，大海的形象就为汉代刘熙的《释名》中所述的"海，晦也，其色黑而晦也"的描述而一以概之，大海对面的日本也如《史记·封禅书》所说的那样，一直是"海上三神山，可望不可即"。很久之后，挑战者出现了！"元世祖神明英武，几尽有亚欧两洲地"，但是"日本负固不服，帅师征之，败绩而还。然犹中国之伐日本也。明时倭寇渡海而来，骚扰中国东南沿海各行省"①，中国自此开始了在海上遭到挑战而为此苦恼的时代。从清初"国姓爷"以来，大海益趋凶险，遂"峻拒而严防之，前后二百年"，海上隔绝的状态持续到19世纪中国终被抛入"海禁大开"的时代才告结束。②因为历经了如此曲折的历史，进入20世纪之后，从天津外的渤海湾经过的某留日学生在面对大海时内心仍难以平静：

  夷夏藩篱洞门户，

---

① 《中东古今和战端尾考》，载《倭变事略》，神州国光社，1982年，第173页。
② 《东倭考》，载《倭变事略》，神州国光社，1982年，第207页。

> 美欧侵略亘朝昏。
> 神州无限伤心事,
> 总觉重洋是祸根。[①]

的确,"夷"和"夏"(中华)的界限被打破,欧美侵略势力大举进入,给中华大地造成无数悲惨事件的诸祸之源,归根结底,是那长长的海岸线外面的深邃无底的大洋。要说也就是20世纪以来的近代教科书才总是夸耀中国拥有一万几千公里的海岸线呀,有着富饶的海洋资源呀,但是从上溯数千年来大陆国家的惰性、特别是鸦片战争以来的多灾多难来看,诗歌中所包含的这种对大海的憎恨之情并非不能理解。在这一点上,日本人可能把初次来袭的"黑船"视为祸害,却不会把那承载着黑船而来的周边大海视作"祸根"因而对大海惧之恨之的吧。

再加上,刚刚发出"重洋是祸根"感慨的,偏偏是后来近代中国实业史上深受大海的恩惠而成功的第一人士——这一事实,大概更会令人不由得感到新的惊异和兴味的吧。

诗作者李烛尘从1912年起的六年间,在东京高等工业学校攻读电气化学,是留日学生中诞生的中国早期化学工业家群体中的一人。去留学的三年之前,他先从湖南乡间到了北京,后来从天津乘船前往上海,途中写下了题为《在渤海湾中》的诗。那时的他内心是否怀着实业救国的梦想不得而知。即便有过,他能预想到,留学归国之后他实业救国的第一步会刻在九年前自己曾为之切齿扼腕的渤海湾上,而他和他所属团队的成功,

---

[①] 张帆:《李烛尘生平简记》,载《文史资料选辑》第二十七卷第八十辑,北京:中国文史出版社,1982年。

也恰恰是有那渤海作为取之不尽的源泉才能够取得的吗？可以说，以1914年在天津以北的塘沽海岸海盐制碱成功为基础发展出来的"永久黄团体"[①]，不仅是中国民族资本近代工业史、特别是基础产业发展史上罕见的成功案例，而且在近代留学史上也是具有象征意义的典范。之所以这样说，是因为它初以京都帝国大学化学科毕业的创始人为首，草创期（1910年代）由两三个从日本归来的留学生担当其任，到了扩张期（1920年代）则有两个美国留学归来者（哈佛大学与哥伦比亚大学的化学博士）加盟进来成为主力军，其团队构成背景之别与历史登场顺序，恰好反映出了留学史沿革的实态；同时，大家完全没有东洋组和西洋组等派系意识。团结一致贯彻实业救国初心的团队精神，是可以在整个留学史上留存的宝贵的一页。

首在渤海湾创业的创始人叫范旭东，他还邀请了李烛尘。虽同样出身于湖南腹地，范旭东与老乡李烛尘恰好形成鲜明的对照。据同伴回忆，他非常喜欢大海，成功后仍然经常说："我们过去、现在和将来都离不开海洋作后台，（中略）中国人要有雄心壮志把海洋征服。"[②] 这也是有道理的。与年过三十还在湖南乡间的李烛尘不同，范旭东在他十几岁时就由哥哥范源濂带到日本，直到而立之年，他的青春期都是在岛国度过的。于他而言，海洋就是日常生活中的友人，也是在新时代被打开的新天地、新边境，所以他对海洋抱有亲密的好感，反过来海洋孕育了他

[①] "永久黄团体"是中国兴办民族化学工业初期由范旭东在天津一手创办的，由永利碱厂、久大精盐公司、黄海化学工业研究社共同组成，这三家也均由范旭东创办。

[②] 黄汉瑞：《回忆范旭东先生》，载《文史资料选辑》第二十七卷第八十辑，北京：中国文史出版社，1982年。

的开创精神也是自然而然的。跨越了留日第一和第二两个世代的范旭东,他的感受因此也就与 1910 年代以后长期留学的秀才们形成了对照。

以郭沫若为例。他来日本时,经停朝鲜,印象中的日本海阴沉黯淡。在日本安顿下来数月之后,他在房州的镜浦海岸度过了一个夏季。在那里,"对于生在四川深奥的峨眉山麓,被家规禁止不许涉入咫尺以上的水的我,一跃而跳入海中实在有如转生般快感"。被呛了一口水之后,他品尝到了"这一刹那,有如刚下地的婴儿,初次吸入这世界的凉味同样的苦"。① 他后来在冈山六高时期经常与伙伴"拍浪击水",远地游学时到近海海面上屡屡放声高吟"大海能唤起他的激情,一看见海,什么忧郁和烦恼都没有了"。②

这个罗曼蒂克气质的诗人的明镜般的心,也有忽然被乌云笼罩的时刻。

> 然而在这明镜之中却时常有意外的东西出现。(中略)那便是夜里驶来停泊的军舰。……但对于异国人的我们,却能唤起种种联想,我便即景吟成了下面一首绝句:
> 飞来何处峰?
> 海上布艨艟。
> 地形同渤海,
> 心事系辽东。

---

① 郭沫若:《我在日本的生活》,见海英《郭沫若留学日本初期的诗》,载《中国现代文艺资料丛刊》第三辑,上海:上海文艺出版社,1963 年,第 23 页。
② 成仿吾:《怀念郭沫若》,收入《成仿吾文集》,济南:山东大学出版社,1985 年,第 309 页。

镜浦海湾的形状极像地图上的渤海湾，于是一见这些战舰，自然就会把×××①的思念回想起来。②

又回到原来的地方了。从×××（似为日本改造社社刊《文艺》杂志初载此文时的原样）开始历经了二十多年，而且不是在幽暗的日本海边，而是在明朗、和平行乐的太平洋岸，还是这种口吻。如此看来，试想在因"拒俄"时期的瓜分灾难和清政府的卖国反动而忧虑和激愤之余，被弄得神经紊乱的青年仇满生在船上凝望着大海，望着眼前因××××而蒙受耻辱的"马关"，恐没法战胜笼罩在心头的绝望感和死亡的诱惑或强迫，而被海水攫去、吞没——我们作此想象，也未必牵强。

不得不说，那毕竟是要让一条条年轻的神经去经受、去支撑都太过勉强的、过于多事多舛的激荡岁月、过于多愁多恨的东中国海。

登陆长崎之后

净看一些令人心头发沉的记录了：是那样的时代状况下的启程，是在那种今昔之感和恩仇情怨缠绕纠结的相互地位关系下的移动。在那样的过程中人们的感受特别敏锐，易于兴奋，

---

① ××××当指"爱国"或"反日"，因为当时在日俄战争之后，第一次世界大战即将爆发。当初抱着"实业救国"决心的中国先进青年，大抵被旅顺口的炮声把幻想轰得粉碎。早年的鲁迅便是。

② 郭沫若：《我在日本的生活》，全文载海英《郭沫若留学日本初期的诗》，收入《中国现代文艺资料丛刊》第三辑，上海：上海文艺出版社，1963年，第24页。

而且越是刚性冲击性的体验，就越不可避免地留在印象里，出现在文字中。当然，也有"到了长崎，上了岸，只见那绿树遮山，翠光流野，真觉别有天地。同人精神，都为之一爽"的惊喜，和对"旅馆都是板屋席地，进门要先脱鞋"①感到新鲜的率真表情。但是，登陆之后映满眼帘的绿的光线，场所一变也会暗淡下来，心情也一变而回归沉重。船行到马关，景梅九接着是这样记述的：

> 且说第二天，大家出了旅馆，要到那名胜的地方赏玩赏玩，正当过市的时候，忽见有多少人指着笑着，还有许多小孩儿跟来乱嚷道："强强跛子。"那时丝毫不懂，代大家当翻译的人，直说这是说豚尾奴。听了又气又羞，这还不要紧，忽然到一处，说是李鸿章议和的地点，真教人羞的无地自容了！②

终于，该发生的事发生了。或许可以说那是清末留学生们共有的第一号耻辱体验吧？这里就不再重复了。但需要说明，当事人是把来学习的目的摆在第一位的，所以对多多少少的不快也就不那么较真了，有时倒是宽容或者甚至是自责的。青年景梅九接着说：

> 地名叫下关，也叫马关，友人诗云："可怜万古伤心地，第一难忘是此关。"③

---

① 景梅九：《罪案》，北京：京津书局，1924年，第17页。
② 同上。
③ 同上书，第18页。

作者接着推测道："怕经过此关的中国人，都有这样的感慨罢！"①这符合事实。1894年以前去的文人通常在平户发思古之幽情，其后的情形即如前面所述，全被留学生们关于马关的伤心记录所代替了。如果容许夹入某种程度的推理，我推测，仇满生那样的青年在停泊于马关之前的"西京丸"内，略显兴奋地频频想跟同舱的山东人倾诉的，或许就包含有前方在望的"可怜万古伤心地""马关"这两个字所触发的内容也未可知。但是对于绝大多数人来说，还是那个所谓谈判讲和与签订条约的场所"春帆楼"的名字与实景，给人的刺激最大。一部分东游日记详细记录了这个"提供给众人观览以作纪念"的展览的模样。比如有这样的报告：谈判会场中装饰陈列有谈判席全景图以及李鸿章、伊藤博文、陆奥宗光等全权大臣的照片等。旁边是李鸿章的下榻之地，玄关上写有醒目的大字"大清帝国媾和大使李鸿章旅馆旧迹 明治二十八年第三月纪元二千五百五十五年"。再进去一步即可见顶头装饰着一块李鸿章不可能在这种地方书写的、原件放在东京游就馆中的"北洋锁钥"匾额的复制品（签字仪式结束之后李鸿章被请挥毫时写下的，是前面所说的经常被引用的"伤心地"三个字）。另外也有记录称，市面上常常能看到有印着"春帆楼"照片的明信片出售。②在这样的图景面前，你想一个人暗暗浸于感慨都不行，甚至还有被人家从旁惊呼着"喂，看这里！"地戳着催着，如遭"当头棒喝"的例子。

（导往地藏庙游览……）有层楼高耸，颜曰春帆。时日

---

① 景梅九：《罪案》，北京：京津印书局，1924年，第18页。
② 沈严：《江户日记》，光绪三十二年，载刘坦：《丙午丁未游历日记》，光绪三十三年。

第五章　到达日本的前后·软硬两种摩擦

人指而谓之曰：贵国李文忠当年即在此楼订约。闻此言也，心惭久之。遂口占七绝二章，以纪国耻。①

所吟咏的诗歌首句是"当头一棒语骄人"，并且加注说"时日人指示颇得意"。导览者或许的确也掺杂着这样的表情。然而尽心尽力地带着游客到处参观的这种日本式的亲切细致，我宁愿把它解释成喜欢把前朝故事拿出来讲、忠奸荣辱观念却很淡薄的一部分喜欢汉学的日本人特有的癖性，他们未必有那样深的用心，或许是想以"贵国的李宰相"这种语气表示对你的尊重和奉承吧。但是对当事人来说，这只是意味着他们被带到了最让自己痛彻心扉的"伤心地"，被带到了刻着国耻的（掺杂着嘲笑的）碑前，然而同时，还有也包含着那种常使得包括笔者在内的从事日本研究的人感到无奈、不得不为之扼腕叹息的日本人那（时代特有的，尤其是对中国及有中国人的场合更显著的）自以为是的麻木不仁。

船继续向前行驶，距离目的地越来越近了。由于长时间的海上劳顿，有人在神户离船，换乘火车前行，不过大多数人买了直达横滨的票。横滨至新桥之间的铁道因此成为日本内地运输"清国留学生"的大动脉。二十多年以前，初次利用这个区间的铁道进入东京的何如璋公使吟咏道："云山过眼逾奔马／百里川原一响来"；与留学生同时代的某外交官夫人写道："午前七时余，汽车发新桥驿。（中略）汽笛一声，春雨溟濛，遂就长途。"②虽然贵为外交官夫人，她也抱着跟当时日本小学校唱的头

---

① 陈嘉言：《东游考察日记》，宣统二年，著者刊行，第17页。
② 钱单士厘：《癸卯旅行记·归潜记》，长沙：湖南人民出版社，1981年，第23页。

号名曲《铁道之歌》的首句"汽笛一声出新桥,我的汽车快上路"酷似的新鲜感。奇怪的是,乘坐这条线路往返最多的年轻学生反而没有留下此类的记录文字。个中缘由我就不做过多的探讨了,或许因为他们是内心急迫、事多忙碌的一群人,可能也生发不出这样的诗性吧?而当时的"留东学界"中特有的、数量庞大的记录(包括第三章所述的鲁迅的小说《范爱农》)中留下的描写的留学生到达横滨、亲友出迎时的高潮的情景,倒值得一看。

《浙江潮》第二期的《东京杂事诗》中有这样一首。

> 飘忽长崎急电催,
> 准期金曜故人来。
> 新桥买票横滨去,
> 相见还应恸一回。

"游学日盛,每一星期,邮船抵埠,必有至者。留学同人中有兄弟亲友到来,往往由长崎电知。金曜日即礼拜五也,是日为船抵横滨期。(横滨)距东京约有六十里,同人往迓,必至新桥坐汽车焉。相见时,话异国文明,动故乡观感,每至泣下数行。"[①]

包括《浙江潮》在内的留学生杂志的扉页等每期都会刊载全面周详的《清国留学生会馆招待规则》《○○省同乡会招待规则》等信息,看到这些就知道"在新桥买票去往横滨"实际上是司空见惯的事儿。这种现象能够归结为后述的中国士人的同乡意识和乡党意识。不过我们能感到更为深层的,某种奇妙

---

① 太公:《东京杂事诗》,《浙江潮》第二期,1903年3月。

的，掺杂着无聊、兴奋和饥渴的东西，这使得他们非常渴望去迎接他们的同伴或者后辈：哪怕就做一天的留学前辈，尽早一刻去倾诉在文明化的异国受到的各种各样的感动，然后为故国的衰亡不幸而相拥痛快地一哭，大概都是这样的心情吧。

那么，在他们所期待着的东京等待和迎接他们的是什么？舞台就转到留学生预备学校去了。

抵日第一餐

在东京的留学生预备学校，在学习生活开始之前，日常的"文化摩擦"就开始了。

实藤惠秀所著的《中国留学生史谈》中收录了明治三十一年至三十三年（1898—1900）的《日华学堂日志》（全文）以及这份公开日志的记录者、担任该学堂教务主任的宝阁善教氏的私人日记（部分）。所谓的日华学堂，是西洋留学归来的帝大教授高楠顺次郎博士受外务省委托创办的学校。与两年前通过文部省将第一批十三名学生委托给嘉纳治五郎，将其分开收容到高等师范的寮中的情形不同，日华学堂乃专门接纳清国留学生的第一所学校。所以，上述日志和日记的记录中载有大量反映初次教授清国留学生的老师们的（感觉新鲜的）眼神和（困惑的）表情的珍贵而生动的资料。比如，明治三十二年（1899）八月一日的日志中这样记录道：

> 午餐菜肴为一尾八钱之香鱼。学生中往往发出不满之言，曰：在我国，此为猫食，人不食。日清食物嗜好

之异如斯。

如明治三十二年（1899）十二月七日记录：

晚餐之际，学生一众称烹饪之不可，喧嚣至极，强迫解雇做饭师傅，陷入不稳之状。学堂监督抚慰教育，乃渐就食。

实藤氏又加注补充道："那之后又屡屡发生此类事情。"这可能是依据了该学堂一期生章宗祥的回忆录——"初到时，各人于日本饮食起居尚未能习惯，与当时舍监颇以琐事多龃龉。"①——不过说"此为猫食"，这话也够凶的，以此就可以想象其时"吵闹至极""不稳"的情形了；同时另一当事方舍监困惑的面容也似乎浮现在了我们眼前。但是，从作为后辈的笔者来看，只不过是发生了该发生的事而已。从昔日的科举时代起，那些天下之选才们一旦聚集在一起便好竞相张扬喧嚣不已。到了清末的寄宿制新式学堂，乱象更是变本加厉，其中食堂同样骚乱频仍，最为引人注目。袁世凯派遣的某教育考察官参观东京的女子高等师范时，看到食堂的墙壁上悬挂着食谱，听说该食谱每周一次由学生合议决定，便联想到"吾国学生多因吃饭喧闹"，报告说"宜仿其意"以成"息纷养德之一助"。对此，袁世凯为该书所加的"序文"特别指出了这一点，褒奖著者的见识。②下有提言上有夸赞，足见这一问题之重。也或许是新时

---

① 章仲和：《任阙斋东游漫录》，出版地、出版者不详，1929年，第30页。
② 王景禧：《日游笔记》，1903年11月13日的笔记，光绪三十年。

代的故作狂放与中国士人贪吃的癖好混杂在了一起，总之动辄闹事（即便是每顿供应几菜一汤），或揪住厨师指责饭菜难以下咽，或批评他们对待士人态度简慢，还责问他们是否中饱私囊。日华学堂的闹事，既不是因为"你是日本人"，也不会你一叫他谨言慎行（留学生们则认为比起你的劝诫来，我们已经足够忍耐的了）就可以风平浪静的。中国毕竟自古以来就有"民以食为天"之说，从皇帝到达官显贵，生活极尽奢侈之能事。可以说在世界饮食文化最为发达的中国，所谓"士"者，几乎没有不精通传统的食文化的形（种种待遇、礼节）与实（美食本身）这两方面的。所以说日华学堂在数月之后才开始出现上述现象还算好的（或者说先生注意到这一点比较晚），更多的人是从登陆日本的第一步开始，就因为饮食而无法不感到沮丧。在横滨下船的青年黄尊三记录的第一印象是："十钟抵岸，至高野屋稍休，用饭。日本饮食，颇简单，人各分食一菜一汤，味极淡薄。"① 这里首先掩盖了两国人感觉上的差别，很有趣。日本人并没有注意到"一菜一汤"这个表达中所包含的不悦，所以（译者还是当时日本的中国研究大家）将原文的"淡而无味"译成了"至为淡薄"。淡薄，以日本人的感觉还是不错的，而对方黄尊三一行则是被风传为"四川人不怕辣、湖南人怕不辣"的湖南人，恐怕有吃了那种东西也没有吃的感觉吧。

青年黄尊三乘火车、再换人力车来到他憧憬的学堂——位于巢鸭的弘文学院时，已是万家灯火，他也释然放松了。"颇简单"的饭菜将就到现在，他开始有饥肠辘辘之感，但端上来的

---

① 黄尊三：《三十年日记》之第一部《留学日记》，湖南印书馆，1933年，第10页。

却是"人各一蛋一汤,饭亦仅一小匣,初吃甚觉不适",又是一阵沮丧。大概这时,直到抵达学校之前所看到的万家灯火之后的"完全为一乡村""道路不甚平坦""设置亦多未完善"等诸般情形让他愈加沮丧和寂寞。即便没有当时所说的食文化中的礼节规制云云,客人到达之后设宴"洗尘"、围坐一桌慰藉舟车劳顿乃是常情,更何况是对待千里迢迢地从洞庭湖乘船出发、旅途耗时一个半月才抵达的异国客人。然而哪里谈得上围坐一桌,每人只配给一小匣饭,和一菜都算不上的一个生鸡蛋,这也让人太意外、太寒心了。仅此一点就能够把远来游子打入复杂情绪的谷底了。故此,如我们在第三章中也看到的:第一批十三名留学生中有四名在到达的两周之后,就因为遭到"猪尾巴"的哄笑,再加上"日本饭吃不惯,犯了怵,就回国了"。

那么对于日本饮食,中国人到底怵在哪里、吃不惯什么呢?如果用黄遵宪以来经常用的措辞来说,让人感到"食无兼味"之上,又"无下箸处"的是什么东西呢?即便是今天,对于中国人而言,"勿食生冷食品"式的标语都会在街上张贴,也是父母经常告诫的话,当然生鱼、生鸡蛋、生萝卜之类的食品似乎是最难以接受的。哪怕是八十年之后的今天,在再度兴起的日本考察热中来到日本的各种代表团成员在被以日本料理款待时,也往往显得难以招架。不用说生鱼片了,就连教他们烧熟的"鸡素烧"要蘸上生鸡蛋吃,他们拿起筷子时也战战兢兢了,美味也会随之减半。经常听说带领此类游客到农村并且让他们体验民宿的计划,实际上笔者也被要求陪伴过这样的旅游团两三次,结果往往是提供体验的一方在第二天吃早饭时会出乎意料地先体验了"生鸡蛋摩擦"。某次,二三十名留学生吃完了早餐,食膳中的生鸡蛋则都原样不动地剩下了。导游和民宿的老

第五章　到达日本的前后·软硬两种摩擦

板娘不知发生了什么，甚为慌张，但是慌归慌，仅凭他们的生活经验，也不可能一下子反应过来：噢，应该把生鸡蛋煮熟。说到这里，在总体上单纯的日本三餐里，又没有比早餐更一成不变，更让人腻烦的了。一大清早的米饭，一年到头味道不变的味噌汤叫人受不了，算是早餐上品的生鸡蛋又是刚才那个样子，还有那每餐两片三片的黄腌萝卜，这都算什么呀。前面说的"生萝卜"指的是仍保留着强烈刺激的生萝卜气味的"沢庵"（咸腌）萝卜。讲究和食的人爱用上等的酱腌来换换口味，穷人才吃盐腌的。日本人腌渍"沢庵"喜用的练马萝卜之类，在我的家乡叫"南京大萝卜"，一是最穷的人才吃它，二则因其粗大之拙态常被用作"大傻瓜"的异称（还记得孩童时代常喊着它齐声起哄，欺负成绩不好的孩子）。所见基本上都是讨厌生萝卜的记录。首先，打嗝儿时发出的那股难闻不雅的气味，就让人难为情。据某新世代的文学青年回忆，每天早上在上学的电车上，他的视线或者身体偶尔会与日本女生相迎碰，深为日本女生那不畏缩不娇羞的魅力所倾倒，"不过有时也会有一阵硫化亚摩尼亚的萝卜臭冲了过来，大杀风景"。①

即便是有佳肴相待的场合吧，说是宴会，却无宴席（桌子），故有"贴地杯盘劝客尝"②的吟叹，或每天都被设宴款待，钦差视察官傅云龙却徒生"是役三十余日，纪载罔非席地，食无豚肉"③的一番感慨。款待一定要摆席，宴席料理一定要以猪肉为

---

① 张资平:《资平自传》,上海：第一出版社,1934年,第125页。
② 张斯桂:《使东诗录》,载"走向世界丛书"之《甲午以前日本游记五种》,长沙：岳麓书社,1985年,第149页。
③ 傅云龙:《游历日本图经余记》,载"走向世界丛书"之《甲午以前日本游记五种》,长沙：岳麓书社,1985年,第245页。

基本食材，这就是中国的饮食。所谓三十日而"不知肉味"(《论语·述而》)，简直就跟没有吃饭一样。首先一条，盘坐在榻榻米上，必然腰酸腿麻，毫无疑问他们根本无法再去品尝眼前席位上的美食了。

那么连宴会这样的机会都很少有的一般留学生们，如果对盘坐进餐、清汤寡水的饮食难以忍受又该怎么办呢？那倒也简单。根据实藤惠秀的考察，东京街头出现了好像专待留学生到来的中华料理店，帮助他们摆脱了这个困境。不过同时又给他们提供了另一个自我封闭的空间。《宋教仁日记》等留学生日记之类中随处可见同乡同志你来我往，一到吃饭时间便相携前往中华料理店的记载。到达弘文学院的那个晚上倒了胃口的黄尊三，后来好像一直是靠忍受和到中华料理店外食凑合过来的。总之，留日四年多，才见他首次"吃了一块生鱼片"，那还是因为临走时(同宿舍的日本大学生请客，让他)"找不到拒绝的理由，勉强"咽了下去。这就不由得眼前浮现出他那嚼又不敢嚼、让生鱼片通过了发紧的嗓子眼生咽下去的样子。他甚至都有点让人怜悯了，但也不禁想问：他这四年间真的是在日本生活的吗？

在饮食生活习惯上，在即便看似完全相似的方面，也会生出困惑来，这就太有意思了。以便当为例。曾经驻在长崎出岛的清朝商人把它译为"便道"并大力推许[①]，它确实有便利又精巧的样子。但是中国人首先不习惯饭那么凉着吃。再说筷子呢？这样就留下了一段初到日本的留学生打开盒饭找筷子的逸事。

在从长崎到东京的路途中，周佛海们买了便当，打开便当看见筷子只有一根。这时

---

① 汪鹏：《神海篇》，载《小方壶斋舆地丛钞》，十帙四卷。

有个同学说:"一根筷子怎可吃饭?"我自作聪敏的说:"折断成两根,不是可以吃吗。"于是三人都折断了,大家觉得日本筷子这样短,真不方便。后来看见附近一个日本人吃饭,他吃饭拿着筷子,不是折断,而是分开,于是三人相视而笑。①

这段笑话,是跟即便笃信"同文",但辻、峠等字,以及若住在驹込一带则连自己的地址门牌都不能准确地说出来(加着重号的字都不是汉字,而是日本造文字)这一现代中国人常感到的困惑相通的文化现象。

榻榻米上的安宁与焦灼

对于榻榻米上的生活样式,留学生们似乎没有像对每日三餐那样感到抵触。黄遵宪的《日本杂事诗》第一百四十五首的《席地坐》及其诗注对此有详细的介绍,并进行了一番源流考,从那以后,去日本的士人也应该对这一预备知识有所了解了。景梅九等人在长崎第一次被导引至日本住处,见到"旅馆都是板屋席地,进门要先脱鞋",并且亲自体验了一番之后,马上就会联想起"《礼记》上户外有二屦(户内户外要放两双鞋子)和那《汉书》说文帝与贾生夜谭不觉膝之前的话,孔子席不暇暖的话,前前后后,到脑皮上面来了"②,由此生出他乡遇故知的亲切感。

---

① 周佛海:《往矣集》,上海:古今出版社,1943年,第14—15页。
② 景梅九:《罪案》,北京京津印书局,1924年,第17页。

但是说到在日本住宅中,实际也只是在旅馆或者寮的四叠半、最多也只是六叠的地板上一旦开始生活,可又是不便、不习惯之处多多了。

> 来到日本之后感到日本是个非常贫弱的地方。何以这么说?因为是学生的身份被带到旅馆。所谓旅馆通常有四叠半或者六叠大小。而在中国四叠半是无法居住的。拿家具来说,因为无论如何地小,四叠半是绝对无法放进去的。再说到书桌,一头沉的书桌是没有的。总之什么都小,都很贫弱,一看就感到麻烦大了,难过得要哭。①

作这番描述的孙伯醇其人,来东京时年仅十四岁,应该说是个适应能力很强、一般的事都不会介意的少年,他竟也是这般情形。对于家世优渥的留学生来说,不用说自己的家了,即使是为了参加科举考试及其后的新式学堂入学考试或者就学后所住的都城和中心都市的旅馆和学生宿舍等,都绝不会有如此"贫弱"的房间布局。而"无论屋子如何地小",不可缺少的日用器具和家具却很多,在这四叠半里如何去放置才好呢?真不难理解他们窘迫得要哭出来的感觉。然而,说这种话的是中国当事人,而对在日本住宅中生活的老师一方来说,他们就完全无法理解。1899年3月31日日华学堂"上午十一点新来了十二名清国留学生"。到这一步没事,但"深夜行李到达,室内

---

① 孙伯醇:《家塾·同文书院·民报社——生活在日本的一个中国人的回忆》,载中国の会编:《中国》第三十号,昭和四十一(1966)年。

配置颇拥挤至极"。究其原因，主人在其私人日记中这样写道："深夜到达之行李，其数凡六十三件，如此之多，颇为吃惊。"① 当然，那些东西还不包括打算安顿之后添配的床等大家具。一方无所顾忌、毫不在乎，还连连抱怨房间太窄小没法办，另一方则是又吃惊又嫌乱，眼前仿佛可以看到一副为难没法办的表情。这些虽然都是些琐碎小事，但无疑也呈现了心理与感觉相互龃龉的一个场景。

好好的榻榻米的房间，真是可惜了，现下的他们说最需要的家具，就是一张中国式的床！有一部分人因为没有床难以入眠，无奈之下"爬到壁橱（户棚）上面一层去睡觉"。② 还有的人"买了四枚小钉子，四条绳子，像张搭天幕般地把老远从广州带来的棉纱萝帐挂起来，也把毡褥铺好，俨然像一张床铺一样"，后来他"阻着下女不许她收拾我的中国式床铺"，结果"给下女一宣传出去后，有许多下女都跑来看，看了就哈哈大笑"，"她们笑我的床铺像一个神坛"。③ 或许听了传闻的其他下女心里想还有这样懒惰的人，是觉得有趣才来看的呢。但是就留学生本人来说这不算什么事。他们只是为了获得中国式的床——有四只脚，三面围栏上有支架，架子上挂上装饰有刺绣的锦帐，与地板有距离，与周围相区隔，说起来就像威尼斯小画舫一样的小世界——的安定感和酣睡的感觉而已。

说起安定感，是因为普通的日本房子，不单空间不宽敞，

---

① 实藤惠秀：《中国人日本留学史》，くろしお出版，1960年，《中国留学生史谈》，第一书房，1981年。
② 周作人：《留学的回忆》，载《中国留日同学会季刊》（北京）第三号，1943年3月15日。
③ 张资平：《资平自传》，上海：第一出版社，1934年，第113—114页。

最重要的是，对于由黄土、砖瓦和广厦的文明（让人想起杜甫的名句"安得广厦千万间，大庇天下寒士俱欢颜，风雨不动安如山"）孕育起来的中国文人来说，木造房子固然让人感到清爽洗练、小巧雅致，但又总觉得它单薄、不牢固；再加上到那时为止在大陆几乎不曾经历的动不动就变脸的天气、动不动就摇晃的大地等条件，所以他们，特别是初次来的人，就郁闷呀、害怕呀。首先一条，就是那"十天有五天雨，外出要穿木屐，归来一进门摆满了木屐"①的阴湿感和憋闷。此外，台风多，"终年如住浪华中"；地震多，"累人日夜忧天坠"（《日本杂事诗》。其中第十五首《气候》的诗注中说："余所居室，木而不石，四面皆玻璃。风作则颠摇鼓动，如泛一叶之舟于大海中，为之怦怦心动矣。"）。在这种情形下，哪里还能去尽情享受东洋式的风流呢。

试想一想，如果换一个感觉的角度，屋子既然有如在浪涛上颠簸的"一叶小舟"，那么在这只船的平底——榻榻米上铺上床，在平铺上面随意翻滚，或许会更有安定感呢。不过从已经习惯了那种"画舫—神坛"式的空间的大多数人的感觉来说，放在地板正中间的（这与中国床的摆放位置也不一样）毫无区隔的一副被褥，就真跟无岛无陆可以靠的一叶扁舟似的了，哪里还能睡得好！或是钻进壁橱上段，或是自己搭建起萝帐，都是一个人或两个人能够占用旅馆的一间房的，已经算是好的了。当开始了"八人共住一寝室"，"夏天寝室中，八人合用一顶日本式大蚊帐"②的弘文学院的宿舍生活时，又是怎样一番景象？这些留学生都是大人，也都算得上一方文士，自然重视身体发

---

① 武经笥：《东游杂志》，1910年刊。
② 沈瓞民：《回忆鲁迅早年在弘文学院的片断》，载《鲁迅回忆录》（第一集），上海：上海文艺出版社，1977年。

肤之训，同为男性，却钻到一个蚊帐里挤在一起睡，可以想象他们内心有多么强的别扭和抵触。

跟卧榻、卧床等开放式与区隔方式相关联，还有一个不习惯的方面，那就是盖被子的方式。所涉之事好像越来越琐碎无聊，有点不好意思，但是当时的《时事新报》两次刊出了"支那留学生"的特集，续篇报道了入住实践女子学校宿舍的十五名（其中也包括秋瑾女史）学生的生活实态，其中就有"就寝时只穿着身上的衣服，把身体裹在一床被子里仰着睡，睡姿如同男子云云"的说法（《时事新报》明治三十八年六月二十五日一节），传达出管宿舍的寮母寮监们对此好奇的眼神。这的确有别于日本的习惯。在中国，尤其是在南方的冬天，要把两侧和脚下的被子掖好，就像信封的样子，然后把身体钻进那个信封中，否则就会有贼风钻进来，让脚接触到外面的冷空气而无法安眠。相反，睡衣等则不需要。这就是"只穿着身上的衣服"让日本人感觉有趣的地方。

不过，年轻的留学生们并非全都或者自始至终都对日本的生活方式表现出完全的抗拒和不喜欢，他们渐渐地融入了日本的日常生活中。其中——借用周作人喜欢使用的表达——也有浸淫享受其醍醐味的一群人存在，周作人和郁达夫等就是其代表人物。这个群体基本上由赴日本留学所产生的文人学者们构成，并且浙江省等东南沿海出身的人尤其多，这很有意思。这一方面与文学之士特有的留学意识和姿态有关；另一方面也与"越人"的性分与习惯分不开。周作人的解释值得倾听。在他看来，越地浙江多山，冬天苦寒，通年吃的不是很咸的腌菜就是很咸的腌鱼，再加上家运败落，他们自己（包括兄长鲁迅）也都习惯素朴清淡的饮食生活，所以很自然地适应了日本的饭食。① 本来喜好文学之人大抵会广泛地关心风俗民情和文化,富有独特的感受能力。说到留学,周氏所持的观点是:"到日本来单学一点技术回去,结局也终是皮毛,如不从生活上去体验,对于日本事情便无法深知的。"② 站在这样的立场上,即便是同样的食物也会通过"时不时的类比","去发现其间所包含的文化上交通的历史,不仅是能不能吃,去寻找物事的脉络,有可能形成刺激"。周作人诉说着知识的兴奋,同时讲说日本的居所岂但不会令人不适,而且是非常出色、极富情趣之所在。关于日本的居所,他如下的描写是极其鲜明生动、精彩四溢的。

> 我曾说,我喜欢的还是那房子的适用,特别便于简易生活。又说,四席半一室面积才八十一方尺,比维摩斗室还小十分之二,四壁萧然,下宿只供给一副茶具,自己买一张小几放在窗下,再有两三个坐褥,便可安住。坐在几前读书写字,前后左右皆有空地,都可安放书卷纸张,等于一大书桌。客来遍地可坐,容六七人不算拥挤,倦时随便卧倒,不必另备沙发椅,深夜从壁橱取被褥摊开,又便即正是睡觉了。昔时常见日本学生移居,车上载行李只铺盖衣包小几或加书籍,自己手提玻璃洋油灯在车后走而已。中国公寓住室总在方丈以上,而板床桌椅箱架之外无多余地,令人感到局促,无安闲之趣。大

---

① 关于周作人对日本生活的态度,可参考他的系列文章:《日本的衣食住》(《国闻周报》第 12 卷第 24 期,1935 年 6 月)、《日本之再认识》(《中和月刊》第 3 卷第 1 期,1942 年 1 月)、《留学的回忆》〔《中国留日同学会季刊》(北京)第三号,1943 年 3 月 15 日〕等。
② 周作人:《留学的回忆》。

第五章　到达日本的前后·软硬两种摩擦

抵中国房屋与西洋的相通，都宜于华丽而不宜于简陋。①

这是当之无愧的高论。尽管数万人去日本"留而学之"，但像这样慧眼独具、品得"俳味"的却极鲜见；而另一方面，越是他那样自称知（而非亲）日家的人，日后越容易成为"汉奸"或者非革命派，曾经的声音也就岑寂不闻了。这种留日史上特有的现象也总是让治精神史的笔者感到困惑。尽管如此，有这样的有感受力与文化论的见地出现，还是令人喜悦的。

倾听着这位文坛老先生讲述"安闲之趣"，耳边又不由传来与他在所有方面形成对照的文坛新人所发出的喜悦之声。这个人就是由周作人之兄、革命文坛主帅鲁迅爱惜和推挽，以酷似与谢野晶子般的热烈奔放，在1930年代的文坛甫一登场就一跃成为耀眼的明星的名叫萧红的女子。她来日是相当后的事儿了。话说她进入日本房屋瞬间的第一个反应竟是："这样的席子就要先在上面打一个滚"——"我想，你没有来，假若你也来，你一定看到这样的席子就要先在上面打一个滚，是很好的，像住在画的房子里面似的。"②她这欢快清新却又是发自本能地感受到了周老大家所言的"趣"之味的感受能力，叫人不得不叹服。

入浴摩擦

如果饮食不合胃口，可以用忍耐加中华料理店"外食"对

---

① 周作人：《日本之再认识》。
② 萧军：《萧红书简辑存注释录》，《新文学史料》1979年第二期。

付;睡觉没床,钻到壁橱里甚至还会让人回忆起儿时玩捉迷藏时心里发痒的兴奋呢。就是说,无论是在吃的东西,还是住宿样式上,所感到的不便好歹都还能通过自己的努力解决,不至于人前碍眼。就算那个神坛式的万年床之类的吧,虽稍微让下女等人犯了难,也还算好。然而,有些事,即便在中国被认为是司空见惯的,到了日本也照样为之,又将如何呢?"1899年,章太炎从台湾到东京,下榻于小石川梁寓,初以不谙日俗,误在室内坐席无心涕唾,致为管家日妇所窃笑",[①]遂传为逸闻。与关起门来总能敷衍过去的食住两方面相较,我们把话题转到容易露在众目睽睽之下,因此从头就常觉得丢脸而又必须去适应的另外两点——礼仪(举止的习惯)与服装样式上来。

在这些方面,丢脸的事就多了起来。但是,没办法,中国人缺乏卫生习惯,或说是大大咧咧吧,这是清末留学时代以来不断地被人看不起、被人家戳脊梁骨的引发日常性摩擦的一大问题。然而,并不是这些方面的后进性可以大而化之地看待,但笔者面对这种场合时总会感受到在黄土高原、黄河流域繁衍兴旺起来的中华民族的一种土著性。黄土大地既是生育我们的母亲的怀抱,也是我们一生无法逃离的墓场。即便今日,从面对干涸的沙土和光秃秃的群山宁可付出与结果不相称的巨大牺牲而一代代挑战不歇的无数英雄的美谈,到在路边慢吞吞地走着,完全不把信号灯、警笛放在眼里的老爷爷们的身影,都可以读出人们对黄土地理所当然的主人公般的态度和主张。而另一方面,他们往地上扔小自物屑大到遗骸的东西时又都满不在乎或者完全没感觉。附带说一下,吐痰的习惯,可以说也是在

---

① 冯自由:《革命逸史》,北京:中华书局,1981年,第54页。

第五章　到达日本的前后·软硬两种摩擦

海洋性气候的日本简直无法想象的空气干燥、空气中尘埃数量庞大的大陆特有的产物。我就碰到一个常住北京的日本人向我吐露,长期在这样的环境中生活,喉咙里自然而然就会生痰,自己也想找个空子朝地上把痰吐掉。所以对于章炳麟来说（也不是他自己愿意坐的）榻榻米也无非就是地板,向地板上吐个痰、扔个垃圾应该说无关好与不好。拿一般的留学生来说,卫生习惯的有无与知识水平的高低也未必有直接关系,与日本的"弊衣破帽"主义相同,中国自古就崇尚"文人无行""不修边幅"的"名士"风。其中典型的例子,还是拿章氏来说比较方便。冯自由所著的《革命逸史》记载,"盖章生平不脱名士风尚,视沐浴为畏途",1902年第二次滞留日本期间这一癖性也丝毫未改。可他第三次（1906年从上海出狱后）出现在东京的同志们面前时,却让大家吃了一惊:身陷囹圄三年,出来却像换了个人似的"面白体胖",这对大家来讲太意外了。一问原委,原来是"幽囚后西狱吏每日强之澡浴,故体魄因而日健也"。① 真是让人欣喜的因祸得福!

然而在东京是不可能像上海的西牢里那样强迫众人一起洗澡的。让一群人入浴是一件相当辛苦的事儿。在中国南部,人们夏天是用水桶冲凉的（广东周边）,或者把水打在盆里洗（长江流域）,而中原的人自古以来似乎就是不洗澡的（不管是谁家都没有洗澡桶这样的设备,澡堂是后来才出现的）。这一进入日本的学校,特别是初期很正规的全寄宿制学校,借用高楠博士的话来说:"最让人窘迫的事儿发生了。他们说别人进去过的澡池

---

① 冯自由:《革命逸史》（初集）,北京:中华书局,1981年,第55—56页。

脏了，无法进入。"①

这个"无法进入"的理由，听上去像是故意找别扭，但也并不单纯。"日人好洁，无日不浴。又往往同浴。好洁可取，同器而浴则大不宜。"②那种半是钦佩、半是困惑的表情在其他人脸上也常常可见。即便在几十年后的笔者的世代，第一次接触日本式的钱汤（收费澡堂）或者是浴缸时，也不能没有抵触感。首先，对裸体的意识，中国人就跟日本人一旦进入澡池里就毫不介意不同。对于清末的中国人来说，不要说男女混浴，就是同性别的裸体在一起相互看与被看也是不许的。后来在这一点上没有那么严格了的现代的留学生们要去钱汤时，还是因介意澡堂收费台上那天坐着的兼顾男女两池的是老板还是老板娘，而犹豫是进还是不进。笔者也是如此。到日本人家里做客时，感到最为犹疑的，就是入浴。下意识里会有一种也许叫作"皮肤病传染妄想"的念头，或者是"男女授受不亲"（《孟子·离娄篇》）的古训所造成的强迫观念，每当被主妇们邀请（让客人洗头一缸水是礼节）"您先入浴"的时候，脑中就会闪过顾念主妇等一家女性、不愿意把一缸新水先弄得有男人气味而推辞；最后洗吧，也有洗澡水是否脏了的意念，很是打怵。此番情形，就会让人想到几代之前的留学生们大概也是因有这样的感觉而心生困惑的吧。

当然，让留学生们感到最为恐怖的是男女混浴。是真碰上过吗？还是只听过传闻？或许之所以说"感到恐怖"，在一小部分俗物圈子里只是出于道学的原因也未可知，总之是一致视之为不可恕的恶习。故而，但凡涉及此事必大加贬斥的记录不计

---

① 实藤惠秀：《中国人日本留学史》，くろしお出版，1960年，《中国留学生史谈》，第一书房，1981年。
② 陈荣昌：《乙巳东游日记》，东京云南同乡会事务所刊，光绪三十一年，第77页。

其数。我们这里就举一则值得一看的、表现了不掺杂任何不纯成分的真实的"恐怖"的记录文字。那是稍晚的时代了，某年轻留学生夫妇到热海去旅行，此前单身的他第一次去的时候也住在这个叫作"柳屋"的旅馆里。在旅馆安顿下来之后，下女就拿来一件浴衣说带他去洗澡。他不大情愿地跟过去一看，眼前的衣筐里已经脱了几套女人的衣服，一惊；犹豫不决之际，发现身后的下女正在等着他脱衣服，更是惊慌了。扭扭捏捏的没办法，结果是在一女性的目送下，众女性的"欢迎"招呼声中，被拉进了混浴的世界。他在浴池的一隅埋进身体，闭上眼睛，内心告诉自己，"大概日本的女性的祖先没有偷吃过耶和华的禁果，所以坦然，不知道裸体有什么不好意思"，以此尽量让自己平静下来，结果，"我真惭愧，像耗子见着猫儿一样胡乱地洗一阵就上来了"。①这次携带刚从国内来的妻子来，"初到那一天，她跟着我一进澡场，看见那两个小池内先有几个男女，骇得像小鸡般逃上楼去。后来我要她无论如何到'大汤'那些地方去看看，也亲身经历过一些奇异的风俗。有几次哄得好好的，但一到汤门口就溜了"。所以后来他们"洗澡只是偷偷地在半夜人静时或清早人都没有起来时"。②

关于入浴文化（如果可以这么说的话）上中日间的龃龉如何频繁发生，并且总是出人意料，不能不举如下的例子。这是从数年前到中国的某日本留学生那里听到的小故事。在中国某大学留学的这个日本人的归国前夜，校方分管的领导带着翻译来为他送行，其间，双方有了这样的谈话：

---

① 王搏今：《海外杂笔》，中华书局，1935 年，第 22—23 页。
② 同上书，第 31 页。

"对我们的工作还有什么意见……"

"不,没有。"

"这两年间也会有很多感到不方便的地方吧?"

"嗯,硬要说的话,就是两年间没能洗澡。"

一方是出于寒暄而随便一问,而另一方面则是出于风趣作了应答,大概就这么回事吧。但是这个中国的领导无法理解那种幽默,内心感到很是纳闷。为什么这么说呢?前面讲过,中国广东一带的洗澡别称冲凉,其他把水打在盆里、到街上的澡堂里、直到河里戏水的则都叫"洗澡",只有大学和较大的工作单位才有能够自由使用的淋浴室等高级的"洗澡"设备。因为为了表示优待留学生,还专门为他们安装了这种设备,所以那位领导大概会疑惑怎么会发生这样的问题。在这里,这个日本留学生很想去泡而中国却没有的"お風呂"只被译成了"洗澡",因此就有了"两年间没能洗澡"的误会(不把日本的入浴"お風呂にはいる"与中国的"洗澡"混为一谈,通过解释式的翻译把差别说清楚也并非不可能,但大多的日语教科书的词汇表中就是这么对译的,或即便老师加以说明,没有实感的学生也只能记住这样的对译了)。中国领导吃惊有他的理由,而如果不是"お風呂"就不算洗澡这种日本人的身体感觉也是与生俱来的。这种龃龉,就与受到贵宾接待却感慨"食无肉"的例子一样包含着同样的启示,意味深长。

话题转回来,再看九十年前高楠博士等人因为入浴指导一事而遭遇的莫名其妙的抗拒和他们惊慌失措及煞费苦心的样子,事情就更加明了了。

第五章 到达日本的前后·软硬两种摩擦

(明治三十一年七月）二十六日

购入浴槽一个，以供学生入浴。

(明治三十二年四月）四日

上午，清国公使馆冯氏奉公使之命来参观。从本日起开始上课。应他们的要求决定隔日在舍内烧水使入浴。

(明治三十二年四月）八日

高楠总监草就入浴心得之规则。

(明治三十二年七月）二十七日

上午七时，学生二十二名、厨师三名由梅原、吉川、田代三人带领，（中略）到达盐原福渡户。

从最初四人入校、一周后购入浴槽开始，到总监亲自制定入浴规则，其间花了近一年的时间。"四月四日"中的"他们"，从上下文看指的是公使馆的人，请求的重点似乎不在"入浴"，而是"舍内烧水入浴"。之所以这么说，（最初购入的浴槽后来怎样了不得而知）大概是学生们对让他们去外头钱汤洗澡产生了抗拒，还跑到公使馆去表达了不满；结果校内新添了专用浴槽，并且制定新规，进而还追加了盐原温泉之行。这次旅行的目的很单纯，"由于学生不进大澡堂，外务省特别拨款，带着学生一起到盐原温泉，利用暑假期间，教他们入浴的方法，告诉他们在跟别人共浴的澡堂里，你进去也不会脏的。好不容易让他们能进公共澡堂了，然后带他们返校。"[①] 耗时一年终于解决了这一件事情。一个真够累人的故事。

---

① 实藤惠秀：《中国人日本留学史》，くろしお出版，1960年，《中国留学生史谈》，第一书房，1981年。

包括做这样的训练,委实辛苦了的高楠博士办完一期就把学堂停办了。尽管辛苦,初期还能有男人间"裸"的碰撞(脱光!不脱!)还是令人莞尔的。过了这"少数良质"时代,速成留学生与游历官绅大军如潮水般涌来之后,就谈不上什么全寮制呀、耐着性子的入浴指导呀等等的了,一方的没规矩没样子和另一方的冷眼越发地有增无减。

"自治公约"的表与里

在《东游考察日记》这个私家版本中记载有某奉天官绅考察团所制定的"自治公约",公约涉及道德、秩序、功德和卫生四大类,有数十条之多。如此周到细密,实在让人惊叹!东渡日本之际人们竟如此地劳神费心!其中多处提到的"在旅馆对下女不宜有戏谑言语、轻薄举动"的诫谕另作别论,在这公约里卫生习惯也首先作为问题提了出来。让我们来看一下几项规定:

> 每日必入浴一次。
> 衣服宜勤洗濯(污垢已甚之衣须固藏之,切不可付人洗濯,贻人讪笑)。
> 污垢过甚之棉服,必纳诸箧中,不可令人窥见窃笑。[①]

反复叮嘱、传授藏纳智慧,这件事本身就很好笑,却也显

---

① 陈嘉言:《东游考察日记》,宣统二年(著者刊行),第13—16页。

得真实。一个老大爷穿着污垢已被蹭得闪闪发光的棉服而毫不在意，这是不久之前在北方的乡间村道上还能看到的情形。他们即使身上都是污垢，也不愿意入浴。"脏得敌不住的时候，便用洗脸盆向厨房要了约一千立方升的密达的开水拿回自己房里，闭着门，由头到胸，由胸到腹，由腹到脚，把一身的污垢都擦下来，他们的洗脸帕像饱和着脂肪质黏液，他们的脸盆像满贮了黑泥浆，随后他们便把这盆黑泥浆从楼上窗口一泼"①，诸如此类让同公寓的年轻中国留学生臊得在心里切齿顿足的例子也不少见。不过这里所举的例子里的人只是滞留日本两个月的考察团，不管是靠擦擦身子将就，还是把脏衣服藏在箱子底部，好歹还是能对付过去的，但是，长期在外面怎么办？出席正式场合时又该怎样举手投足？这又是问题。

    不可任意痰唾。遇有不得已之时，潜唾于手巾之内，纳之袖中。
    吸烟时，烟灰务入之灰盒。②

  吐痰要"潜唾"，这样的指示让第一次来日的人感到憋屈，而这样的劝告却是多年来的前辈们痛苦经验的总结。不必重复章大前辈失败的例子了，某留学生写的《警世小说·伤心人语》中就发出过这样的告诫："欧人之喷鼻则掩之以汗巾。日本人则掩以纸头，藏而弃之。皆所以自求清洁之意。独中国人不同。每于稠人广众之中，大道通衢之上，以手作兰花式，用拇指与

---

① 张资平：《木马》，载《创造》（季刊）第二期，1922年8月25日。
② 陈嘉言：《东游考察日记》，宣统二年（著者刊行），第14页。

食指夹鼻梁，呼然一声，涕随声下，喷珠猛溢，远及数尺，毂击肩摩之地，常有着清洁服裳，被路人鼻涕所污点者。故日人识之为支那人之鼻涕而有由来也。"①

公约还规定了一连串的礼仪之法："见本国官绅商学界中人行一揖礼；见日本人行鞠躬礼"，"进入日本人家时不可忘记脱鞋"，宴会上"西洋料理宜食事毕时始食水果"。不用说，这些也都反映了有过很多起初不惯于脱鞋或嫌麻烦就直接穿着鞋进屋违反了日本习惯的先例；而另一方面，部分礼仪中又夹杂着西洋做派，更让这些考察团成员洋相尽出、惊慌失态。

该考察团从筹备发起到导游皆由驻奉天的日本记者承担，可以想象公约的背后有这些深谙中国人癖性的日本记者的担心和调教意识在发挥作用。想来，他们要带领一群清朝小官吏和农村土财主到东京到处参观，带着他们在自己的同胞——表面默默无声、彬彬有礼地让参观者看，却远比参观者还眼快眼尖、挑剔并拘泥细节的一群人——面前走过，所以难免要捏一把汗。这时，他们这些带队的担心的另一个问题就是举止礼貌。这是弘文学院速成班上的故事。某人一个月内曾两次在出发去参观前被负责的老师训诫："不可戏谈痰唾互相喧哗贻他人笑。"②

通过寥寥数语，那种三五群聚，必旁若无人大声喧笑，且专好豪言壮语、甲论乙驳（故人称"每三五相聚，言不及义"）的假装名士风范的夸张，已经跃然纸上了。于是跟刚才的"卫生不卫生"这个问题一起，"喧闹与安静"也成了总是引起摩擦的一个问题。

---

① 梦芸生：《警世小说·伤心人语》，振瞆书社，光绪丙午九月，第51页。
② 冯延铸：《东游鸿爪录》，山西大同署印，1921年，第12页。

这与其说是一方的癖性，不如说是各有说法的一大争执点。如果我们想起曾经在幕末激荡时期奔走于日本、好发狮子吼的志士们的形象，那么中国文士们的举止动静恐怕也就不足为怪了，而且也不排除这种风气本身在往昔和今日、海的对岸与此方的时空下往还及相互传染的一面。但是，从整体上来看，中国的文士们所具有的还是大陆的气质：豪爽。往俗里说就是喜欢大呼小叫、夸夸其谈，炫耀自己乃天下英杰，这是他们一种自居有特权的做派并有意为之的。对于这样的一群人来说，学校的规则和参观注意事项等规定的"廊上往来步履静肃不许乱走""谈话声音要低""会客须在应接室不得引进他室，严禁饮酒"之类的事项①，完全是"鸡毛蒜皮"的小事，是专为束缚自由的。

　　再有，那种既不能进入正式学校课程，又不能融入当地的生活，空有大把的闲暇和烦恼的考察和留学生活本身，加剧了他们的浮嚣嘈杂，这一原因也是不容忽视的。引用前面说的黄尊三的一部分日记来看一下：

　　　　（一九〇八年）八月九日
　　　　下午五时，移居早稻田小泉屋（略）
　　　　（一九〇八年）八月二十八日
　　　　阅报毕，弹琴消遣。旅馆主人以有客赶试验（"试验"是日语中"考试"的意思——译注），请余歇息。当时颇感不快。即至外找房。而清静合余意者，皆不住中国人。住中国人者，又不合余意。……惘惘而归。

---

① 《日本东斌学堂章程》，《东方杂志》第二卷第八期，1903年。

（一九〇八年）九月五日

自三十一日起移居官前馆，至今已六天。……本日拟温习功课，不料同居之中国学生，或奏音乐，或猜拳，或高声唱戏，有时与下女戏打，门窗户壁，皆为震动，不能用功。至是始悔前日弹琴之不当。

（一九〇八年）九月九日

数日以来，馆中同住者，闹唱如故，致神经感非常之痛苦。不唯白天不能读书，即夜来亦不能安眠。计自八月九日由冰川馆迁至小泉。以好弹琴故，招主人干涉，愤而迁居。以为得所。不料前之所以加诸人者，今竟由人加诸我。从三十一至本日，勉强住过十天，已属忍无可忍。若不迁居，明日学校开课，何能预备工作。于是即去本町左近看房。看定都留馆，拟明日搬家。

日记的主人虽自己也是把打搅"加诸人"的，但还是不得不一个月内搬了三次家。他这种复杂的心境以及烦躁的心情不难想象。说被旅馆的主人提醒还算好的，从前面引用过的《伤心人语》以及详尽描绘留学界堕落情形的《留东外史》[①]等可以看到，留学者动辄会因为这种情况遭到旅馆的抵制，或与近邻发生纠纷。

习惯就是习惯，如果不许他们像这样放开地发泄一下，也还有别的中国文人式的发泄途径。"题壁"——在墙壁上胡写乱涂，就是其中之一。"中国人画壁画墙之习惯，自少小时已养成。每见孩提入塾，四壁窗棂莫不墨污淋漓，几无白地。不意近数

---

① 不肖生：《留东外史》，1914年版，岳麓书社1988年再版。

年来，此种风气竟横渡发达于三岛之地，日人尝言，支那人曾住过之室，必须重行修糊，不然则壁上似龙非龙、似蛇非蛇之奇观，令人不能终朝居。"①

但是中国学生也自有他们的说辞。他们认为，日本独特的寂静太无生气，让人怕兮兮的，很不喜欢。也有上了点儿年纪的考察官员感慨其"举国大祭，神社等地游人如织，男女杂沓，却不闻喧嚣之声"，"茶馆酒肆即便满座也不见吵嚷"。②对于中国年轻的文士们来说，如此景观实在不可思议。到了下一个留学世代，就是那些感受丰富、起初喜欢日本的静寂美的文学青年，也会说"但跟着经验，跟着感觉的深刻，便渐渐觉得这寂寞在恶化起来，终至变成了沉闷"，"神秘、恐怖、阴惨、颓唐，这些是东方文明的景色和气象。西洋人崇拜的神是爱神，是安琪儿，表示他们的精神的明快、清爽和鲜美；但这里东方崇拜的是恶魔，是鬼怪，表示他们的怪诞、阴郁和恐吓。"③刚到日本时那么喜欢日本住宅的萧红，也同样无法忍受那种阴郁，恨恨地这样说："他们人民的生活，一点自由也没有，一天到晚，连一点声音也听不到，所有的住宅都像空着，而且没有住人的样子。一天到晚歌声是没有的，哭声笑声也都没有。夜里从窗子往外看去，家屋就都黑了，灯光也都被关于板窗里面。日本人民的生活，真是可怜，只有工作，工作得和鬼一样，所以他们的生活完全是阴森的。"④

就以壁上涂鸦的习惯来说吧，曾经到会津旅行的青年郭沫

---

① 梦芸生：《警世小说·伤心人语》，振聩书社，光绪丙午九月，第58页。
② 傅廷臣：《东游日记》，光绪二十九年。
③ 查士元：《仙台杂记》，《东方杂志》第二十八卷第四号，1931年2月25日。
④ 《萧红书简辑存注释录(三)》，《新文学史料》第四辑，1979年8月。

若,也不免在看到"杂沓喧阗"的脏兮兮的乡间小镇时,莫名地起了一种敌忾心——他一边这样自白在先——便有意识地报以如下一番讥讽:"厕所中有许多猥亵的壁画,这是日本全国厕所中的通有现象。善于保存壁画的日本史学家哟!这种极无名的恋爱艺术家的表现艺术,于民族风俗史上,也大有保存的必要呢!"①

服装上的拘执

如果说因为不洁和失礼遭到了白眼,那也是自作自受怨不得别人的话,但并不曾有过这些行为,只是在街上走着走着就无端地被一群小鬼哄叫"猪尾巴"时遭受的冲击和屈辱,我们前面也都已看到过。所以年轻的学生们首先剪掉辫子,扔掉"胡"服,换上制服。他们主动承担了服装款式革命的纠察任务,开始与顽固的中老年们发生摩擦。在内外压力之下,越到后期就越多地出现了前述那样的"自治公约"。"抵达东京之初,由于服装上的不便害怕外出,两三天内都会闷在旅馆的二楼";还有报告被领队禁止外出(直到紧急订做的制服做好之前)的几个例子。②

对于服装的"造反",具体说来发生在两个方面。

其一是复古或者说寻根式的倾向。"那时有许多文人,例如属于'南社'的人们,开初大抵是很革命的,但他们抱着一种

---

① 郭沫若:《今津纪游》,上海爱丽书店,1931年。
② 参考武经笥的《东游杂志》(1910年刊)和江起恕的《奉派东游日记录》(光绪三十二年)。

幻想,以为只要将满洲人赶出去,便一切都恢复了'汉官威仪',人们都穿大袖的衣服,峨冠博带,大步地在街上走。"①鲁迅写下这番话时,头脑里一定浮现着自己所崇拜的东京时代的章炳麟师那"神乐坂阔步"的身姿。这里所谓的"幻想",绝不仅仅是与时代错位的怀古趣味,更深层的,是对"垂着辫子穿着胡服"乃"我皇汉人种,为牛为马,为奴为隶,抛汉唐之衣冠,去父母之发肤,以服从满洲人之一大纪念碑也"②的痛恨,和由此痛恨而酝酿出的反抗的能量。这在第二章已经叙述过。

不用说,恢复"汉官威仪"作为反抗满洲统治的一时的示威行动是可以的,但毕竟实施不了。不过,一种形式表示一种态度,或象征某种倾向的做派本身,对中国文人来说意义都足够重大。鲁迅的好友许寿裳曾讲述过这样一个故事,说的是留学时代的鲁迅对其所佩服的著名文人的评介:

> (鲁迅所佩服的)严(复)林(纾)二人之外,有蒋智由,也是一位负盛名的维新人物而且主张革命的。他居东颇久,我和鲁迅时常同往请教的,尤其在章先生上海入狱的时候。他当初还未剪辫,喜欢戴一顶圆顶窄檐的礼帽,通俗所谓绅士帽者是。(中略)可是有一次,蒋氏谈到服装问题,说满清的红缨帽有威仪,而指他自己的西式礼帽则无威仪。我们听了,颇感奇怪。辞出之后,鲁迅便在路上说:"观云的思想变了。"我点点头。我们此后也不再去。果然,不久便知道他和梁启超组织政闻社,主

---

① 鲁迅:《对于左翼作家联盟的意见》,载《鲁迅全集》第4卷,北京:人民文学出版社,1981年。
② 邹容:《革命军》。

张君主立宪了。于是鲁迅便给他一个绰号——"无威仪"。①

切实提倡并且流行开来的，是登上时代舞台的西服，还有和服。那么，中国人到底要不要进行服装革命呢？留学生界对此做何反应？

略重复一下。要说为服装样式而遭到嘲笑、受到冲击，去欧美留学的学生也不会例外的；然而偏偏只有东京的留学生界特别盛行高调和高蹈的服装政治、文化论，这就再三表明了亡命、运动、探求真理等思想之士占绝大多数这一"留东学界"的特质，给人印象深刻。

东京出版的《湖北学生界》第三期刊载有《剪辫易服说》一文，以"日本之事"为"先踪"，提出今日之中国"诚欲变法自强，其必自剪辫易服始矣"：

> 明治初年，东瀛士族心醉欧风，若饮狂泉，服馔起居，极意仿效，唯恐不肖。论者或病其崇拜已甚，致酿成媚外习气，要之日本维新三十年之效，其得力实在于此。盖改革之初，矫枉过直之时，所必经之阶级不可缺也。②

那么如果顺利地跨越了这个"阶级"，又会怎样？另一位留学生论者进而准备了这样一套预想：

---

① 许寿裳:《亡友鲁迅印象记》,北京：人民文学出版社,1953 年,第 9—11 页。
② 《剪辫易服说》,《湖北学生界》第三期,1903 年 3 月。

其唯改易西装,以渐进于大同矣。既有西装之形式,斯不能不有所感触,进而讲求西装之精神。西装之精神,在于发奋蹈厉,雄武刚健,有独立之气象,无奴隶之性根。且既讲求其精神,斯不能不取西人所谓政学、法律、工艺、商农之美法——而举行之矣。不宁唯是,衣服装束与西人同,则往来查察事物,于政学工商取资不少,无猜忌凌辱之患。万国咸尚西装,一国独为异服,则于公理上有碍,不独见恶于观瞻已也。西装严肃而发皇,满装松缓而衰懦,则于人种上有关,不独取便于身体已也。①

这种幼稚的言论放在今日都未必够得上付之一笑。但是,大概是越遭受凌辱的国民对于世界大同的憧憬越是强烈吧,这种一本正经的讨论似乎还意外地流行了呢。刚才提到的《湖北学生界》上刊载的论文,列举了"剪发易服"的八项功效,首先是利于变法、强种、强兵、兴业等,继之"可善外交","可弭教案"(其逻辑是"观于通商巨埠,已改西装之人,必不仇教,亦必不为教民所欺",则"今举平民而洋之,则与教民相习而相忘矣")——剪发易服成了灵丹妙药了。

这些姑且不论,对于如今悉已作古的留日的第一代人来讲,不管他们后来分成了敌我也好,经历了任何的盛衰荣枯也好,他们的留学青春中值得纪念的第一印象,那种从某种十字架上被解放的感觉,肯定是在改造了辫子发型、穿上学校制服摇身一变的那一刻获得的:甫一到达,便换上早已羡慕的平平整整

---

① 《黄帝魂·论发辫原由》,载《辛亥革命前十年间时论选集》,第一卷下册,生活·读书·新知三联书店,1978年,第748页。

的制服，顿时感到焕然一新的那种兴奋、帅气、轻快！那些有苦衷不能剪掉辫子的短期留学生们，也很愿意穿制服。滞留时间稍微长一些的，"不过厕列选科或预备科一部，徒以大学制服或徽章为美观，博荣誉，求幸进以为苟取功名之具"，且虽入"诸有名誉之学校并不能高入正科与日生徒齐驱并驾"①——同时，从叙述者"徒从""并不能"等语气中就足见这种制服、徽章的美观有多么让短期班的人羡慕、忌妒了。某个憧憬陆军士官学校的青年"最羡慕的是日本兵裤子上那条红线"，"在成城学校做制服的时候，我硬叫裁缝在我的裤子上加一条白线，以为不像兵也要像警察；那裁缝始终不听，当我是小孩子，向我笑笑罢了"②，显示出近乎可爱的执着。青年周树人在入学一个月之后，用抑制不住的兴奋口吻写下"会稽山下之平民，日出国中之游子。弘文学院之制服，铃木真一之摄影"③，并且将穿着制服的照片寄回国内。事实上也是，现今留下来的年轻鲁迅的照片几乎都是穿着日本的学校制服或者是洋服的样子的。或许是归国之后他也将那种风姿看作留学青春的纪念或者说是骄傲而一直保存着的吧？据曾经在绍兴的中学堂受教于鲁迅的一位老先生的怀旧谈，刚刚回国的鲁迅"头剪西发，戴一顶高高的礼帽，留有小胡髭，手拿一根'司的克'洋杖，全校中显得很与众不同"④，因此引得学生很是羡慕。再次，笔者不由得联想起在伊藤整的《日本文坛史》中读到过的夏目金之助先生归国之后的样

---

① 《东游鸿爪录》，山西大同县署印，1921年，第35页。
② 欧阳予倩：《自我演戏以来》，北京：中国戏剧出版社，1959年，第7页。
③ 周遐寿：《鲁迅小说里的人物》，人民文学出版社，1957年。
④ 《吴耕民先生的谈话》，《鲁迅研究资料四》，天津：天津人民出版社，1980年，第217页。

子。他跟鲁迅一样身材矮小、体格单薄,在伦敦的时候,他曾因从穿衣镜中照出一个"一寸法师"(俗语"一寸丁")而大感困惑、自卑。然而一旦回到母国,"在一高,留洋归来的夏目金之助在学生的眼里是一位时尚又非常棒的外语老师。夏目穿着高领,脚踩锃亮的尖头高跟山羊羔皮靴,迈着有节奏的步子进入教室……"① 如果考虑到二人都是在留学归来后登上文坛,都作为获得了宏大器量、开阔视野的文明批评家而名垂各自国家的近代文学史这一大的史实的话,是否从自爱仪容这一小点也可以让人感觉出诸多兴味来呢?

如果更正面地举一个在这方面的影响史的事实的话,我认为可以追溯到日本人常说的"人民服"这个问题。

在笔者的记忆中,直到我小学时代的四五十年前,除了一部分缙绅元老的长袍大褂,崇美者或洋商的西装打扮之外,成年人的正装是"中山装",学生们则穿着"学生服"。学生服就是日本的学生服原样,但是由于贫穷,无法推行制服的学校很多。孩子们都渴望拥有制服,穿上之后的神气(与穿不上的落寞)至今仍留在印象中。新中国成立之后,不知不觉间制服从学生的世界中消失了,而据说是孙中山爱穿,改掉了立领之后流行起来的中山装,在新中国直到最近也仍作为干部和公务员的正装。日本人所谓的"人民服"指的就是这个。当今,伴随着急剧的开放潮流,穿中山装的大为减少了,即便这样,一会儿说宣读中央重要精神的播音员今天的穿着从西装又回到"人民服"了,一会儿又说某次的主席台上某某服装的样式增加了或减少了,以此测卜政治风向的倾向,至今还部分地存在着。

---

① 伊藤整:《日本文坛史·7》,讲谈社,昭和五十三(1978)年。

要说，应该是 20 世纪最初十年间曾作为革新标志输入的服装，到了世纪的最后十年，其形式虽然健在，却渐渐变成了某种自重、自慎或者夸示传统、尊奉体制的象征了，这真有些不可思议。

话题转回，继续来看留日服装体验。在《暴风雨前》中，成为革命党而从日本归来的青年尤铁民被同伴们告知如今的成都也开了日本式的劝业场（百货店的前身）了呀。文章描述了他被引领去参观时的风景，很是有趣。

> 尤铁民的皮鞋在石板上走得橐橐橐地，右手的手杖和着步伐，一起一扬。田老兄在后面悄悄向郝又三笑道："你看他，简直就是个洋人。好有精神啦！"
>
> 尤铁民似乎听见了，腰肢伸得越直，胸脯挺得越高，腿骨干打得越伸，脚步走得越快，手杖抑扬得也越急。两个人跟在他后面，几乎开着小跑，街上行人都要住了脚步，拿眼睛把他送得老远。有几个人竟自冲口而出："东洋人！……东洋人！……"
>
> （中略）
>
> 走到总府街劝业场前门，尤铁民才放缓了脚步。田老兄两人已是通身汗流，看他将呢帽子取下，鬓角短发上也一直在流汗。
>
> 田老兄道："走热了！"
>
> "哪里的话！只微微出了点汗。穿洋服，根本就不热不冷，顶卫生了。所以我们都有这意思，革命之后，第一件要紧事就该变服，把那顶要不得的胡服丢了，全换洋装。"
>
> 田老兄道："成都裁缝就不会做洋装。人又这么多，

不是把人苦死了？"

"这容易！一个电报打到日本，招几百名裁缝来，不就成了吗？"①

这样的解决方案听起来简直就像玩笑一样，然而实际上这部小说的时代背景就如著者的同窗郭沫若的回忆那样，连日本的皮匠师傅都混进日本教习的招聘里，给请了过来，当时呈现的就是这种时代相。而在上海、北京以及汉口等地已形成的日本人社会中也有很多种不同职业的人来来往往，所以提议者本人可能是很认真的，同伴们被他的这种文明的气势所压倒，也就不好说它无谓吧？

转过来在另一边，有宣传和服优越论并且身体力行的考察官。在这部小说中，相当于主人公们的父执辈的葛寰中是个小官吏，此人无论到何时都褪不去他曾去日本考察的自豪及由此引发的兴奋。但凡一抓住前来拜访的年轻人，他就开始他的"那一套"：

> 葛寰中已蓄了两撇漆黑的仁丹胡子，精神奕奕地穿了件日本和服，陪他坐在内书房新买的洋式椅子上。照规矩，不等客开口，就滔滔不绝地讲了一大篇日本，日本的天气，日本的风景，日本的人物，以及日本的起居。说着，还一定要把和服一指道："老侄台，你看，光说这件衣服，多体面，多舒服！我常说，天下衣服只有两种，

---

① 李劼人：《暴风雨前》，《李劼人选集》第一集，成都，四川人民出版社，1980年，第455页。

穿着又方便，看起来又不碍眼，就是一种老实宽大，一种老实窄小。窄小的比如是西洋服，不但窄小，而且甚短，穿起来却有精神，又好做事。宽大的比如日本和服，做事虽不大方便，却是好看而又舒适。只有我们中国衣服，倒不大不小，既不方便，又不好看。在国内还不觉得，在外国一比起来，真就品斯下矣！所以我常同苏星煌、尤铁民、周宏道等讲到这上头，我们都有一致的主张，主张中国制服，实在有改变的必要。……"

这些话，在郝又三算是听过三次了。①

与此类搭新政顺风车一族并且靠趣味活着的人相比，年轻的革命志士则更喜欢日本的壮士风（比如宫崎滔天那样的）或者学生气的蛮勇。不论哪本书都登载的同一张秋瑾遗影，都是她穿着和服外褂的那张；奔走东京街头的孙文系统的活动家们都喜欢披风加脚踩高木屐的打扮②；而在革命文学家、中国国歌《义勇军进行曲》的词作者田汉出发去日本之前，他的岳父把自己十年前喜欢穿的两身和服作为田汉与自己女儿结婚及小夫妻俩相携去日本留学的祝福礼送给了他③。从这个例子也可以想象，一件和服包含着多少东洋留学时代的回忆与爱恋之情啊！

但是——也并非最终必须要让议论归结到这一个模式上的意思——即在这一方面，留学生们的积极热衷，却未必相应地

---

① 李劼人：《暴风雨前》，《李劼人选集》第一集，成都，四川人民出版社，1980年，第413页。
② 参考《李烈钧将军自传》，台湾：文海出版社，1944年，第5页。原文表述如下："余常见张王诸友披雨衣着木屐，毋问寒暑，不分昼夜，呼号奔走，联络同志"。
③ 易漱瑜：《半年来居东京的实感》，《少年世界》第一卷第八期，1920年8月。

得到了理解,文化摩擦依然难免。因为是正在从旧体制、旧习惯逃脱出来的途中,所以他们一边穿着学生制服,一边却暂时保留着"富士山"式的帽子(因为要把下面的辫子窝起来藏在里面);由于体质弱怕冷,制服下还要套几层内衣,臃乎乎的;说是喜欢和服吧,却不习惯穿木屐而要穿皮鞋,自己认为已经"文明开化"了,但还有穿着做派相冲不搭的难看样儿,这些都是事实。但是话说回来,看到留学生穿洋服的样子,居然有日本老师放言无忌地指称那是"驴马披着狮子皮"①,这太令人吃惊了。而且这事就发生在弘文学院的教室里,所以我们有必要把目光也转移到教育现场,考察那里发生了什么。

---

① 冯延铸:《东游鸿爪录》,山西大同县署印,1921年,第9页。

第六章 留学生活诸样态

"畸形的学校生活"

这个小标题是与杨昌济、陈天华等同期来日的石陶钧在概括其六年留学生活时的说法。

"青出于蓝而胜于蓝",就如荀子所言,在长于哲学思辨的中国,"学习"这件事本来是"根源与衍生物"二者消长的过程,弟子与老师之间的学而超之的这种紧张关系被认为是当然的。但是,至于留学这种涉及两国及两种文化的特殊师徒形态,则从孰为"青"、孰为"蓝"的定位起就非易事。更何况如至此所述那样的,缠绕着留学日本的整个过程的、中日之间特有的师徒及恩怨情仇关系,会不由人们意志为转移地使得整个事态二重甚至是三重地复杂化。一言以蔽之,对千年来的弟子于数十年间一跃而成为老师本已深有体会,而且自己现在是来到让人联想到"猫儿把虎教,虎得道反伤猫"这则寓言故事中的"虎"跟前负笈求教的(这实际上是与日本关系密切的章炳麟、周作人等所提倡的日本观。周氏在《〈朝鲜童话集〉序》中这样写道:"清末章太炎先生亡命日本东京,常为日本人书《孟子》一段曰:'逢蒙学射于羿,尽羿之道,思天下唯羿为愈己,于是杀羿。'这可以说是中国知识阶级对于日本的最普通的感想。"①），这种关系就不能不是畸形的。

我们来先听一听石陶钧的回忆。

> 这次东行，同伴三十余人。年龄大的如杨昌济，将近四十岁，小的如梁焕廷，不过十二岁。到了东京，都在嘉纳治五郎为中国留学生所特设的弘文书院住下来，受预备功课，一连几个月"挖达苦西""阿拉达"的念起来，还要兼受中学学科。（中略）我已经是二十多岁的人，哪里是在读书，着实是在受刺激。四月二十日，我才把满清的辫发剪去了。我在新环境直接保持联系的，第一仍是湖南人，其次便是中国留学生。至于倭地与倭人，还接触得很少。（中略）由于黄兴的临别赠言，又有新的决定了。因此，更感到倭语的急需。我此时已能阅看一切倭文，每日努力学课以外，泛滥的涉猎关于文化、革命、科学、战史、战略等书，兴趣骤增，精神尤异常兴奋。（中略）我不习陆军，谁习？（中略）好像我的习陆军与否，便直接影响到中国的存与亡似的。（我于入学士官学校前）归省一次，仅以一个无辫发的新式头慰我老父。（中略）当然乡村不能司空见惯的看过。有人还说："离乡还乡间并不到一年，如何便'鬼子化'？"（中略）
>
> 这以后的五年余，总不外于习陆军，学业上渐专门化，生活上渐枯燥化。除了些旁涉的事情以外，并无可

---

① 周作人：《〈朝鲜童话集〉序》，收入周作人著：《看云集》，上海：开明书店，1932年。

以资谈助的。这也难怪，要不是象那样把一切都冷静下来的话，又何能更腾挪些光阴来等到卒业？（中略）受教育的人与施教育的国家，是同床异梦，而且各种心理在在特殊，所以说是畸形的。①

无须赘言，这批人在国内大体家世较好，秀才令名也高。但是他们的日语固不用说，此前所谓的"学"也不过仅仅是受过"八股取士"式的旧学教育，所以对他们来说，要遍修各种科目便感到近乎绝望地痛苦。他们即便能忍受与"牙牙学语的低水平学校"的学生同样的对待，但就是这种程度的鹦鹉学舌，和理科数学入门都弄得焦头烂额，当然会令他们感到"哪里是在读书，着实是在受刺激"。话说回来，在时隔四十多年之后写回忆录的这个时间点上，竟然不经意地写着"挖达苦西""阿拉达"这两个音译词，没有比它们更能把那种"一连几个月"的辛苦与困惑历历浮现于眼前的、更为鲜活的例子了。这是因为，从湖南、湖北到四川一带的地方口音中，没有 N 和 L 之分，还尽是卷舌音，从三十年前就开始从事日语教育的笔者，每年都会"一连几个月"地为从这些地方来的新生诸君的"あらた""さようら"所苦，更何况那些"以壮年之身治童蒙之业"②的他们呢？舌头不转，不，是舌头的过于转动难以矫正，这些"壮年"们哭笑不得的表情好像就浮现在眼前。

尽管如此，这种基本上算是源于物理因素的刺激还只意味着刚刚拉开序幕。随着学业的进展而感受到的"受教育的人与

---

① 石陶钧：《六十年的我》，载《湖南历史资料》，1981年（第二辑），长沙：湖南人民出版社，1981年。
② 《与同志书》，载《游学译编》第七册。

施教育的国家,是同床异梦"这种断裂,才是最严重的。

前面(第一章和第四章)在论述劝诱国人赴日本留学的动机时,主要考察了日本参谋本部的主动性及其战略意图;而关于通过接受留学生并派遣"日本教习"教授中国人这一方面的政策立场,黄福庆著的《清末留日学生》中引用了两处证言。它们都是开始阶段的政策论,其中第一件是矢野龙溪(本名矢野文雄)的证言,因其当时正在驻清大使的任上,作为日本外务当局劝导留学的先锋(1898年初参谋本部三军官在游说张之洞之后不久,矢野即擅自在北京开始劝诱,结果遭到外务省的问责)及身当起草方案之任者,故此人的意见是不容忽视的。在给西德二郎外务大臣的"机密第四十一号信 关于引受清国留学生之意启文往复件"中,矢野这么说:

> 提出我接受留学生教育之要求,据观察所得,势必为清政府所欢迎。此举不仅有助于此次要求之成功,而受我感化之人才播布于其古老帝国之中,实为将来在东亚大陆树立我之势力之良策。兹将其缘由详陈如下。如斯,则彼之从于武事者,不仅限于模仿日本之兵制,军用器械等亦必仰给于我;聘用军官等人员也将求于日本。毋庸置疑,清军事之大部行将日本化。理科学生亦必求其器械、工人等于日本。清之商工业自身,则将与日本发生密切关系,而为我商工业向清扩展打开门路。另,法律、文学等科学生,为谋清之进展,必将遵袭日本之制度。若能至此,我势力将及于大陆,正未可量也。斯时清之官民对我信赖之情,亦必胜于今日十倍。由于此辈学生与日本之关系,将来清政府必陆续不断自派学

生来我国，如是则我国之势将悄然骏驳于东亚大陆。故而无论从何方考虑，望我政府适应时机，接受清之留学生。①

第二则，也介绍了1902年2月的《教育时论》（九九五号）杂志所倡导的这番论调："今日支那渴望教育，机运殆将发展，我国先事而制此权，是不可失之机也。我国教育家苟趁此使容喙于支那教育问题，据其实权，则我他日之在支那，为教育上之主动者，为知识上之母国，此种子一播，确定地位，则将来万种之权，皆由是起焉。"②《清末留日学生》的著者指出，清朝当局者不可能不知道日方的这种意图，却并不介意，仍然继续积极推进赴日留学。我想这种指摘是正确的。但清朝当局者坚持这样做，一方面是因为留学之事确实极为迫切；另一方面也因为，至少是刚开始的时候，朝野上下对"中体西用"还是抱有相当的自信甚至自负的。如前所述，这在作为当事人的留学生们方面当时也是共通的，可一旦置身于现场他们就不可能不介意日方的此种意图了。姑且不论矢野的机密文书，《教育时论》的文章就被完整地译载到《新民丛报》第三期上，进入了留学生们的关注视野。问题的关键在于，从那种肆无忌惮的口吻中可以看出，当时这种论调已经公然地流行，而不仅限于在持露骨的扩张论的教育家们当中日本普遍可见的那种为清国"代兴教育"的姿态。然而这种姿态本身，会跟矢野的自负相悖，不要说与"斯时清之官民对我信赖之情，亦必胜于今日十

---

① "机密第四十一号信关于引受清国留学生之意启文往复件"，译文引自庄建平主编《近代史资料文库》第9卷，上海：上海书店出版社，2009年，第84页。
② 《就于支那教育调查会》，第599号，《教育时论》）1902年2月。

倍"差之甚远,毋宁说只是招致了相反的结果。摆在眼前的,就以刚才的石陶钧入学的弘文学院为例来看,在他入学半年前到入学前几天的这段时间里,就有先辈杨度为对抗这种姿态向嘉纳校长挑起的论争,和鲁迅等江浙留学生与学校当局发生争议时当即从"嘉纳氏开口闭口即以代兴教育为己任,嘉纳氏是真诚心诚意地在为教育考虑,还是在羞辱我国"①的同样高度提出的问题。

1902年创立的弘文学院到1909年关闭时,入学者共达七千一百九十二人,毕业生是三千八百一十人,这是日本留学史上最大的预备、短期留学生学校,兼任校长的嘉纳治五郎为振兴中国的新式教育付出了极大的热情,为中国近代第一波教育家的培养与"德育、智育、体育"理念的传播做出了巨大贡献。据笔者曾经读过的永井道雄氏所述,嘉纳直到晚年一直对其弟子的祖国抱有好感,对日本侵略中国持批判态度。然而,嘉纳固然真挚,但是在处于新兴时期的日本帝国与帝国扩张目标的"支那"间,他也只能空有单方面的热情,仍然很容易与年轻的中国爱国者们的追求发生龃龉和碰撞,这种事情我们在前面已有论及。假如是不具备像嘉纳那样(当遭到杨度挑战时所表现出)的见识、热情和度量的老师,将会是什么情况呢?而学校周边的外部环境又会对留学生产生怎样的影响呢?

首先以环境为例来看一下——与熟悉的大街上的"待遇"不是一回事的——黄尊三等人一行到了弘文学院的巢鸭分校,在到日本的第一个晚上就尝到的寂寞凄凉无所依的滋味尚未散尽时的第一周的事。某天,"下讲堂后,忽有日本警察来校,检

---

① 《弘文学院学生退校善后始末记》,载《江苏》第一期。

查同人行箱，检毕，毫无所得而去，同学愤极，余亦恼之，一夜不能安眠。弱国人之不能自由，此其见端"。次日，"为昨日搜检事，同学拒绝上课，并议退学"。但经过三天罢课，学生为学业计，不得不忍辱复课。[①]由于有这种样子的学园生活起步礼，难怪他们很快就抱有"同床异梦"之感了（这个例子反映了留学生大量来日与日俄战争之后氛围的变化，到了1920、1930年代这种现象发生得更为频繁。不过留学初期好像也并非如此，有时还有善意的、与上述形成对照的例子。《日华学堂日记》在1898年7月20日即开学第二日的记录如下："有巡查。告知为保护清国留学生者前后两次。且曰，古来自日本游学支那者往往有之，而自支那游学日本者，以今为始，愿永久无失是等关系云云。"这让人颇感欣慰）。

那么刚才提到的学生们闹到直接质问以代兴教育为己任的嘉纳校长是否诚心诚意的"日本弘文学院全体留学生与校长交涉事件"，是怎么回事呢？1903年3月25日，舍监大久保召集各组代表，说校方有事要宣布。在此之前，随着学校的不断扩大，支绌、凑合的情况随处可见，学生要求充实和改善讲义的呼声很高，所以他们以为校方会就此发布新的举措。然而没想到，校方发布的却是以费用为中心的十二条新规。"不去谈改善教学却只是增加费用的征收"，校方这种做法太不像话，这样就引发了争议。尽管如此，学生们还是把争论的焦点集中在学费、洗涤和医疗三个项目（校方规定临时归国和暑期的学费照缴，其间削减免费洗涤服务、削减医疗费申请额度）上。在争议引发之际，学生们以其他学校如何如何为借口争取权益，却触怒了教务干

[①] 黄尊三：《三十年日记》之第一部《留学日记》，长沙：湖南印书馆，1933年，第12页。

事三矢重松。他出面说:"余欲一语以正诸君之失,余度诸君于私心意计中,必劣弘文而优同文及成城。然一校有一校之性质。余弘文之性质,非同文成城可比。校长已有定见,诸君犹力争如是,诚不解诸君命意何在。无己其退校如之何?"结果引发学生退校风波。①说起来这并非什么大不了的事情,老师因为学生的不逊而气恼,学生因为老师的鄙视而闹事,这种情况无论什么时候、不管在哪里都会发生,没有必要把它与国家之间的问题或国民感情等硬搅和在一起。但是在留学教育现场必须要注意的是这些成年学生在学问上的特殊落差——在新学知识上的极为幼稚和在旧学世界养成的文人的自负——说得难听一点,他们是"作怪胚子"。老师为学生的"全无数学观念""差不多都得从初小一年级的程度开始教"②的现状着急,学生一方则觉得自己是"以壮年之身治童蒙之学"了,不能对我们再好些吗,也颇为着急焦躁。加上如鲁迅、许寿裳等已经过新式学堂教育的人也被混编在一个班上,他们看着同胞中的老学生心里着急,听着老师跟哄幼儿园孩子似的讲课又甚感无聊③,这一来就毫无办法了。至于事件本身,结果是嘉纳校长回应了学生的意见,要求他们复课;而学生方面也认为"断绝速成师范之道并非上策";统一意见后回到了学校。应该说,双方都还是理性的。尽管如此,学校还是为解决争议而免掉了教务干事等数人的职务。冲突解决之后,学生仍然诉说对嘉纳的不信任,鲜明地呈现了相互间裂痕之深。还有一点,由于此次事件,开了留学生以就学的学校当局为对手进行集体斗争的先例。这两点

---

① 《弘文学院学生退校善后始末记》,载《江苏》第一期,第159页。
② 《时事新报》第4255页。
③ 鲁迅:《在现代中国的孔夫子》。

都有很大的意义。

师生之间

弘文学院的退校风波所反映的是教学内容与老师的态度问题。该学院在高等师范学校校长嘉纳的管理之下,不管是教学质量,还是招聘来的教师,水平都算很高的,这一点日后得到很多人的承认。然而,弘文学院的课程全部安排在下午一点至五点,上午和晚上都是空着的,这反映了私立补习学校兼职教师多的特点。[①]课程不充实自然会引发学生的不满,而继弘文、成城等校之后如雨后春笋涌现出来的各种清国留学生预备学校和预备班,局面更是混乱不堪了。归国留学生们将此类学校称为"学店",四处宣扬"日本鬼很穷,他只要你的钱,管你用功也好,不用功也好,一切私立大学都照例贩卖文凭"[②]。公使馆方面也报告说:各校"有以三个月毕业者,有以六个月毕业者,甚至学科有由学生自定者,迎合学生之意即喜入而不能禁";对就学情况,即使派遣公使馆员"往各学校询问而秘不肯告"[③]。日本人对预备学校也有很多批判意见,可见于实藤惠秀等人的著作中。这里只想另外公布的一点,是对留学生一向最有善意、本于良心的宫崎滔天的观察。滔天在其创办的《革命评论》杂志的创刊号(1906年9月5日)上发表了题为《关于支那留学生》

---

① 厉绥之:《五十年前的学友——鲁迅先生》,载《鲁迅生平史料汇编》第二辑,天津:天津人民出版社,1982年。
② 郭沫若:《少年时代》,北京:人民文学出版社,1979年,第184页。
③ 清《外务部档案》二八五六卷,清《学部奏咨辑要》第四卷。

的评论文章,这样写道:

> 学校经营　　殊可悲者,乃以营利为目的的支那学生教育也!日本虽然狭小,却以东亚先觉为任,虽富豪不多,亦非全无名扬世界者。特以为支那人建校舍、聘良师,对学生恳切和蔼、循循善诱者最为所望,嗟乎底事!竟种种擅立口实敲诈学生,以作中饱私囊的工具者滔滔皆然也。

> 劝诱手段　　观察此等学校盈利者劝诱留学生手段之随意,恰如下等旅馆的揽客者,唯等待船抵横滨,大肆散发广告单是务。而稍有既成校舍者,则为吸引学生的注意,于章程中罗列尽可能有博士学士的名字,孰知乃以异名异人执教鞭也。

> 无识傲慢　　古人云,强将手下无弱兵;予今将云,营利学校里岂有良师。设若稍有与之理论者,即斥之为狂妄不逊而压制之;动辄继以"猪尾汉"贬抑,学生若言涉革命,遂以反叛者视之。彼等大多为连日本、支那国情相异亦浑然不知,竟然也对支那人挥舞教育敕语的无识者、无礼者也。支那学生心生不服,岂无因哉。

文章进而论述道:"更何况旅馆压榨他们,扒手盗贼大肆盯梢,下女每物必先抽头一成五的利息,且卖淫妇装扮成女学生媚眼相惑,还会成为医生盘剥的对象。"滔天列举了留学生所受的"包围攻击"的种种实态,叹息道:"予为日本的维新而悲哀,为将来彼此国交而担忧，尤对彼等留学生诸君不禁一掬同情之泪。"这都能让人联想到亲自执笔写下此文章的宫崎滔天一直以来或陪着中国志士们奔走于横滨和东京一带，或在自己的家及孙文、黄兴等人下榻之地促膝长谈的情景，所以他的以上文字，可以视为真实的见闻记录。

因为后半部分谈及了老师的态度问题，话题就转到这里吧。这时首先想起的，是周作人的《市河先生》这篇随笔风格的短文。这是一篇充满怀旧情怀的朴素文章，我以为其中提到的日本先生的"几种样式"的看法值得倾听。周氏1906年到日本留学，时年二十二岁。此前他曾经在南京的水师学堂学过六年英文，日语却一句不懂，所以他留学之初便去留学生会馆补习日文，之后进了法政大学的预科。

> （法政大学）给我们教日文的教员共有三位，其一是保科孝一，文学士，国语学专家，著书甚多，今尚健在，其二是大岛压之助，其三是市河三阳。保科先生是一个熟练的教师，讲书说话都很得要领，像是预备得熟透的讲义似的，可是给我们的印象总是很浅。大岛先生人很活泼，写得一手的好白话，虽然不能说，黑板上写出来作译解时却是很漂亮，教授法像是教小学生地很有步骤，可以算是一个好教员，我却觉得总和他距离得远。市河先生白话也写得好，还能够说一点，但是他总不说，初次上课时他在黑板上写道"我名市河三阳"，使得大家发笑起来。他又不像大岛那样口多微辞，对于中国时有嘲讽的口气，对功课不大行又欠聪明的学生多所戏弄，他只是诚恳地教书，遇见学生弄不清楚的时候，反而似乎

很为难很没有办法的样子。(中略)我觉得这三位先生很可以代表日本人的几种样式，是很有意思的事，只可惜市河先生这种近于旧式的好人物的模型现今恐怕渐渐地要少下去了。①

三个人三种类型，不恰好是教师阵容的缩影吗？市河三阳先生的风貌像极了周树人笔下的藤野严九郎，很是有趣。在这样的系列中，应该也有一生都致力于留学生教育的松本龟次郎先生的位置吧。最初邀请松本先生走上留学生教育之路的，是弘文学院的校长嘉纳治五郎。与中日研究者共同撰写了《松本龟次郎传》不同，嘉纳治五郎并没有成为中日研究者共同研究的对象。这可能跟保科孝一先生的情况一样，虽然在学界颇负声望，并且对教育极为热心，但与学生还是隔着一层不相通之处，所以作为个人就"印象浅"了吧。

而关于大岛先生的"口多微辞"，这绝非限于他一个人的现象，也不是周作人一个人的评论。我们还可以看到这样的记录："直隶由各县选派的游历绅士第一期在弘文学院开教育选科，课程简单、期限短促。当开学之第一日，教员波多野登坛演说，讥刺语最多。(中略)云有中国善于通商，日人善于爱国，两语窥其意旨，通商云者，讥华人到东游学者借留学之名，受注入的教育不啻贩货而来，将必饱载以去，返国得一差使可获厚利。"②

这一节其实包含了很多问题。其一，这是"开学之第一日"的事儿；其二是"中国善于通商"这样的评语；其三是"窥其

---

① 周作人：《市河先生》，收入《苦竹杂记》，上海：良友图书印刷公司，1936 年。
② 冯延铸：《东游鸿爪录》，山西大同县署印，1921 年，第 8 页。

意旨"之后语者的"窥"。撇开第一点不论,其余的对中国人的评价到底起于何时,是在怎样的历史情境中产生的,又是带着怎样的话音着敲击清末中国人的耳膜的呢?

20世纪中叶,仍然有某日本评论家认为"支那人是极为功利主义的国民,(其观念)是没有人情道德的拜金民族的旧观念"①,这种观念可以追溯到何时呢?笔者学力不逮,没有对这个问题进行深究,但最迟尾崎行雄已在他的《支那处分案》一书中断言"他们向来是尚文好利之民"②,而东亚同文会成立之后发表的《与中国志士书》则表达了这样的意思:"中华古国无法与今日之日本相提并论,并非说它没有长处,在擅长经商方面它向来举世第一。"③在"士农工商"的排序上,中日并无差别,在蔑视商人阶层方面,日本人并不输中国人。但日本人一般不会说,只是暗中观察对方的情绪;中国文人则更倾向于听取相互言语中的"弦外之音",在"弦外之音"上下功夫,彼此之间表达方式不同。那么刚刚那些说法是夸奖呢,还是在挖苦讽刺?《时事新报》的"留学生记事"中也说:"他们对事物的判断力和理解力是较欠缺的,但在与一己利益相关的事情的处置上之敏捷,每使老师们也咂舌赞叹不已……"这或许是事实。然而即便实情如此,说出来的话也有好听跟不好听的。如果说唯利是图是中国人唯一的特点,无疑是偏见。让人叹息的是,在大多并无恶意的场合下,日本人也没有意识到这是偏见,还拍着自负心很强的中国知识分子的肩膀安慰说:"别沮丧,诸位还是有这样的长处的!"这样的激励,除了"别瞧不起人!"

---

① 『一中華人の見た日本精神』"序",东京青年书房昭和十六(1941)年。
② 尾崎行雄:《支那处分案》,东京:博文馆,1895年。
③ 《与中国志士书》,载《清议报全编》第17卷,第5集,《外论汇译论中国》(上)。

第六章　留学生活诸样态

之外,不会引起任何其他反应。中国人马上会从中"窥其意旨",联想到这是否在暗讽自己的留学动机。这恐怕就未必能单纯归为没有根据的猜疑或偏见了吧。

在这种嘲笑和讽刺本来就多的情况下,再加上中国学生的反抗,或自身的不检点,就可能甚至爆出露骨的咒骂。《东游鸿爪录》的作者就记录下了这样两桩事件。

> 直隶第一期选科半皆老绅,中有一最顽固者,衣洋装而发辫外露,同学者多劝戒之,盖谓进人之学校当以守人之学制为是。此发辫不必尽行剪去,即收拾整齐盘绕脑顶亦无不可。乃彼执迷不悟,旁若无人,更不解辱国之谓何。他日有同班者于黑板上大书"猪尾宜去",仍累累自若也。越数日,某教师讲功课,画一有尾之鼠,画一无尾之鼠,以有尾讽学生中之带辫者,以无尾嘲学生中之剪发者。(中略)
>
> 暑假期内未授课而先习日语同学自肆屡与教师为难,教师某授课时直云驴马披的狮子皮,甚为得意,讽华人衣洋装也。①

而记录了这些言论的著者,即使听到了这样的言辞,也采取了自省的态度——"总之我国人之自治上多疏懈,以致外国人之对待常以下等动物目之,我辈甘受辱而莫可谁何。"——这种近乎自虐的态度,是当时留学生和一般知识界普遍抱有的一个基本姿态——弱国子民的意识与"夫人必自侮,然后人侮之;

---

① 冯延铸:《东游鸿爪录》,山西大同县署印,1921年,第9页。

国必自伐，而后人伐之"的逻辑相联系的。尽管如此，其内心却难以平静，作者在发出"莫可谁何"的叹息后，这样总结道："嗟我华人忍闻此而不思所以报之乎，欲筹报之策当坚忍刻苦励学以强国，此心不可懈，此耻终可雪。"①

下等动物，还偏以"有尾之鼠、无尾之鼠"来作比喻，这是偶然的吗？似乎也并非如此。第三、第四章也论述过，日俄战争之前，通过东亚同文会大讲反击"黄祸论"、同文同种以及黄色人种的优越性，但那只是在对俄的场合下才使用的，具有浓厚的统一战线工作的色彩。在日本人的心底，尾崎行雄等人主张的"支那灭亡论"和对中国人的蔑视更有市场，而到了"应该瓜分中国"的主张出笼时，竹越与三郎提倡的、连"黄祸论"都只能甘拜下风的"中国人种侵略世界论"竟也大行其道，并广为留学生们所闻。②从《清议报》译载的文章来看，1895年刊载的竹越的论调中把中国人比喻为老鼠，似乎是早期的例子。竹越发出过种种极端言论，比如说，"中国人为世界最易繁殖之人种也"，"彼等如鼠族一般，恰似自乘数之增加焉"，说中国人如今已染指暹罗、安南、马来，将来由西伯利亚、西藏、印度、委陀而侵略欧洲。在日俄战争以后，特别是1910年代以降，伴随着日本对中国扩张与侵略的步伐的加快，这种论调越发肆无忌惮，甚至在中国留学生面前公然宣扬。留日第二代的文学青年团体中有一人把他进入三高"开学之第一日"的体验写成了《最初之课》（东山作，《创造》季刊第一号）。经过一高一年的预备学习进入三高的作者东山在文中暗示在东京时感觉很痛

---

① 冯延铸：《东游鸿爪录》，山西大同县署印，1921年，第9页。
② 《清议报全编》第17卷，第5集，《外论汇译论中国》（上）。

苦，他想，大概古都的人不是暴发户，性情温厚淳朴，于是抱着这样的期待转往京都。进入校门后上的第一课是地理。一个三十多岁的老师点名时，先是问道："你是清国人吗？"接着又装糊涂，立刻开始刁难道："什么，中华民国？我怎么不晓得？支那吧？"而在论述什么五大强国或者帝国殖民政策之类的话题时，他又特别指出："你们看支那人！他们走到哪里，人家都讨厌他们，叫他们作猪，他们却只是去，泰然地去，世界上最多而处处都有的只有鼠和支那人……"吐出这样的狂言。这哪里还能谈得上学习，所以只上了一节课，民族仇恨重新被唤醒，并被更深地铭刻，这只能让人扼腕浩叹了。

国旗事件与教科书问题

写下这个小标题时，可能会使人联想到三十余年前发生的长崎国旗事件[①]，以及最近几年持续发酵的教科书问题。并非

---

① 长崎国旗事件，指的是1958年在长崎发生的日本极右翼组织的人员公开侮辱中国国旗事件。是年5月2日下午，日本极右翼组织成员在长崎市浜屋百货商店四楼展出中国邮票和剪纸等工艺品的展厅（该展由日中友协长崎支部主办）内，扯下了会场内悬挂的中国国旗。日本警方拒绝处理这一事件。尽管在此前，（3月5日）中日双方签订的第四次民间贸易协定及有关的《备忘录》明确规定，双方商务机构均有权在常设机构等建筑物上悬挂本国国旗，但岸信介政府却不承认该文件的法律效力。因此，中国政府认为，这一事件实际上是岸信介政府奉行追随美国、敌视中国的政策，有意恶化两国关系正常发展的又一突出表现。5月9日，中国副总理兼外长陈毅发表谈话，谴责岸信介政府破坏中日民间贸易谈判，纵容暴徒侮辱中国国旗。中日贸易陷入中断状态，其他方面的中日民间交流也都因此受到了影响——摘自钱其琛主编：《世界外交大词典》（上册），北京：世界知识出版社，2005年，第381页。

要牵强附会，但是历史现象不可思议的反复与若合符节还总会让人莫名地受到触动，同时让你不由得考虑，它会包含什么启发吗？

首先，介绍一下留学生杂志《江苏》第二期、《浙江潮》第四期和上海的《苏报》（1903年5月7日）都详细报道了的成城学校运动会上的龙旗（清朝国旗）事件。综合三家的报道，事件的经纬如下。4月26日，成城学校举办运动会，该校二百名中国学生与其他学校近百名留学生参加和观看。进入会场，见由五颜六色的国旗组成的万国旗中，唯独少了中国龙旗，学生们大怒，推举了几名代表到学监处诘问。学监或答"贵国未入万国协会"，又谓"悬挂万国旗仅为装饰，不关紧要，本无一定规则，诸君何喋喋为？"。针对学监的遁词，学生们反击道，本校运动会由多达二百名的中国学生与日本人共同举办，与什么万国协会有何关系？既然说悬挂与否无关紧要，那就全部取下来如何？否则就悬挂上中国国旗！但说不通。于是学生们会集到大讲堂，听取代表的交涉报告，很多人觉得太窝囊，气哭了。即便是那些平时被视作不学无术、没有节操的由南洋军、北洋军派遣的官费生们也打破了沉默，一致赞成联合抵制。一番交涉之后，某少佐叫去学生代表，表达了歉意，说这是监督的疏漏，现在已让他去取龙旗了，请你们也放弃抵制吧。于是龙旗被挂在了各国国旗之首，会场正中央的国旗悬挂台上，一面巨大的黄色龙旗与日本国旗并立。然而全体留学生认为此事件"触发我国家之思，深感无地自容"，终无一人再到场。

这件事既传达了轻微的感叹，也传达了"没辙"的心情。遗憾的是，"无独有偶"，它正符合当时的情形——在接纳留日学生的各个学校中无论是其品位还是声望都很高（当时颁发的

"大清帝国学生毕业证书"下方署的是"成城学校长从六位冈本则录、成城协会长正三位勋一等功三级男爵儿玉源太郎"),且与中国的官方关系最为密切的成城学校,居然也出现了像这样的国旗事件,而且不能引以为戒,类似的事竟一再发生,委实令人愕然。

《吴玉章回忆录》中说,1903年秋,一直接收中国士官留学生的成城学校停止招生,所招学生转由同年新创办的振武学校接纳。恰好在那时,刚刚来日的吴玉章被成城学校在读的同乡劝导说,如果想进入正规大学,那就先进成城学校,这里无论是管理还是课程设置都很严格。于是吴玉章们急忙请求校长,哪怕就文科也行,请照以前一样继续为中国人办两年的半速成中学班。所幸得到校长的痛快回应,但是校长又告诉他们,如果募集不到二十人就无法开班。于是学生为凑齐人数四处奔走,托他们之力,中国留学生在成城的阵地终于得以保留(是否仅仅是托此次努力所赐难以断定,事实上该校直到1945年战争结束一直保持了日本招收、教育中国留学生的最长记录)。由于有这样的一段经历,所以校方对吴的品行和声望都给予高度评价,虽有时迟交学费,学校不仅不催,还照常按月给他发零用钱,这样,使得家里寄钱常有不济的他得以继续学习到毕业。对这些,后来成为革命家和教育家的吴玉章日后仍然坦诚承认,"这个学校确实水平高、要求严格","'成城'的某些有益的经验,我一直不曾忘记",感慨颇深。然而,

学校当局对我个人虽然很照顾,但我却并没有因此而放弃了应该进行的斗争。记得是1904年的元旦,学校悬挂的万国旗中竟没有中国的国旗,中国同学一时大为愤慨,我便领导大家坚决斗争,向学校当局提出:若

不道歉和纠正错误,我们便不上课、不吃饭。学校当局对我说:"我们对你这样好,你为什么领着大家来反对学校呢?"我说:"学校对我好,我很感谢,但是,对于国家荣辱的大事,我们是不能不誓死力争的呀!"学校当局无法,只得在我们团结一致的力量下屈服。①

细想的话,作为争执点的国旗——"黄龙旗",对于吴玉章等以反满革命为志的热血青年来说,未必是值得自豪的标志,在国内,或者在同志之间,它作为满洲统治的象征,甚至都会给吐上一两口唾沫的。但是出了国,它无疑就是中国的国旗,悬挂还是不悬挂,怎么能以个人一己的恩怨去处理呢?成了这个逻辑了。从吴玉章回答的"我们是不能不誓死力争的呀"这句话,我们仿佛都可以听出:老师如果是真为我好,就应当能理解和成全我们这些珍重名节的学生的立场——这样一层恳切陈述的话音。然耶否耶?

即便退一步,从单纯的卖人情和感恩的层面来论事,按报道第一次国旗事件的《江苏》杂志的话来说:"旗藏于室,悬之何难?不悬,亦于日人无所利,悬亦所谓顺水人情耳,乃日人并此人情而不肯做,必力争而后从,则日人之轻视我何如矣。"②事情就以这种方式被理解和定义下来了。这样子彼此间感情的鸿沟只会加深,根本谈不上消除了。遗憾的是,对于那些囿于中国人善于牟利、日本人长于爱国这种流行观念的人来讲,中国士人重气节的传统,和越是国家积弱受欺就越积聚的悲壮

---

① 《吴玉章回忆录》,北京:中国青年出版社,1978年,第25页。
② 《成城学校近事二则》,《江苏》第二期,第157页。

感，于他们永远是风马牛。

　　在两次国旗事件之间，成城学校里还发生了别的冲突，那就是《浙江潮》第五期所报道的"记联队生刘君某被辱及成城学校诸君公愤事"。某近卫兵中尉（名西乡，据留学生讲为某名门之子）侮辱正在连队实习的刘君而引发了冲突，成城在校的中国留学生抗议："吾中国人为留学而来，非娼优可比"，于是他们先到留学生总监督处，又到日本参谋本部去报告和抗议。参谋本部某官员对此的解释是："敝国古来素有此风，自明治维新后，已示禁止，然至今终未尽除也。"一般情况下，这个解释就明白了。就是中国的一部分士大夫中也有"此风"，进入一高等学寮的学长们也会逢人便讲那些"硬派"和"软派"的传闻。问题是，此官员强调说，日本国就是如此，不服的话"贵国以后可不必再派学生"，这就跟前面弘文学院在发生争议时硬不认账的蛮横劲儿一样了。自尊心受到伤害的学生们这样回答道："此事不唯敝国人所不能堪，即反之于贵国，亦恐不能堪。试问贵国数年前为一妇人赴美洲被美人所辱事，贵国留学生及商人大愤，公致电于贵国政府，后经美人谢罪，事始了结。今刘君留学生也，岂贵国妇人之不若？"① 类比的方法是东洋式的、正当的，反驳甚至可谓犀利，而其心底却一如往常，是挥之不去的"弱国子民"的悲怆。

　　这么看下来，那就会说，即便这样，留学生们的言行方式是否过于落入国家荣辱这种俗套了呢？多多少少会有这样的疑问发生。这就与后面要考察的留学实态关联上了。作为中国文

---

① 《记联队生刘君某被辱及成城学校诸君公愤事》，《浙江潮》第五期，1903 年 5 月 15 日。

人的癖好，言（好豪言夸张）行（多虎头蛇尾）乖离虽是常见现象，但就上面的问题而言，我感觉并没有大道理与真心话之别。就从消极的角度来论，即使有差别也只在是重国家的尊严还是重个人的体面上，但加倍在意"待遇"的中国士大夫阶层传统的癖性是共通的，不得不承认，在这种情况下，也加倍容易产生怀疑和抗拒。

而所谓的教科书问题，指的是当时的另一种事情。因为中国当时既然以日本的教育为范，当然会十分关注日本的教科书。事实上，且不论19世纪末开始的对包括教科书在内的日本书籍的翻译，中国近代最早的全套小学教科书《最新教科书》（商务印书馆，1903—1905年）就是以日本的教科书为蓝本，由长尾槙太郎、加藤驹广及山谷某为编纂顾问而编成的。[1] 留学生们对日本教科书进行实地考察后，也自主地介绍或翻译了不少，翻改的就更不用说了。但是，此事从一开始就包含着重大悖论。首先一条，就是不得不直面对中国人来说乃是屈辱和伤心种子的内容之多的问题。在饥不择食的最初阶段，这个问题还说得过去，但以日本取得日俄战争大胜、社会上骄气大升为转折点，留学生和考察者们都对"从小学阶段就开始在教科书中灌输敌国国情"这种情况渐渐地敏感起来。但在变得敏感的同时，他们不会感情用事，也不会动摇学习日本的姿态，这一点我们从《东游鸿爪录》的著者与青年王朝佑的例子中已经看到了。反过来说，像后者那样，自己虽能够忍受军国少年们的欺侮，但是当自己的母国被当成培养军国精神的靶子时，终归是不能忍

---

[1] 王绍曾：《记张元济先生在商务印书馆办的几件事》，收入傅璇琮编：《学林漫步》初集，北京：中华书局，1980年，第20页。

受的了。有一次,王朝佑所住的旅馆住进一对日本母女,他们常一起聊天,也一起游玩。

> 小女约十二三岁。忽指我墙壁所挂之中国地图曰,此将来之日本也。余问其故。则答曰:日本兵强,中国兵弱,且中国人不知奋发。长此以往,不亡何待?灭亡之后,中国之土地,不将入于日本之版图乎?余闻是语,汗流浃背,愤激之词,不可遏抑。与之较乎,则彼乃小女孩耳。不与之较乎,则余脑筋所受之刺激,诚无法可以消弭。再三制止,略平怨气,详细以思。我不责人,只有自责。①

这还是仅能窥知的日本学校所施行的教科书内容之一斑。在教室里听到这样内容的讲义,感到抗拒的留学生更多。就像刚刚提到的京都三高的"最初之课"一样,在讲到国家与民族啦、地图版图啦之类时,留学生反感、反抗的事例特别多,大概也并非无故。

东京高等师范学校的教室里。出生于泰山山麓农家的范明枢(1866—1947)直到四十三岁一直是在家乡从事国民教育的乡村教师,后来(1906)实现了赴日留学的愿望,作为一名老学生登记在册。在课堂上,只要一讲到中国的地理,日本教员就会格外起劲儿。"他们大讲中国的特产,津津乐道山东莱阳梨、肥城桃、乐陵枣,课下还把实物分给学生们品尝。(中略)所有

---

① 王朝佑:《我之日本观》,1927年,著者刊行,第115—116页。

这些都深深地刺痛了他那颗身在异邦的赤子之心。"①这课堂上的情景,和他当时讶异不平静的心情,留在了他的回忆里,并在归国后向一代代的学生讲述。

说到师徒,培育出伟大的学生(毛泽东)、名留近代教育史的教育家杨昌济在几乎同一时期,在东京高等师范的教室里有过类似的体验。在西洋史课堂上,先生讲罗马正讲得起劲儿的时候,话题突然跳到了中国上,"谓中国人与罗马人同,唯宝爱其文化;虽外人入主其国,苟不伤其文化,即亦安之"。但是被老师这样武断地言说的国民,教室里正好有一个。什么"即亦安之"?开什么国际玩笑!"私心揣测,谓日人不怀好意,颇有继满人入主中国之思想,此吾国人所当深念也。"这是他当时的反应,而且在课后很长时间里他都闷闷不乐。②

遗憾的是,有关教科书的记述并没有留下更多。倒是到了20世纪二三十年代,出现了因为当时住在中国的日本人对于中国学校教科书上出现的排日、抗日内容异常紧张,而把这些材料搜集起来向"内地"呼吁的情形。事情和理由的顺逆虽然调了个个儿,但是一想到20世纪以来的中日之间,即便是一个教科书问题都会有怎样的敏感又执拗至深的因素纠结缠绕不去,就有一种被某个深不见底的东西给震慑了的感觉。

---

① 乔彩娥:《他八十一岁加入中国共产党——人民教育家、抗日老英雄范明枢》,《人物》1985年第4期。
② 王兴国:《杨昌济的生平与思想》,长沙:湖南人民出版社,1981年,第46—47页。

第六章　留学生活诸样态

与就学状况相关的公使报告

　　转换一下视点，即使把校方的问题和精神层面的歧视、学科和待遇等的简慢这两点充分地纳入视野，我们也不得不承认：单就"就近便利"（又为便通）的日本留学而言，留学生自身在就学状态上也问题颇多，尤其是存在着诸如目标不稳定和不纯、缺乏持久性、依仗着"同文同种"而懈怠散漫，乃至种种造假作伪等不良现象。1902 年 8 月吴汝纶访问日本外务省时，山座圆次郎曾经向他这样评价中国留学生："今来本国留学者，中国、朝鲜、印度。朝鲜政府十余月不寄学资，诸生日赴使馆寄食，自不能一心勤学；印度学生向学独锐，中国学生则心颇弛懈，贤于朝鲜而不及印度。"[①] 关于朝鲜和印度，如果对照地想一下这两个国家各自所处的状态——前者因为日本而正处在渐趋亡国的恐慌中，后者则可解释为因完全为欧洲帝国所吞没，因此把希望寄托于亚洲新兴之国而一心于"卧薪尝胆"——这的确是令人信服的评论。评价中国学生"心颇弛懈"也大体妥当，同样反映了中国国情和基于此的"东洋留学"的目的。但话说回来，由于具体目的的复杂多歧而形成的心态或学业松弛度不可能一样，并且山座评价的还是"少数良质"时代的状态。一两年之后，到了速成留学与短期考察大潮涌来的时候，就出现了从打着各种"○○救国"论的学习组、以集合亡命客和同志为日课的运动组，到把东洋游学当成新式科举的镀金组、以游山玩

---

① 吴汝纶：《东游丛录二·摘抄日记》，东京三省堂，明治三十九年，第 48 页。

水乃至享乐为目的的"考察"组的各种群体,其形式可谓丰富多彩。在留学史及整个近代史上留名的基本上属于第一、第二两类人,这些人从数量上说属于少数。如果从就学和学业状态上看,包括大部分运动组在内的大多数人(1906年的统计显示,速成课程占60%,中学程度的普通课程占30%,高等学校占3%-4%,进入大学课程的占1%,中途退学的占5%-6%[①])未必在认真、安定地学习。关于这一点还留下了一份秘密报告。驻日公使杨枢在处理完取缔规则事件之后不久,写出了上奏清廷的《密陈学生在东情形及筹拟办法恭折》,折中首先分析了当时留学日本人数骤增的原因。他指责学生大多"挟利禄、功名之见而来,务为苟且,取一知半解之学而去,无补文明"。这样说很是苛刻(挟功名心来学习只追求一知半解固然反映了部分真实,但说于文明无补则是浅见),但如果把就学情况的报告与上述《革命评论》上的报道综合起来看,则可以说它大致还是符合事实的。

> 日本普通学堂专为中国学生设者,如成城学校等三四处尚称完备,然不完备者则不下十余处,有以三个月毕业者,有以六个月毕业者,甚至学科有由学生自定者,迎合学生之意,学生即喜入之而不能禁,此普通学堂之不可恃也。
>
> 日本高等、专门各校及大学校皆有定额,中国学生年增数倍,而学额不能增。奴才屡商日本文部,皆有难词,即能增额,亦难容此数千之众,后来者尤难预计,此高

[①] 《学部奏咨辑要》第三卷之《奏定日本官立高等学堂收容中国学生及各省按年份认经费章程折》。

等学堂之不能容也。

学生在东习普通者,以两年半毕业,此两年半内仅习日本语文犹虑不足,其他学科往往有名无实,近并两年半毕业者,亦寥寥其人,此普通学之不可信也。

日本学生自小学起,每试验皆合格,至入大学亦须十四年,若是其难也。中国学生到东年余,在本省又多未预备,甚或国文亦未尽晓,遂幸入大学,三年毕业一试获隽,出其强不知以为知之学说以应世用,其贻害可胜思耶?故虽大学及高等毕业者,亦未可尽信也。(关于这一点,在刚才提到的吴汝纶、山座圆次郎对谈中,后者率直地表达了自己的忧虑:"今日本待中国留学生加等,令其但学二年便入大学,因本国学年太多,学级抬高,系属一弊,故特改良。本国学生前在米国,只随米生一例。米不特为日本优待也。吾曰此可极感。但闻日本大学校,近均用欧文,吾学生来学仅二年,于贵国语尚难学好,未能更学欧文,不能听讲,殊无可受益。"①)

加之所入之学屡迁,所习之业无定,争学费则一省以一省为例,补学额则一府与一府为仇,甚至奸窃之案亦不一见,贻笑外人莫此为甚。②

早期留学日本、后来担任驻日公使的章宗祥也证实,也就是赴日本留学,可以既没有语言的准备,也不要求基本的学力与学历,官费的由中央与各省分设定额,逐年派遣;自费则但

---

① 吴汝纶:《东游丛录二·摘抄日记》,东京三省堂,明治三十九年,第47—48页。
② 《奏为密陈出洋学生在日本情形并筹拟办法事》,《光绪朝军机处录副奏折》,档案号 03-7216-018。

筹数百元，即可浮海而至。至于所习科目于自己性质宜否，并不顾虑，"试医不得，则农工，试法政不得，则理化"，这是普遍情形。① 不过法政科考也非经考试不能上，不上它的话还可以学理化。这是1910年代之后的事情，清末的情形则相反："以未经中学堂毕业，普通学不完备，出洋以后，见夫法政等科可不必习普通学而躐等以进，于是避难就易，纷纷讲习法政，以致实业人才愈见其少。"②

一方寻求方便，另一方则给予方便，可以说这是个自由放任、串通一气色彩浓厚的世界。除了语言与新学基础不具备之外，这还是源于赴日本留学目的多歧的现象。以下各节，将把留学目的不同的人大致分为学习组、游学组和参观组三种，分别来看看他们各自是如何活动的。

游学组是主流派，占压倒性多数。不断重复国内举事和亡命国外之循环的黄兴、为寻求同志而来的秋瑾、致力于撰写革命宣传小册子的邹容以及陈天华、视组织活动比吃饭更要紧的宋教仁等杰出的革命家群体也属于这个组。他们当中只有宋教仁留下了日记，它成为了解当时情况的绝佳的例子。

翻开《宋教仁日记》，我们发现1904年12月中旬抵达东京的他于翌年1月3日（按日本年例还在"三天大年"里），就"开创刊杂志发起会"，其后的一周里展开了令人眼花缭乱的活动：碰头、磋商、拉人资、找人执笔主笔、撰写发起书、选举负责人，一个人到"牛込秀英舍工场，订印刷杂志章程"（该

---

① 章宗祥：《东京之三年》，收入庄建平主编：《近代史资料文库》（第四卷），上海：上海书店出版社，1979年。
② 《学部议复御史俾寿奏请选派子弟分送各国学习工艺折》，光绪三十四年九月二十一日，收入《学部奏咨辑要》第四卷。

章程也由他亲笔撰写,半日之内草成,多达十九章四十三节),"至小川印刷店,订杂志原稿用纸,并收券簿","至爱雨堂,订刻杂志社各应用图章,共十六颗",等等,巨细靡遗。这还不够,其间还拜访了女子军的英雄秋瑾女史,申请加入她们组织的"演说练习会",又说"余久拟作《中国新纪年》一书"而开始了收集资料等准备工作。如此这般,以抵日不足一月计,其活跃恰如超人一般。①

这里为了形象地描绘这些活动家整天的行住坐卧,笔者引用两三日间(并非特殊的例子,只是记述事项较明显易见)的日记来看一看。这是抵达一个月之内的大奋战稍稍平息之后。

(一九〇五年一月)二十九日

辰正,至湘西学会,是日为湘西开本月例会之期,时至者约五十人上下。先经谢伯勋演说开会理由,讫,余乃次演对于瓜分问题,大反对要求政府之说,而主张各省独立自治。座中有反对者,亦有赞成者,未决议而散。午正,至崎越馆雷道亨处,谈片刻。未初,至越州馆黄谷庵处午餐。未正,至海国馆章行严处,坐谈片刻。申初,回。酉正,复至海国馆章行严处,不遇,乃至彭希明处,亦不遇。戌初,回。

(一九〇五年一月)三十日

辰正,往锦辉馆,赴湖南同乡会。时至者约二百人,

---

① 《宋教仁日记》1905年1月3日至15日日记,长沙:湖南人民出版社,1980年,第22—25页。

皆决议不赞成要求政府之说，而主张全省独立自治，至午正始散。余偕胡文岩、杨仲达、陈伟臣回午餐。未初，余至成昌楼，与柳聘农等食料理，讫。申初，至聘农寓，聘农与柳济贞、彭希明、徐运奎皆寓升盛馆者也。酉初，至张步青寓，谈片刻。酉正，至郭瑶皆寓，不遇，乃至一书肆，购《香港男女四（之）绝叫》《雄辩术》《谈话法》《法律上结婚》各一册而回。戌初，至永井家，坐谈良久，以《男女之绝叫》《法律上结婚》二书赠之。戌正，回。

（一九〇五年一月）三十一日

午正，黄庆午来，相商阻止陈星台北上之行。以星台前对余说有曾谒梁卓如及屡次通信之事，遂拟以改变宗旨、受保皇党运动责之。庆午乃约余明日同至渠处开特别谈判，余允之。未正，渠去，郭瑶皆来，偕余至加藤馆取相片，遂同至留学生会馆，阅报良久。晤秋璇卿，坐谈一刻。申正，至一书肆，购《罗马教皇》《国际地理学》各一册而回。

东奔西走、迎来送往，好不容易在次日即2月1日日记的"至顺天中学校上日语、英语课"一句中，第一次出现"上课"的字样，但也只是去了两三次就放弃了。直到6月打算进法政大学的预备课程为止，他一次次重复着这种三天打鱼两天晒网——每次先付一个月的学费，也不惜金钱付诸流水——的行为，此外再也找不到有关学习的记录。对于像他那样的职业革命家类型的人来说，也许确实是无可奈何。不过，他们却真喜欢买书、读报。就是前面引用的正月末三天里，他就有两天去了书店。

他们认为与其接连数月反复无味枯燥地背诵"挖达苦西""阿拉达",还不如尽可能多地去了解最新的知识,眼睛一天也不离开世界的、东亚的乃至母国的动向。比如,浏览他直到日本海大海战前一个月的日记,可以发现,从波罗的海舰队的每日动向到俄国国内的革命骚乱,凡日本报纸的报道他都详细地记录下来了。某日在座者"即酒酣耳热,宫崎氏乃纵谈东亚时势,深慨夫支那之不革命,卒及于朝鲜金玉均氏事,甚痛惜之"(1905年9月14日)。对这个场景印象深刻的宋教仁翌日则去买了《韩国新地理》等数册,去大桥图书馆借阅了《金玉均详传》。大概是只要听到革命的话题就热血沸腾,从中受到了启发就马上要寻求行动的指针,可以说这种反应方式本身就是职业革命家的宿命的一部分吧。

宋教仁后来是否进入了法政大学的预科,日记里并没有记录;不过要是那样,可以说对他是必要和合适的选择。但是话说回来,这也并不是从此就能安定下来学习的保证。他仍然继续过着繁忙的日子。别的不说,暑假正逐渐临近。1905年的东京之夏,是中国整个近代史上具有决定性转折意义的夏天:欢迎再度来日(七·一九)的孙文,兴中会、华兴会和光复会三大革命团体合并成立"同盟会"(八·二〇)。在这个过程中,关于继黄兴之后的华兴会活动家宋教仁如何忙碌,和所起的作用,仅看《日记》的记述,就无须多言了。这里仅从一日的日记(还是没有集会的普通日子)记录,就可以一窥他东奔西走的身影了。

(八月)七日

辰正,至贺联仙寓。巳初,至吴良愧寓。寻至聂雁湖寓。午初，至欧阳吉香寓。未初，至程润生寓，晤孙逸仙，言今晚六时约诸同志在山口方相会。未正，至鲁文卿寓。申初，至高剑公寓。酉初，至彭荫云寓。戌初，至黄庆午寓。亥初，回。

"留学界的普遍风气"及其暗流

东京盛夏的酷暑与中国年轻热血的沸腾，让空气都振荡了起来。那是激昂的革命季节，宋教仁等革命活动家每日里匆匆忙碌自不必说，这种忙碌也并非仅限于活动家群体，毋宁说，它作为留学生活的一种模式，已经普遍化了，这就是问题的严重性所在。

黄尊三在其日记中说："余到东数月，功课毫无进步，白天则开会访友，疲于奔命，入夜则魂魄颠倒，每惊醒，汗流如注，神气沮丧，不胜懊恼。"（一九〇五年十月五日）他是普通的留学生，不能不操心学业，但对这种状态也毫无办法，只有日复一日地被大流裹挟下去。这是过了十个月之后的日记：

（一九〇六年）七月二十日

早起，接少留片即复。黄小山、邹祉新、董本树来，留午膳，未几，刘积侯来，五点钟散去。近顷朋友往来，几无虚日。时间半耗于应酬，殊觉可惜，然此几成留学界之风气，无法挽回，加以个人神经复杂，思虑太多，借朋友之往还，可以减少思虑，调剂神经，故明知耗费时间,亦安之而已。

这番话非常明快。它因此也成了一部可称为同乡相慰色彩涂满行间的日记。反过来,这里几乎找不到与日本友人交往的记录。石陶钧在其回忆录里也说:"我在新环境中直接保持联系的,第一仍是湖南人,其次便是中国留学生,至于倭地与倭人,还接触得很少。"把其中的"湖南"二字改成"浙江",直接用来描述弘文学院时代的鲁迅也是合适的(鲁迅在《致蒋抑卮》的信中说,两年后在仙台才开始"深入彼学生社会间"[①]),这是留学生中的普遍情形,即便缘由很清楚,但是如果从来到日本的目的是学习这个基本前提看,必须说这成了双重的"无法挽回"状态。或者,前面所说的都算大道理暂且不去深究,这里还有一个解剖留学生"生态"时极为重大的问题点——即支撑上述的"留学界的普遍风气"并助其存续的那股惰性的而且强大的力量,就是昔日中国士人身上一般都具有的乡党意识。这种乡党意识融汇到留学界兴起的各省独立自治的思潮里,便刮起了一股"省界"优先的风潮。

本来,就像杨昌济到达东京不久即向某后辈建议的,"吾国数千年来学者之当务,除读书尚友古人外,以立志、择友为大事"[②],中国素有这种士风;而且一部分爱国家、革命家的立志与"择友"——招募同志的活动作为留学史上的前进运动也应该得到承认,这一点自不用说。问题是,他们日常层面的"择友"

---

① 鲁迅:《致蒋抑卮》,收入《鲁迅全集》第十一卷,北京:人民文学出版社,1981年,第322页。
② 郭之奇:《清末留东回忆》,收入《湖南文史资料选辑》(第十辑)内部资料,1978年。

活动反映出了浓厚的乡党"山头"意识。回溯历史，在首都设置地方会馆始自汉代，根据出身籍贯分党的风气到了宋、明两代达到鼎盛。[1] 就清代而言，当时的北京所设的湖南系、浙江系、福建系和广东系的省、府、县各级会馆及同乡会馆很多，它们都是在京本籍士人的社交、集会和临时住宿等福祉设施。当时，以出仕中央的官僚贵绅为中心的封闭的山头色彩很浓厚，这种风气又进而通过他们的"衣锦还乡"而扩展开来。从某种意义上说，随着可称为晚清文人社会——或者它剖切下来的完整的断面标本——的一时性直接搬家般的大举留学日本的潮流，这种风气被带到了东京也就不足为怪了。不过以进步派学生为中心的初期留日同乡会的活动并非如此陈腐。"省界胎于庚辛之间，广人《新广东》（著者欧榘甲，单行本于1902年刊行，而此前一年在该省留学生和在日华侨子弟成立"广东独立协会"时其论已成）出世。省界问题如花初萌，于时各种同乡恳亲会先后成立"[2]，此种风气遂兴。《新广东》提倡的各省独立自治主张的要旨如下。欧美各国革命传播之快，和日本维新的气势扩展之易，是因为有斗争与交流等国家间的紧密联系，国家观念与自强独立的思想发达的缘故。与之相反，"自一统以后，各安其居，无竞争则无远征，无远征则无交涉，无交涉则彼此不相闻问，不相亲爱，故此省之视彼省也，与秦人之视越人之肥瘠，无以异也。"就这样过了两千年，对于中国人来说，"中国之名，于其身泛而不切，尊而不亲，大而无所属，远而无所见。（中略）夫治公事者不如治私事之勇，救他人者不如救其家人亲戚之急，

---

[1] 文诡：《非省界》，《浙江潮》第三期。
[2] 同上。

爱中国者不如爱其所生省份之亲,人情所趋,未如何也。故窥现今之大势,莫如各省先行自图自立。各省既图自立,有一省为之倡,则其余各省,争相发愤,不能不图自立",那么就"如日耳曼联邦、合众国联邦之例,即谓全中国自立可也"。①这种理论虽然单纯得近乎幼稚,但是接受此类思想的杨笃生的《新湖南》、章炳麟的《藩镇论》等论著相继问世,各省同乡会成立之后以省份命名的杂志《湖北学生界》《浙江潮》《江苏》等先后创刊,每个杂志也或是重复相同的论述,或着手省内的实情调查等,真有如火上浇油般的扩大之势。影响源很清楚。除了欧美例子之外,在章炳麟的《藩镇论》等论著中提及"板荡之世,非得藩镇以尊攘,则宪政不立……如日本之萨、长二藩始于建功,而终于纳土,何患自擅"②,是把日本的经验放在了视野之内的。论述之当否不说,这种但凡能成为救国方策就统统汲取的热情是很可贵的。

这种热情,在最富激情的"湖南之民"的身上以最炽烈的形式表现了出来。《新广东》的著者就曾说过:"昔者谭烈士嗣同,唐烈士才常,开湘报于长沙,日日发论湖南之当自立,如萨摩长门之于日本,慷慨激昂,全湘风动。(中略)是为中国省报言自立者之始。"③当时在留日学生界,经过广东人的提倡、湖南热血男儿们的继承,《新湖南》的纲领诞生了,杨度创作的《湖南新少年歌》——"中国如今是希腊,湖南应做斯巴达;中国

---

① 太平洋客(欧榘甲):《新广东》,收入《辛亥革命前十年间时论选集》第一卷上册,北京:生活·读书·新知三联书店,第270页。
② 汤志钧编:《章太炎年谱全编》(1868—1918),北京:中华书局,1979年,第91页。
③ 太平洋客(欧榘甲):《新广东》,收入《辛亥革命前十年间时论选集》第一卷上册,北京:生活·读书·新知三联书店,第288页。

将为德意志,湖南将做普鲁士。"①——广为传播。当我们去关注湖南男儿的这种热情时,有两个特点必须注意。其一,这里有来自日本的间接的和直接的影响。谭嗣同等人在创办《湘报》(1898年3—10月)一个月之前,正在访问武汉的神尾光臣等人请求与他会面,说服他赞同中日结盟或者中日英三方以日本为中介结盟,神尾怂恿说"振兴中国当以湖南为起点",听了此番言论的唐才常们精神为之一振。②放论"湖南当如萨摩长门之于日本云云"的人,其气势应当与此不无关系。

还有一点,那就是在"湖南当做普鲁士"一言深处,潜流着一种"不服输"的别样的赎罪意识,这也是当时的一大特色。还是杨度《湖南新少年歌》中的话,由于曾国藩的湘军"不助同胞助胡满",使得腐败的清朝得以苟延,结果招致如今的内忧外患,故"祸根唯是湘人作"。所以《新湖南·绪言》中说,是书之作,"以耻旧湖南人之甘于为奴者"③乃是创作动机之一。这里也有两点要注意。其一,这种历史解释在宫崎滔天的《三十三年之梦》(平凡社版,1970年)中也能见到(与留日志士的断罪完全相同,只是名字不是曾国藩,举的是其同类李鸿章,判定其罪是屠杀同胞、助长贼子嚣张气焰、侮辱国家、毁灭汉人),那么这里就产生了一个两国志士到底是谁影响了谁的有趣问题。即便不去深究,至少可以看出这在当时是相当流行的思潮。还有一点,毫无疑问,这种罪恶意识不是"阶级分析式的",但它在那个时

---

① 何汉文、杜迈之编著:《杨度传》,长沙:湖南人民出版社,1979年,第14页。
② 唐才常:《论中国宜与英日联盟》,中国史学会主编:《中国近代史资料丛刊·戊戌变法3》,上海:上海人民出版社,1957年。
③ 杨笃生:《新湖南》,收入《辛亥革命前十年间时论选集》第一卷下册,北京:生活·读书·新知三联书店,第615页。

代当中是非常纯真和坦诚的。创作《湖南新少年歌》的杨度本人从幼年时代开始致力于学问乃至能够留学，靠的完全是农家出身的祖父加入湘军、出人头地而成就的门第。如果进一步追溯这种罪恶意识的话，又要回到谭嗣同先辈那里。他也说："中兴之役湘人自以为功，吾日夕思之，铲灭同种，以媚胡族，实负天下之大罪，吾日夕痛之。"① 或许正因为如此，他才舍身自殉于维新、变革的事业的吧？

留日学生的同乡会，在最初阶段也就是依据《新广东》《新湖南》的逻辑成立的一般性的动员组织。借《浙江潮》的话来说，那就是："其贤者抱抑郁不可诉之心俯仰，自痛涕泗横流，梦寐犹警曰中国亡矣。而留学之多数或醉或梦，以酣以嬉，委其责任，不知今日为何日。此一二贤者之同化力又不能撼多数社会而一起之。（中略）夫区划小者今易行，不惜一变其口声为后来告，而乡情之说又为中国人流传之习惯，因势而利导之。"② 并且如刚刚提到的，它对当初留学界的大众动员和爱国运动的高涨都发挥了巨大作用。

（在本书中，因有正史的专著未加讨论的）1903 年拒俄运动的发动就是显著的例子。俄国拒绝从满洲撤兵的消息一传来，各省的同乡会就变成了讨论和行动准备的场所，其中江苏、浙江籍者成了中心。这之前的江苏籍人，大体上讲跟热血的湖南籍人不同，精明的江南秀才较多，曹汝霖和章宗祥等是其主流，1900 年成立的早期亲睦团体"励志会"也是由于他们追随体制的态度而解体的。后来，在大阪博览会上因福建省展品而与日

---

① 杨笃生：《新湖南》，收入《辛亥革命前十年间时论选集》第一卷下册，北京：生活·读书·新知三联书店，第 618 页。

② 文诡：《非省界》，《浙江潮》第三期。

方交涉的青年秦毓鎏等新锐人物成了主体，他们创办杂志《江苏》，组织同乡会，形成了新的战斗力量。是他们把最初遭到留学生会馆干事曹汝霖等人拒绝的组织"拒俄义勇队"的提案主动接了下来并挑头，得到湖南、福建等各省留学生的响应，从而掀起了声势浩大的拒俄运动的。这是留日学界首次展开的不分省籍共同奋起、团结一致的大行动，这就使得曾为以前那种一盘散沙，"事事不想自己承担，只会评价，将会失去国民资格"的状况而忧心、扼腕不已的某志士，从此抱有了"可见吾国人爱国之心、排外之力、敢死之气，非绝无根性"的希望。①

但是从后来发生的事实来看，这种大同团结的情形，除了在两年之后结成"同盟会"时，在其他场合并不多见。合并成同盟会的湖南的"华兴会"和浙江的"光复会"在那前后仍然在继续着山头之争；普通留学生也继续分省聚集和行动。每当国内或者本省出了事，都会在同乡会上商议，有时也聚到留学生会馆进行没完没了的"自由辩论"，甲论乙驳，最后通过一通抗议电或者呼吁书什么的，就解散了：总是这种三部曲的形式。再从日常生活来考察，那个"乡情易亲"也是易作怪的。同乡组织一旦成立，"人人心中遂横一大梗蒂。闻一议，接一人，遇一事，谈一语，必首先叩曰是何处人、何籍人"。尤其在大举渡日之后，新来者寄身同乡圈内，堕落者隐身同乡圈内，同乡会中会以"毕竟是同省"取视而不见的态度。他省之人则曰："彼自有同省人为之计划，安用公为？"因而漠然置之。但若真是发生了什么事，同乡人也未必管，顶多热闹一通即寂然无闻。②

---

① 《军国民教育会纪事》，"中华民国资料丛稿"《拒俄运动》，北京：中国社会科学出版社，1979年，第109—110页。
② 文诡：《非省界》，《浙江潮》第三期。

于是也开展自律运动。黄尊三的日记中有这样的记录:"就某君通敌召开同乡会会议。某君以向当局密告革命党的行动谋得了官费,此种罪行不可原谅,决定即刻将其逐回国。"即逐出了"圈子"。不过,即使是这样的事还是内部处理,所以与对"外"一致团结是并行不悖的。上海刊行的《大陆》杂志(二卷三号)报道:"1904年春季大会在锦辉馆召开,参会者五百余人选举留学生总会干事。由于当选者全部为湖南、湖北人,大家皆怀疑,重新验票,结果(选票)多达七百余张。全体哗然。"诸如此类的冲突事件发生过不止一两次。《大陆》是以以前的留学生为中心创办的杂志,杂志以"知耻吧,留学生"为标题报道了上述事件,由此可以窥见国内舆论的不满以及老当事者们的反省和焦虑。事实上,《浙江潮》上阐述同乡会创办意图及其变迁的《非省界》一文就是对国内同志的非难——"今日之我青年诸子不幸而具此两原质",即"合群之说"与"涣群之原点",虽增加了"文明排外之思想",却化为"野蛮排内之渠魁"——的回答。被留学前辈敦促反省,《浙江潮》的这位论者进而感慨:"总之不于人格源头着想而为之淘汰,为之区划,虽倡议累千万不能救横流之万一,省界者正与区分人格背道而驰者也。"①

尽管如此,在留学的日常生活中,要摆脱这种无聊、慵懒的世界几乎不可能。1906年2月1日进入早稻田大学清国留学生部预备科的宋教仁在入学第一天下课之后,迅速地"书每日功课表一纸,贴于壁,合学校功课表尽抄录之,而复加以余自定之自修功课"——每日六时半起,洗脸、早餐,七时后阅报,八时后观书,九时后上学堂,下午五时整归,散步、静坐,六

---

① 文诡:《非省界》,《浙江潮》第三期。

时后作文,八时后温习功课,十时后读新的学问书、写日记,十时半就寝——"定为每日力行之,以励此躬",但是遵守诺言的记录一天也没有,而且也并非因为忙于运动。经过此前一年组建同盟会的高潮,他多少算是安顿下来了,但是仅同乡间"他人的骚扰"这一条,就足够让他陷入疲惫不堪的状态了。他从立下上述向学意志的当天开始,就被患上神经官能症而终日无所事事的同乡某君指责"一周见两次还要受到限制,甚情薄","有背交友之道";不仅如此,对方对自己的解释充耳不闻,使他越发陷入被打扰的困境。仅仅在3月的一个月期间,就有多条"李和生来,留宿,是夜未观书"这样内容的记录。这还算好的:"十二时李和生来,复以昨日之事戒余。(中略)十时,回。李和生又来。(中略)以诘责余,(中略)(余)至就寝后犹再三言之,何生始信焉","和生归后,迅速送来明信片,责余昨夜辩明之际有不平之色",此类纠缠争执不休的记录,多达二十余处。这样的情形自二月开始一直到暑假,不分昼夜、一日不落地持续着,结果弄得宋教仁于8月下旬被东京的脑科医院收留住院了。这还没完,他住院之后,问责书信呀、叫他到市内来的信呀,仍然接连不断地来,读着都累,打住吧。巧的是,宋在脑科医院还发现了其他三位留学生患者,所以李和生有那样的神经质症状也并不奇怪。然而不得不说,如果同乡间的关系密到这样膏药般紧贴的程度,那简直就是使寸草也难生的孽缘了!

第六章 留学生活诸样态

留学界"满汉相克"的图景

这么看下来,也不得不触及与上述情形相悖的历史上的另外一种"孽缘",即留学生世界的"满汉相克"的图景。

一方是汉民族士大夫阶层,而且是身为其中新生代年轻精锐群体的留学生们,他们在外面的自由天地里大张反满革命的气焰;另一方则是一个个精挑细选出来的"满洲八旗"子弟,是保住统治权、对抗汉族(包含名臣张之洞和军队实力派袁世凯)势力的意识特别强烈的一群。这样的双方发生冲突是必然的。1903年的春节,骏河台附近的留学生会馆举办团拜会。集会上,斗争精神高昂的满洲学生发表了充满对抗意味的演说,在座的刘成禹、马君武两位学生针对"满洲吞并中国全部领土"的历史和夺回汉民族主导权的正当性,与对手展开了激烈辩论,博得满座掌声。无地自容的满洲警察班(在川岛浪速的推动下,由肃亲王于1902年向弘文学院派遣、特设的班)的首领长福愤起辩驳,但由于寡不敌众,在满场的奚落和痛骂声中语不成词,在场的公使蔡钧也一声不吭。迄今所见,这是满汉两族留学生的第一次正面冲突。后来蔡公使以开除惩罚了刘成禹。其间,咽不下会场上的惨败那口气的满洲八旗留学生们集会商议报复措施。这时出现了一个劝阻他们的人物,就是前文已经介绍过的良弼。在论述他的平息策略之前,必须首先请两位与留日学界"关系密切"的满洲贵族高官在本文登场。

一位是在义和团事件发生后死去,与留学生几乎没有直接关系,但在留学界制造反满革命的舆论时必然登场的"反面教师",他就是慈禧太后的近臣刚毅。据说由他口撰的"汉人强,满洲亡,汉人疲,满洲肥"这个"十二字诀"在辛亥革命前的中国非常有名,到了无反满宣传文不引用的程度。新式学堂出现初期,他就强烈反对,他的名言"学堂之兴,适所以制造汉奸"①也成为满洲贵族顽固派敌视教育振兴、扼杀民族新机运的证据而不断被引用。

还有一位,就是端方。与被视为顽固派化身的前者形成了鲜明对照,端方是清朝最后十年间有名的才华出众的高官。他自1903年代理张之洞两湖总督一职,在防止拒俄运动向内地扩散和镇压留学生时出任急先锋以来,一直扮演着这样的角色。他曾经教导满族的留学生道:"当今之世界新报固不可不阅,而留学生所出之杂志,尤不可不看。看愈多,则留学生排满之方法可以透彻,而吾可以思抵制之计。"②与此相关联,通过大派甜头,在留学生内部培养奸细,也是他堪在近代史上留下一笔的一大发明。他不单挑唆满族学生,还经常使用让汉族学生内部互斗的离间计或者反间计,以制造革命党同志之间的怀疑和伤害。③

把目光转回留学生内部。在端方所主张的路线上最具特色的"斗士",当然要数被称为"满洲学生之雄"(《民报》语)的良弼。他不仅年轻,而且才华横溢。由于出身于没落的满洲贵族的一个支族,从少年时代起,他就身处偏远(四川省),过着平民生活,因而十分了解社会底层的实情与民心所向;再加上在日本留学开阔了视野,他切身懂得对于统治民族而言危险与

---

① 彭国兴、刘晴波编:《秦力山集》,北京:中华书局,1987年,第160页。
② 《點哉端方之告谕满学生》,《江苏》第六期,1903年9月。
③ 冯自由:《革命逸史》北京:中华书局,1981年。

第六章　留学生活诸样态

活路在哪里。所以在归国成为统治阶层的实权人物之后，他不惮对遭到慈禧太后镇压的"戊戌维新"表示惋惜。坊间还流传着这样的逸闻：当处于权力顶峰的某亲王的公子意欲强行非礼一民家姑娘时，良弼痛斥该亲王公子道："为我满族制造敌人的乃不肖之辈！"并对其加以惩处。① 另一方面，为准备从袁世凯手里夺权，他从陆军士官学校在学期间，就跟包括秘密革命党在内的汉族士官留学生们关系密切。然而正是这样一个良弼，在前面的新年会反满演说事件中毫不手软地逼迫公使开除刘成禹的同时，在劝阻还要闹的同族伙伴时跟他们说：不必担心，那些人只要给他们一个"红顶子"和五十两白银的俸禄，还会跟原来一样做咱们的奴才的！有趣的是，将他的这套逻辑边比画边宣讲实际演示出来的例子，是现成的！而且这个演示者不是别人，正是良弼的同族师兄铁良。归国后不久，作为清朝京畿练兵大臣，铁良到姬路来参观在那里举行的奉祝天长节陆军特别操演，某日到某校（不清楚是否是母校）访问，曾发生这样相当露骨低俗的一幕：因他位高权重，人家让他对后辈的留学诸君留言，他不慌不忙地指着身上象征官阶的朝服和头上的"红顶子"说："我也曾是留学生，诸君只要努力，这些东西就能到手的呀。"② 也可以说，这与从提供官费资格（公使馆），到保证

---

① 李炳之：《良弼印象记》，《辛亥革命回忆录》（第八集），北京：文史出版社，1964年（作者叙述与李炳之的记录有差别。李文所记载的事情经纬大致如下：庆王之子载振指挥家丁强拉一个汉族老医生的女儿，老医生被家丁拳打脚踢。良弼便去与载振理论，言语不合动起手来。巡警惧怕载振，反而申斥良弼并要将他带走。良弼露出身上的黄带子，说这是家事，要巡警送到宗人府。良弼在宗人府痛斥载振："大清江山就坏在你们这些人手里！"宗人府同情良弼，收押了载振。参考该书第559—560页——译注）。
② 《铁良误矣》，收入《游学译编》第六册"通信"。

归国后发迹的（端方的）收买计策是一脉相通的。

另一方面，在汉族留学生系统内，最为拘执于满汉之义的当数章炳麟一派。他们激越的反满宣传刺激了历史意识与政治意识的觉醒，使得革命气势高涨起来；与此同时，主张"汉种中国人之中国""驱逐住居中国中之满洲人，或杀以报仇"（邹容：《革命军》）等言论，很有可能助长狭隘、极端的汉族主义和种族复仇主义，这也是事实。当时，东京的同志之间为了保卫国土而组建"拒俄义勇队"，申请参战，该派的某先辈用一种极端的理论进行非难，认为满洲是满洲人的老巢，而诸君是"代满洲人而拒俄，乞怜于满洲政府，愿为前驱，甘为牛马"，那些义举"无乃太背人情"。① 有关东京大多数留学生的状况，陈天华在《绝命书》中论述道："今革命之论，嚣嚣起矣，鄙人亦此中一人也。而革命之中，有置重于民族主义者，有置重于政治问题者。鄙人所主张，固重政治而轻民族。"他寄希望于满洲政府施行变法，"融合种界，以御外侮"。然而由于政府"取缔"拒俄运动，"我排彼以言，彼排我以实"，他意识到"满汉终不并立"，自己不得不向反满主义倾斜。②

当然，在学生世界，此前就存在满汉之间的严格区隔。姑且不论其根基是两族之间的基本问题，就在日本留学这个热门的新政措施实施之际，满洲统治者当然也不会忘记他们的满门家眷。从1902年到1904年间，外务部、管学大臣、宗人府（调整和管理满洲宗室即皇族的特权待遇的官厅）诸系统就相继下达有关"贵胄学生""宗室子弟"游学的通知，并且清楚地规定了"贵

---

① 自然生（张继）：《读严拿留学生密谕有愤》，收入杨天石、王学庄编：《拒俄运动1901—1905》，北京：中国社会科学出版社，1979年，第287页。
② 陈天华：《绝命书》，收入《陈天华集》，长沙：湖南人民出版社，1958年。

胄学生、官派学生、游学（私费）学生的顺序"①。理所当然的，他们的待遇和地位优渥（不仅全部官费，而且士官留学的比例很高），在预备学校也享受"特待生"待遇，因此他们好耀武扬威，即便不这样也跟自己所来自的各省的同乡会不相来往，而以宗室或者八旗结成圈子……如此种种招致不满。这时发生了拒俄运动，身处局外的八旗学生们把这看成全体汉族学生的团结奋起而感到恐慌也并不奇怪；而公使馆和国内的端方等人开始有意识地组织和动员满族学生，把他们用于对抗或告密，也以这一次为起始。经过一两年之后，随着同盟会的成立与反满革命意志的高涨，"终不并立"的形势也在加剧。《宋教仁日记》里对此有多处记载，黄福庆著《清末留日学生》中也引用了的作为满族宗室留学生和一般留学生对抗事例的怪异文章《灭汉种策》，在当时特别有名。事件的经纬是：据称系留美学生宗室某某对留日学生革命势头的高涨很是焦虑，就写信号召东京的同族奋起反击。该信不知怎么回事被人在"横滨、东京间火车上拾得"，于是作为"反面教材"送去印刷，然后广为流布。其中"灭学生"一章这样写道：

> 十年来迫于洋人之势，国家不得已而变法，开学堂，派出留洋学生，不过要遮洋人的耳目罢了。不意此等学生，智识骤开，屡与咱们为难。有学问，有本领，有社会上的声势，有外国人的救援，或潜内地，或居外洋，合天下计之。虽没有确切的调查，其人数已不少。他们

---

① 外务部、学部等：《会奏请派贵胄出洋游学折》（附章程），光绪三十三年十一月初一日（1907 年 12 月 5 日），载《学部奏咨辑要》第三卷。

既自相结合成一社会，复与别的社会交通联络，做种种煽动之事。故汉人之为咱们患者，唯此学生一派为最凶。今日当处置者，亦当以此学生一派为急急。处置的法儿，一则阻他们智识的进步，一则绝他们活动的道路。务必严定法律，密布罗网，以防患于未然。盖他们的所以智识增进者，无非书籍报章，而学生的最凶恶者，又都在私立学堂及自费出洋留学生中。自今以后，凡内地学堂，当不准私立，悉由官开，学堂中除日用课本的外，不准学生私自取入他书，而课本则须由国家勘定的，方能颁行。且学堂中体操一门，当一律除去。盖体操一门，小言之则能养他身体强壮，大言之则能开他尚武风气也。外洋留学的，当永远不准私费出洋。有私自出洋的，罪其父母，夷其家室。其已出洋在外的，当使他永远不能归国。有归国的，就地正法。其官费生之在外的，当派咱们亲信的自己人，前往各国，监督一切。若少有异心异言，即诱他归国，置以典刑。至留学陆军一节，尤当注意。以后凡不是咱们八旗人，均宜不许学陆军。（中略）书信除家书外，不许来往。然家书亦须开封呈监督阅过，方可递送。其余则书籍报章二门，尤当特定律法。盖近日的学生往往借书籍报章以煽动人心也。书籍则非由国家勘定者，不许出版，倘有私自印刷发售的，即严刑究办，除作书的正法外，罪及印刷局。报馆亦须经国家许可后方能开设。现在各地报馆林立，宜一律封闭，择其中向来议论纯正者一二家……（中略）至外洋的报章，着内地一律不许售卖。不论何人，有一张外洋报章的，即当处以死罪。如是办法，则学生之患，自能消灭，可无忧也。①

引用该文的黄福庆的论著认为即如小册子刊行者所言，该文是满洲学生所作。其实根据中国近代史上的事实，满洲贵族要捍卫专制统治及特权，肯定会进行殊死斗争，所以有这种怨毒之气也不为怪。但是罗列这么多太过露骨而极端（但却并不相称地陈腐）的说法，也难免有逼真过头之感。首先，不管满洲宗室出身的那些人有多么浓厚的特权意识，好歹是在欧美留学的洋学生了，连"阻他们智识的进步"这种话也说得出口吗？笔者以前就曾注意过一点。迄今一直没有注意到的《宋教仁日记》中的一个注释突然映入了我的眼帘——此信宋教仁是年曾予以刊印成册，题为《灭汉种策》。卷首题词："胡灭汉，存一半，汉灭胡，一个无。"刊印说明称，此系在横滨、东京间火车上拾得，实为鼓吹反清革命的反宣传品，当时影响很大。也有疑为宋教仁杜撰者，后收入思汉子所辑之《汉满杂拾》中。②

编者、注释者根据什么样的资料来断定"实为……"，并未明示，但应该是可信的吧。按照惯例，但凡不是校订本，论述本身会比较谨慎，却并不一一列举出所依据的出典——除了这个习惯，倒是还想到另有一点，那就是在漫长的中国历史上，包括后宫在内的政界的暗斗中的假托、伪造、调包等情形，确如家常便饭一样平常。要说呢，这也不限于一个国家一个时代，在政争的世界里，为了达到目的而不择手段这种不成文的做法

---

① 黄福庆：《清末留日学生》，（台湾）"中央研究院"近代史研究所刊行，1975年。（原文见某留学生宗室著：《灭汉种策》，翻刻及传播者：将灭犹未灭之一汉人，乙巳年八月十五日翻印，第10—12页——译注）
② 《宋教仁日记》，长沙：湖南人民出版社，1980年，第27页，注释③。

本就盛行，更何况以革命和正义之名呢。在现实的留日学生界，这种所谓的革命"反宣传品"的运用案例在其他场合也能看到，因此宋教仁等人即使这样做了，也一点不奇怪。

不管是真是假，这无疑都反映了处于革命高涨时期的东京留学界满汉两族学生之间的紧张关系。这个时期，此前保持比较低调的集结状态的满族学生，为了对抗鼎盛期的同盟会，也借用1905年8月同盟会成立时的会场锦辉馆召集"八旗学生大会"，大肆张扬气势，宣称"今日无所谓中国存亡问题，但有满汉生死问题耳"。在那种场合中所拿出的对策，大体是如前面所说的密告加上取消官费、遣送回国等靠统治者的强制力推行的清洗策略。对于革命党的关键组织及其机关报《民报》，他们根本找不到良策（譬如有人提议"我们也办一份报纸来对着干怎样？"马上又会说，不行，这样不但打不过《民报》，反而给他们提供了反满论辩的诱饵和目标，正中其下怀，也受不了他们的集中轰炸，云云），恐慌之色浓厚成了他们的特征。[1]

作为对这种急转直下的力量对比的反映，这回倒是反满的留学生们方面主动发出了"你们尽管放心吧"这样的话来做安抚工作："民族革命非尽戮满族五百万人之谓，倾覆其政府，不使少数人握我主权，为制于上之谓也。其与我抵抗者，不能不敌视之。此外即无反侧，则必侪之于平民。其贫苦无告者，更将为之谋社会之生活。"[2]这倒颇令人释然。就连一向激越的反满家章炳麟，好像为了确保革命成功，也采取了同样的态度。武昌革命爆发时（1911年10月），就读于士官学校的满族学生全

---

[1] 去非：《纪十一月四日东京满学生大会》，载《民报》1906年第九期。
[2] 同上。

都惊慌失措起来了,其中的一部分人跟他们在北京组建了彻底对抗革命的"宗社党"的大前辈良弼一样想要反抗,并且有人建议向日本军部做工作借兵。当时在东京的章炳麟听闻此事,立刻发表了《致留日满洲学生书》。文章中说所谓的民族革命,是要恢复汉人主权,绝不会"效昔日扬州十日之为",让满族学生放心,并以"诸君对于此事幸各安怀,明哲自爱"一言相诫之后,将目光归指日本而结束全文:

> 东方一二妄人,志在兼并他人土地,妄作莠言,以动贵政府之听。不知贵政府之旧交,首在俄罗斯,其次则欧美诸国。与彼国交通使命建设商场,不过三十余岁,借口旧交,其实安在,彼国旧交之域,气过高丽。今观彼国之待高丽,他日之于满洲可知也。①

留学生管理诸相

在考察留学现象时,特别是把留学作为(后进国家的)国家事业而推进的场合,就会发现问题和纠纷很多。清末的赴日留学运动,其兴起之势异常迅猛,病入膏肓的清朝政府又软弱无能,这使得留学生的派遣与管理工作从开始就极为混乱。

从派遣开始,官厅的怠政和管理缺失就相伴而生。最初的

---

① 章太炎:《致留日满洲学生书》,载汤志钧编:《章太炎政论选集》(上册),北京:中华书局,1977年。

十三名留学生（1896）是外务部从部内的培训所等部门抽取的，由驻日公使带领，直接委托给了时任外务大臣兼文部大臣的西园寺公望，然而抵达日本仅半个月就有四人回国，过几天又发现有两人溜走了。张之洞派送的第一届武备学堂的学生也像吴禄贞他们那样，在国内起义时赶回国又返回日本，因公使馆等管理当局竟然没有发觉而平安无事。初期仅有数十人时官吏就已经处于这种状态了，那么对于留学生中搞运动的一帮人来说，如此合适方便的开局恐怕也是求之不得的了。

自从 1901 年秋颁发了实行新政、奖励留学的上谕以来，"赶快把人送出去"这种从众心理喷薄而出。笔者曾经有机会查阅清朝相关档案，除了张之洞、袁世凯之外的二流、三流的地方长官发出的留学派遣报告书（咨文）很多，但看上去千篇一律，使用的词语完全相同，很是让人吃惊。不过如果仔细看的话，里面却什么都没说。不管是哪一篇报告书，从开头到靠近结尾的部分，都是"奉上谕，造就人才，实系当今急务"这样照抄上谕，而后就是"等因奉此"，"拟派遣某省某县某生"这种固定模式。连留学是怎么回事都不了解，只因看到一直对变法和维新进行封杀的皇太后亲自发出新政列车"出发！"的信号后，担心自己赶不上趟的"伙计们"的心理充斥纸面。真是俗透了。在这种状况下"齐步走"而出发的实态，可举四川省的一个例子来看一下。

四川省学务处 1905 年的资料①显示，该省的赴日留学以及此前的省武备学堂招聘日本教师的推动者是日本帝国陆军大尉

---

① 胡沙：《四川学生官费留日考订》，《四川文史资料选辑》第六辑；朱必谦：《对〈四川学生官费留日考订〉之商榷》，《四川文史资料选辑》第十五辑。

井户川辰三。他任职于重庆日本领事馆，从 1898 年起就开始把少年邹容等六人召集到领馆内，指导他们学习日语。1901 年年末，四川省总督向张之洞请教之后决定派遣第一届官费留学生，邹容等多人在井户川的推荐下入选留学名单。然而过了两年，在 1904 年年初，在首都任职的四川省出身的高官联名写信给当时的总督锡良，诘问道：在日的二十四名四川省官费留学生中，四川本籍的只有八名，其他皆为"官幕"（也可以说是职业幕僚，由长官个人招聘来带到各地赴任的智囊或刀笔吏，浙江省就有很多绍兴出身的文人从事这种职业）子弟所占，这简直是"鸠占鹊巢"，是让别人吸我们川人膏血，岂有此理。如同听了晴天霹雳的总督惊慌失措地给驻日公使馆发电报咨询此事，留日同乡会的报告则横插进来，说，不，情况更严重，实际上只有六名四川本籍人。一对人头，是呀，为什么只有六人到了东京？公使馆也是一头雾水。要揭开这个秘密其实很简单。出发之前名单上的邹容因为"不端谨"的帽子而被取消资格，由另一名"官幕"子弟顶替；还有一个根本没有出发。就这点儿事，两年间不论是派遣方还是接收方都蒙在鼓里。但其后总督要求把官费名额严格限定分配给本籍学生时，公使馆也辩解道，这种"鸠占鹊巢"的现象在哪个省都很普遍，就是"一本糊涂账"，所以，六名就六名吧，否则徒然刺激本已无日不为争抢费用而吵闹不休的学生，我们可受不了。你以为可笑吗？公使馆的回答里最后没忘补上一句，如果事态扩大，那将"给外国人提供笑柄"哩。老大帝国虽然国体羸弱，但是越来越重体面，而且在信奉"无事是贵人"的惰性的官僚世界里，上面这句话是非常有效的撒手锏。这件事因此就稀里糊涂地过去了。

另一方面，当时赴日本留学生的派遣说简单也简单，那是凭着学生们的一纸"劝留学书"就能意外奏效的时代。四川的留日同乡会继上面的事件之后,又发现本省的留学生比其他省少,觉得不像样,而同乡会刚向家乡的长官和父老乡亲们呼吁,力陈其必要,当局就接受了同乡会的意见,命令其管辖下的各县各派一人,用县的预算送出来。据说此令一出,立即百人会集,成功地推动了四川的留学。尽管有过邹容的例子,不过,在大多数的场合下,即便多多少少地有点儿反体制,但只要是优秀的人才(或者如第四章提到的河南武备学堂校长的例子,只要学生不在眼皮底下闹)都有机会被选作官费留学生。

不过自从1902年以后,在东京方面,公使馆的官僚们对于自费留学生,神经紧张到了让人可怜的程度。对前此上谕所说"如有自备旅资出洋留学者,着各该省督抚咨明该出使大臣随时照料"的任务,当时的"出使大臣"蔡钧是一副吃了黄连的苦样子。他从自己的直觉出发,下了一着"先手",不让"来历不明者"学军事。成城学校起初与普通的预备学校差不多,自费生也能进;后来蔡钧向日方交涉,说它与陆军士官学校是配套的,中国学生要进入成城学校必须由公使本人推荐,而让日方更改入学办法。[①] 于是发生了自费生硬闯公使馆又被镇压的事件。1902年7月,希望进入成城学校的五名自费留学生由正在日本视察的吴汝纶作中介,请求公使推荐。碍于吴的情面,蔡钧很难拒绝。他首先撒谎(称已经跟日方沟通过了,由成城在校生数人联名推荐也可以)涮了学生,接着推诿责任说是日本参谋本部不许可。学生到参谋本部询问,得知蔡撒谎,转而去诘问蔡,蔡磨叽耍赖,仍拒绝推荐。因此好打抱不平的吴敬恒

---

① 曹汝霖:《一生之回忆》,春秋杂志社,1966年,第19页。

第六章　留学生活诸样态

等数十名学生闯入公使馆问责，蔡则把日本警察引入公使馆，把学生强行驱散，或让带到警察局。他接着向外务省施加压力，强制吴敬恒等两名学生出境。而就在此三个月前，为蔡钧奏请彻底废止留学派遣的机密文书泄露一事刚闹得沸沸扬扬。首先，这种作为一国的代表来说显然十分过分的龌龊卑怯——包括为了一心摧垮留学，不惜痛骂驻在国日本的机密文书事件在内——的手段，遭到国内外的非难。《新民丛报》这家杂志就从第五号到第十四号持续抨击蔡钧，其后清末名著《文明小史》中也多处描述了蔡的丑态，此外，东京的《朝日新闻》《每日新闻》《读卖新闻》《万朝报》等十一家报纸都不约而同地刊发了抨击蔡氏、声援学生的专题报道。①不仅是舆论，连当时在东京的京师大学堂总教习吴汝纶也被卷入其中，清廷甚至派了处理事件的特使赶到东京，负责接待的小村寿太郎等日本当局者也不得不出面说话。可以说这是贯穿留学日本史的取缔与反取缔斗争的豪华版序幕，其时所展开的有关留学生管理的讨论对后来的大规模留学产生了很大影响。

蔡钧反对留学，他的主张，简而言之，就是"各省自设学堂"，学生不必去日本，学堂可以"招聘泰西（不是日本）的著名教习主讲，慎选清白子弟，分门肄业，再由使臣多译东西有用书籍中无民权平等诸学说者，咨送贵衙门核印"颁发各学堂，同时，自即日始"若各省更能永停添派游学，俾卒业者有去无来则根株悉拔，流毒有时而尽"②，则可喜可贺也。这是出于对清廷的过剩的忠诚，但也是对刚刚实施新政的朝廷的不敬，他甚

---

① 《行人失辞》，《新民丛报》十三号。
② 同上。

至叫外务部对驻外公使馆编纂教科书进行干涉,既荒唐又放肆,真是蠢笨到家了。更不用说,这自然也违背了日方积极招徕留学生的意图。所以被朝廷急电从访美的途中召回的特使皇族载振,在报告情况的上奏文中确认了镇压学生这件事的同时,奏称"出使大臣蔡钧不洽舆情,激成臣变,请严予惩处"①,毫不犹豫地将蔡钧抛了出来。而小村寿太郎在与载振的谈话中,虽称公使的处置"系为慎重起见,办理尚无不合",但在讲了一番外交辞令的同时,又建议管理留学生"宜选派更为博学爱才之人"任之②,暗示了对蔡钧其人的否定性评价。教育家吴汝纶的态度则更为鲜明,他在对"众以官费留学生谨守分际为言攻击私费生"的情形提出反驳的同时,就此事多次访问日本外务省,寻求帮助。

> (八月)十九日访外务省政务局山座圆次郎。山座论及留学生事,告以私费生有益于国,望外部爱惜保护,以振敝国新机。山座谓分别官私乃中国当道之见,日本无此意。日本往时游学米国,亦不分官私,亦好与本国公使为难,归而与当道亦不合,此各国所有,但要学成而国家真用耳。③

在这一点上,朝廷特使载振也持论相同。结果一场波澜平息,私费留日的路径大开。但有一点值得注意,那就是,像载

---

① 《专使大臣载振查复日本游学生聚众滋事情形折》,光绪二十八年(1902),载《约章成案汇览》乙篇卷三十二(下)。
② 同上。
③ 吴汝纶:《东游丛录二·摘抄日记》,东京三省堂,明治三十九年,第47页。

振的上奏文中所载，小村说"究竟华生只有此数，日本数万生徒，设有此等情节，岂不虑其渐染，故管学大臣及监督教习于诸生意旨倾向，息息相关，审察防闲，极为精密，断不至稍有疏忽"①，建议设置统一管理学生的总监。清政府接受了这一提议，于同年秋着手制定相关制度。不过就结论而言，通观留学史，可以说没有比学生总监更倒霉的差事了。

不管当局是保守还是无能，学生们的留学状态出现问题之不可避免，从后任公使杨枢有关就学情形的报告就可以明白。就从"留学"的字面上看，是留在某处认真地学习呢，还是不停地变换学校和居所逃学旷课，滑向反体制（监管方的真担心）或品行不端（这是其次）呢，关注的焦点集于此，取缔与反取缔的斗争也因此不断展开和重复。

自从1902年10月设置留学生总监开始，就因为这是在"同日本的外务省、文部省、参谋本部协议的基础上定下的规则"（清《外务部档案》二八五五卷），便被视为第一使命。翌年拒俄运动发生后，遵照慈禧太后关于"留学生界弊害甚多，应及早制定防备、规范之法"的指示，在京的张之洞和内田康哉公使协商并制定了《约束游学生章程》②。同一时期，一份关于留学生情况的报告书也说："臣等与从日本到北京来访以及从日本归来的内外诸公会见，听取详细事情，大体上言论偏激、叛逆心重之外国留学生徒有其名，实际上终日闲荡无聊，还有一天学

---

① 《专使大臣载振查复日本游学生聚众滋事情形折》，光绪二十八年（1902），载《约章成案汇览》乙篇卷三十二（下）。
② 黄福庆：《清末留日学生》，（台湾）"中央研究院"近代史研究所专刊（34），1975年。

也不上者，各个学校修业学生中不遵守规则、不求进步者也很多。证言一致——与日前视察日本归国的铁良大臣所闻之留学界新印象吻合。"当局根据这种认识制定的"约束"留学生的基本方针是"应以所修学业为本分当为之事"，"如妄发议论，刊布关于政治之报章，无论所言是否，均属背其本分，应由学堂随时考察防范，不准犯此禁令"，"其在外言动举止，如有不轨于正之据，经中国出使大臣商酌，务必减其品行分数"，"虽在学堂而托故不上学堂，应请与日本学生一律督责，勿稍宽假"，等等。简而言之，在日本要将检查的重点放在就学与寄宿上面。后面的两点对于学生们的活动与自由是最为切实的问题。从弘文学院集体退学事件的时候开始，这两个问题就成为很大的争执点，后来又成为 1905 年 11 月发生取缔规则事件的直接契机。弘文学院的争议虽然是因为费用问题而起的，但在进入与嘉纳校长集体交涉的阶段后，此前就希望行动自由的学生方面追加了允许私费生在校外住宿和走读的诉求。为此嘉纳也转趋强硬。双方你争我斗，谈判差一点破裂。据传最初全称为"文部省令第十九号 收容清国人留学生公私立学校章程"（档案二八五六卷"附呈日本文部省令一件 又学生原禀一件"）的所谓取缔规则中，从最初就招致抗拒被要求取消的两条，就是第九条"凡受选定之公私立学校应令清国学生在寄宿舍或在该校所监督之下宿等处居住妥为约束"，以及第十条"凡受选定之公私立学校如遇有品行不端之学生经他校剔退者不得令其入学"。学生指责清政府在该规则的背后做工作，而从以当时日方各预备学校的现状不可能实行的第九条来看，这种可能性是很大的。这且不论，反过来从学生们固执计较的劲头来看，应该承认，作为当局，确实也抓住了该抓的重点。以上是问题的正面。

第六章　留学生活诸样态

但是，除了首任总监督王大燮（后来历任清朝最后一任驻日公使与中华民国教育总长）等一两个才能出众者外，一直只有与实行这些规制举措极不相称的、不成样子的监督体系。被邹容等人剪掉辫子的姚文甫（据说与他通奸的女性是一个留学生监督官蓄的小妾）只不过是一个例子，而留学生监督官往往是清末最畅销的通俗小说《文明小史》等作品讽刺调侃的好材料。专门描写留日学生界丑态的《东京梦》中就展开了这样一幕乱斗场面。

> 为点儿银钱上的事情，陆军全体学生和武监督大起冲突。本来学生的感情和武监督素来不相融洽，借了这个火线，把平日的药性都引发起来。一日正在振武学堂，齐集了这里毕业的学生，每人发军刀一把，发毕之后，便有几个人把武监督围住，问他为什么平日躲着不肯见面的理由，武监督看人来得多，怕失了体统，便把挂的刀拔出来，喝道，你们再不散，我可要用武了。这句话本是想威吓学生，学生听着更闹起来。叫道，监督抽刀了。说着大家潮也似的涌上来。武监督防着自己受伤，便把刀左遮右挡，想冲围出去。有个学生怕大家伤着监督，忙来解劝，正走将进去，被监督的刀斫着头上，把监督的刀尖也碰断了，登时成了血人儿一般，昏倒地上。大家见着同学受了伤，不分青红皂白，拥上去一顿乱打，打得监督走投无路。①

---

① 履水：《东京梦》，作新社，1909 年，第 95 页。

这段描写基本反映了实际状况,这从中央学部反复强调"各省游学监督慎选,视为要差,不得以无学识者充之,反启学生轻侮心"这一点上也可以得到印证。因为是那样的状态,所以尽管首任总监督才能出众,但上任不足一年即找借口扔下了这个坏签;被恳求来的第二任也接踵而返;之后的四五年间找不到继任者,这个位子就一直空着。后来公使杨枢被迫背上了这个包袱,陷入了兼任总监督的窘境。至于他究竟面临着怎样复杂艰难的局面,我们可以听一听他的牢骚:

(学生们)来署则任意要求,在外则倡言革命。果能杀一儆百或可使其生畏,无如使臣无治外法权,学生纵有不法无从惩办。甚至文部省整顿学校规条则突起风潮,学部奏定管理新章则又生反对。催用警察则假国礼以耸听,斥革学生则借外人为护符;集矢之的,咎将谁归?枢办理四载精力已疲……①

学部推卸监督责任,杨枢向学部和盘托出自己的诉求和怒气,向上司(外务部)请愿,请求迅速跟对方商洽,促其派出总监督,否则"吾恐蔡使之事复见于今日矣"——他甚至这样使出威吓的一手,实在有趣。

然而说真的,学生们虽然倾向革命化,或者即使有个什么事件时多少拿公使馆当靶子闹一闹,但像公使这级的官员大概都能做到或佯装不知,或隐忍一时。至于学生们学不学习,那更不关他们的事了。最让公使馆头疼的,如其所言,就是来使

---

① 清外务部档案二八七五卷,围装订,北京第一历史档案馆所藏。

署"任意要求",办手续呀,借钱呀,催促官费呀,使得"我署无时无学生踪,喧闹、横行……不成体统"。借用当时亲眼见到这些现象、十年后自己也成过众矢之的的章宗祥的表达,公使馆乃至整个留学界"已成为争费世界矣"①。

于此,清末以来的赴日留学中特别显著的费用问题浮现了出来。

首先,就结论而言,它包含两个侧面。其一,就针对满洲统治而主张汉族主权的学生方面来讲,他们认为(当局榨取的)钱是自己该要的,一切干涉免开尊口,并以这样的姿态拒不接受关于就学和入寮的检查,同时(官费生)还要求增加公费,(私费生)要求官费补助(当内地的汇款不能持续的时候)。借钱,动辄缠着公使馆的工作人员不放。这样的姿态很明显,说它是欺负满洲当局官员,或者一时之权宜之计都行,总之,除了要钱讹钱,跟你公使馆还有什么关系?其二,是公费(不是省里的公派,而是地方筹款派遣的类型)、私费以及各种费用的汇寄情况等实际问题。本来,赴日本留学是最简单最便宜的:"最廉者每年约日银二百五十元至三百元,自费前往,负担亦不至太重,较留学西洋每名岁需银一千五百两左右,差距甚大。"这是上自张之洞下至留学当事人一致宣传的地方。②这里需要说明的是,"日银〇〇元"与"银〇〇两"并不等价,当时中国的白银1两相当于日元1.4元,行情很好。所以在张之洞的提倡和留学先驱的召唤下,各省长官纷纷附和,行动起来。官费和公费的范围

---

① 章宗祥:《东京之三年》,收入庄建平主编:《近代史资料文库》(第四卷),上海:上海书店出版社,1979年,第67页。
② 黄福庆:《清末留日学生》,(台湾)"中央研究院"近代史研究所专刊(34),1975年,第5页。

很广,以前甚至有人说对于志向远大、才华卓越的爱国者来说那是个最幸福的时代,指的就是获取官费这件事儿。即便没争到官费,自己只要能够准备白银二百两,东渡日本是轻而易举的。首先,(如今很难想象,直到1930年代一直都)不需要护照,可以说"噢!我去一下!"就去了,随意往来。

当时每人享受的官(公)费金额,每月从二十五六元到三十六元不等,这里有不同时期的差别、省与省之间的差别以及官费与公费之间的差别等;此外,说的也许是领取官费的总额与向学校总付的官费数额中间的差。1904年进入成城学校的某生回忆说:"时乃明治三十七年,物价低廉,生活容易,每月官费二十五元先拨交给学校,其中二十二元作为学费、食宿费及制服等杂费外,其余三元,退还给个人作为零用,此亦不过用以理发洗衣,故每月多用以吃中国馆子也。"①其他学校的方式看起来也是一样的。弘文学院的额度是二十五元(学杂费)加三元(零用钱),鲁迅用这三元只买些香烟和零食。②据说当时日本三口人的中产家庭每月的生活费也就只有二十余元,因此可以想象不论是校方还是学生自身手头都很宽裕,缴纳给学校之后还有余钱。这些钱说不定是用中国的白银支付的。秋瑾在劝兄长留学的时候就说:"托人谋一官费,(不仅可以安心留学,)则尚可兼顾家用。"③

所以就出现了如下现象(各种日记和回忆录多有记载):因拥有保证安定的一定金额,所以官费的折子就成了被用作典

---

① 程光铭:《留学日本追忆录》,《中国留日同学会季刊》,第四号,1943年6月。
② 厉绥之:《五十年前的学友——鲁迅先生》,载《鲁迅生平史料汇编》第二辑,天津:天津人民出版社,1982年,第52页。
③ 《致秋誉章书·其六》,载《秋瑾集》,上海:上海古籍出版社,1979年,第40页。

当（小额）商品的很好的抵押品，留学生内部甚至出现了把同伴当作剥削对象的折子金融家。黄尊三的日记里多处记载："因经济困难，至西路会场左君仲远处借款，将通账抵押，如借三十元，将通账交彼。至期，彼至使署领三十三元，大概合月息三分之高利。"（1906年2月23日）"给芷斋写名片，催促还钱。他上个月拿余之通账抵押，陷我生活于潦倒。"这种现象非常普遍。革命党斗士们急需调配活动资金时，也经常使用这种方法。热血汉子谭人凤这个大叔型留学生就是这种典型。他在自己1910年代创作的《石叟牌词》这篇回忆录中说，孙文、黄兴他们接到国内起义的消息，"急忙跑到长男处借其官费折子百元"，"时克强避债于宫崎家者及两月。余病其苦，代借官费生三折，于林肇东处抵借千金，得敷衍"。这样的记述很多。有趣的是，林肇东这个人"专事盘剥学生"，催促得急起来连"一时暂缓"都不允许。因"债台日高，万难敷衍，乃以《比较财政学》版权渡于林肇东，是书主持译印者余，编辑则宋钝初也"。这是到了连书的版权也顾不上的窘境。不过，在被逼得走投无路时，每每却逼出个喜剧性的收场，实在太有趣了——"于是以前抵林处之三折，嘱学生投使馆处报失，利金因得以不缴。余之为此事者，盖因所纳利子已浮本金，而林肇东盘剥学生亦殊可恼，故问诸心亦觉无愧也。"①

1904年以后，赴日留学急剧发展，私费留学生所占比例骤然提高，先来到东京以等候官费空下来的名额，此事做起来也并不困难。而另一方面，留学生世界中，由于来日目的的多种多样和身份的复杂，在运动与享乐两方面开销极大，费用问题

---

① 谭人凤:《石叟牌词》，兰州：甘肃人民出版社，1983年，第84页。

极为严重，乱象接连发生。谭人凤所谓的抵折子的事儿即便正当，折子金融引发的也无疑是不良风气，"向当局密告革命党的行动谋取官费"的某君的堕落更是不可原谅的。《东京梦》一书中有《东京杂事诗》，是当时普遍混乱的情形的速写——"学界悲沉郁／飘蓬渡海东／登科凭法政／致富学农工／风乐征歌舞／龙涛泣困穷／金钱奔走急／饮恨可怜虫"。[①] 在其他书里也有记载的风乐楼是享乐派经常光顾的饭馆，他们在那里日日大吃大喝，寻欢作乐，却不肯痛痛快快地支付自己的房租。"金钱奔走急"一句可以说是描述了普遍现象。1905年8月发布的上谕做出了这样的姿态：为在日私费生提供适当的学费补助。留学生们闻讯迅速涌向公使馆。一筹莫展的公使杨枢紧急给上司送密电，叫苦连天。他说，当时的五六千名学生中，二千余名官费生暂时没有费用之虞，但是私费生数量众多，且增长势头迅猛。"上谕颁发之后，留学生欢声雷动群相庆贺，谓此后可无困乏之虞，来请求津贴者日不一人。与之无巨款，拒之诸生攻之为不遵谕旨。"[②] 意思是说，饶了我们吧。真是一副活灵活现的在现场受夹板气的、哑巴吃黄连的神态。

各省官费的汇寄与支付，跟开头的大声吆喝和成批派遣的势头不配套，常因筹不出预算款（据报告，各县也有拒绝分担的情况）而拖延支付，因此到公使馆催促的或者来借钱的人很多。除了预算问题，在汇寄和支付途中经常发生挪用和贪污的现象也是很大的问题。这是腐败的官僚世界无法治愈的顽疾，从劝导留学的显贵高官到接纳留学生的预备学校，日方也脱不开干

---

① 履水：《东京梦》，作新社，1909年，第115页。
② 档案二八五五卷。

系，或者有相关的传言，由此，"畸形的"师生关系中又有一个争执点浮出了水面。

说起来，那是从日本留学一开始就经常成为话题的一个问题。从顽固派公使蔡钧的机密文书到留学归国者的旅行见闻，就像前面说的，都有指责日本开设"学店"即靠留学生来发财的。横滨的《新民丛报》和上海的《苏报》这两大国内外最有代表性的报纸从1902年起，就一次次地报道了日本人以那些希望留学或游历者为饵食榨取钱财的事例。姑且不论这些下三烂们的丑行，就连驻北京的内田康哉公使也被卷入丑闻。清朝外务部档案二八五七卷中夹有一份内田于1904年9月4日递交的抗议照会，题为《北京报捏登留学生经费交涉一事请饬辩诬并严惩由》。

根据档案所附的9月1日的《北京报》上所载"东洋学生的经费交涉"的报道，前一年京师大学堂初次派遣之际，每人一年四百元的经费汇总后经由内田公使交日本文部省管理。学生抵日后，每月伙食费五元，学费两元，宿费七角，……每年连衣服在内不过百余元，所余三百元之谱理应尽付诸生，乃去每月分十元，经争每月十五元，仍应余百余元无着，云云。这样当然又要闹起来，但究竟内情如何，内田抗议之后的结果如何，因为没有其他相关资料，也就迄无下文了。

与此不同，1903年6月12日的《苏报》报道的一件事反映了包括本章所涉及的满汉学生的问题在内的各个阶层的种种内情和人的行迹，若以之为时代相的一个断面来看也饶有趣味，这里作为附录摘抄如下：

[学界风潮]

满洲警察学生之历史

东京留学生

政府于前年春派满学生二十六人至日本学警察其中历史外人知之者盖鲜近得其局中人自道因略述其梗概如左

当二十六满学生之派遣时乃日人川岛氏之怂恿庆王故将此二十六人均托诸川岛事无论巨细均委诸川岛川岛与政府有直接之权力诸学生反成间接故学生有事必须禀命于川岛由川岛转禀于政府政府有事亦唯商之川岛而已此二十六人初自北京启程时政府每人给金百六十两为安家及制装之费而川岛由诸此二十六人中之学长长福者曰我借给你五百元给他们每人二十元汝能不言可乎长福曰可川岛遂先给长福五百元给每人各二十元嗣政府又筹有川资若干而川岛则求诸日本之山根少将将此二十六人随其军舰同行仅用去饭费数元船费一切未费分文抵用后事事唯川岛之命是听不得丝毫之自由若丧家之犬依赖川岛如主人翁川岛亦唯以奴隶视之而已既而毓朗来东考察及修路等事凡此二十六人甚为可怜以归语政府即从工巡局每年筹洋四千元以补助此二十六人唯此矣除川岛长福之外二十五人无有知之者数月之后此款已寄到东川岛告于长福曰汝可速作书致谢于是长福始告于众曰毓将军现有一百块洋钱赏咱们咱们应作一禀帖谢之众亦不知何故唯

第六章 留学生活诸样态

曰是于是长福代表众人作一禀众人亦未见其禀中云何糊糊涂涂听长福发付而已今年春外务部忽来文与汪监督问前给警察学生之特费究作何开销该学生等曾果得实惠否监督即传之长福长福陡然变色良久以实言告即哀求于汪监督曰此事关系甚大请监督万不可宣布于众监督诺之既而长福因改学速成科川岛派春寿为学长于是春寿渐渐阴知其事即往探问于监督监督曰此事诚有之川岛亦诚可恶但若从我处发觉未免于长君面子上不大好看春寿回校谋诸同人商酌尽善办法同人怒不可遏必欲将此巨款追出并非将川岛长福二人逐出不可众人签名盖印以誓坚志即刻以此事往问校内舍监小平氏小平始云仅有三百元春寿云顷敝国已有公文来款项明白何得云三百元小平不得已遂以实告知春等大呼曰此款究作何开销耶小平曰诸君稍安勿躁听吾详言之两位舍监每月薪水即一百五十元房租每月需六十元教习每月需四十元所寄来特费不过仅敷此开销耳春曰如先生言则每月二十五元之学费又作何开销乎小平曰此班警察学生可以不守弘文书院一切规则者即多此二十五元之故也春曰我辈素守弘文规则况初入学校时亦未言及此班学生警察者可以不守学校规则究竟将此款用于何处务请先生说明之小平闻之勃然大怒曰此等不知时务的话我很不欲听若必欲得其详你问川岛去罢我不知道春等亦愤然而出归而报告于同人同人举皆汹涌次日遂罢学于午后举代表数人至川岛处询问此事曰闻我们毓将军有赏我们四千块钱怎么我们皆不知道如不将此事弄清楚我们不在此留学矣川岛恐吓之曰你等即不在此学警察我在北京依然能办事学不学听诸君之便既而又婉言诱之

343

曰诸君不必注意此锱铢我请诸君在此好好同学将来你们朝廷必见大用春等曰虽先生如此说然仍请先生将此款究作何开销开一清单我好回禀川岛笑而语之春等归待之数日无复音春忽独至川岛家商议良久持一清单归校所开清单与小平前所云同春到川岛家作何语众人亦不得而知春乃告于众曰办事的办事上学的上学万不可因此小事辍业川岛前劝之言是也各学生又糊糊涂涂听春寿发付而已然以此款项颇疑生究不甘心时时窃议川岛忧之思弥缝其事适东三省问题起由学生编立学生军将以生命保国土满学生闻之大惧慑焉若祸之将及己也者思以避川岛甚喜乘此机会请该学生等赴大阪观博览会外人无有一知者一周间即返该学生等果咸感川岛代付游资且惮与外人交涉前事无有一人提及矣[①]

讨人嫌的游历官绅

当时的留学界中良莠混杂、千姿百态，其中有一个群体，从公使馆的官员到普通留学生无不对其大皱眉头，这个群体就是所谓的"游历官绅"。

与清朝高官从19世纪七八十年代起就开始到日本考察不同，普通官吏、地方官员和绅士的日本游历，同游学一起作为筹备新政的一环得以提倡，则是20世纪初的事儿。特别是初期的1902年，张之洞等人首先提议"各省办理学堂员绅，宜先

---

① 《满洲警察学生之历史》，《苏报》1903年6月12日（旧历五月十七日）。

第六章　留学生活诸样态

派出洋考察……而日本则断不可不到"（1902年考察日本的京师大学堂总教习吴汝纶，就是最早奉命而为的最高级别的官员）；又谓："自今日起，三年以后，凡官阶、资序、才品，可以开坊缺、送御史、升京官、放道员者，必须曾经出洋留学一次，或三年或一年均可。若未经出洋者，不得开坊缺、送御史、升京官、放道员。"[①] 这些提案甚至称得上是苦肉计或背水之战。由于1903年新设"学部"以及留学被纳入正轨，上述的高调暂时有所平息，但是人的移动在继续，到了1905年之后，赴日活动再次频繁起来，当年的提案在袁世凯管辖下的直隶省等地被付诸实施。官绅游历如此受重视的背后，可以说交错着这样几种暗流：一是，仅靠留学，派遣人数有限，攻读学业的时间又长，很难满足人才之需——这是表面的理由；二是，清廷还有个判断：如果是留学，自然就以年轻学生为绝对主流，但是要把新政托付给这些人，清廷又难以放心，反之即便是临时抱佛脚般地给满洲贵族和现任官吏贴上个游历的标签，让他们先取得实施新政的主导权才为上策；三是，那些官绅们本身虽然不像年轻人那样要去享受自由，但也想出去看一看，这种从众心理也交错起着作用。四川总督在一份派遣考察官的申请报告书上说道：（中国与）日本的成功之道也必有本末之别、先后之序，这绝非"轻薄狂躁的书生所识得"，考察之重任必须委予"深谙中国国情，领会取舍选择之要领"的明达官员[②]。这一段话，可以说准确地表达出了当局者内心的真实想法。

实际上，关于去了之后的情形与收获，包括当事者自身在

[①] 林子勋：《中国留学教育史（一八七四至一九七五）》，台湾华冈出版有限公司，1976年，第124页。
[②] 档案二二二三卷。

内的否定性记述数不胜数。别的不说,首先,那个从声势上堪与岩仓使节团匹敌的"五大臣诸国宪政考察"就是样本。这个团是作为清廷宪政准备的第一步,被派遣以日本为第一站"分赴东西洋各国考求一切政治"的,首席大臣是端方。但是据曹汝霖回忆,"两氏(指端方、戴鸿慈)与各国接触不多,端方又特别搜访古迹,仅由随员等搜购关于宪政的书籍,并没有考察的意见说帖等件,悉交宪政编查馆参考,卷帙繁重,只能摘要参考,于此亦可见,虚行故事,并无实际之可言。"① 那个"宪政编查馆"基本上是由曹汝霖等学法律的留学成员和日本顾问组成的,当看到那样的考察成果被抛过来的时候,他们肯定是满脸的困惑与愕然。

事实上,诸如此类的"将(日本)印刷的条文和常见的风俗拼凑起来,随意加上不得要领的注释和评论,以证明行程、敷衍塞责"② 的现象从最初就受到了指责,所以也可以说是借助同文之便滋生的顽症。既然游历时代一流的考察团都是如此,大概就可以推知其他乱七八糟的游历风景了。此外,出境游历更受官阶与待遇之高低的影响。下面就是一个小官吏在这方面的经历。

> 近日督抚大吏,每令每州县官补缺者必出洋考察,乃准到任。始吾闻之,以为此最有裨于新政,甚盛举也。及到日本观之,乃知其有滞碍难行者数端。一曰人地生疏,凡来考察者,无非持一咨文,倚公使为先容耳。中

---

① 曹汝霖:《一生之回忆》,香港:春秋杂志社,1966年,第66页。
② 朱绶:《东游纪程》,光绪二十五年。

国二十余行省，来者不绝。公使但为之照会日本外务部而已。其考察某处，则令与外务部自商。外国人办事甚简，无所谓间员，来者不绝，外务部勉强应之，至所考察之处，接待者又勉强应之，率而行，绕屋一周，而事毕矣。何益之有。此犹以得考察者言也。其未得考察者，欲一往观而无人介绍，竟不得其门而入。寂坐旅馆，束手浩叹而已。二曰翻译难得，来考察者多未习东文东语之人，闻他省游历之员，有向公使馆借翻译者。公使谓每岁来者不下数百千人，吾安得许多翻译而借之。故不敢开此例。欲自行近聘，则翻译之价甚昂，且能翻译者亦无多人。游学生通日语者，又相约以充翻译为戒，况游学生固有其本务乎。既不得为翻译，则所至之处，人言之而不能解也，已疑之而不能问也，虽有所闻，与不闻同，虽有所见，与不见同。此皆为言语不通。即在旅馆之内，饥欲求食，渴欲求饮，尚多所不便，况出门考察乎。①

实在是悲惨。从第一步就被求之而来的公使撇在一边，日方又敷衍接待，这让他们备感沮丧，接着就生出了屈辱感——还有一个考察官这样描述了当时被"敷衍"的情形。"去位于麴町霞关的外务省请求开介绍信。工作人员装模作样地说这说那，最后只开了四个地方的介绍信。信纸是铅字印刷的，收件人姓名的地方空着，可随时填写，且其下不具长官署名，此专为我国游历官员所作之简便信件，凭此种方式能期待考察有何

---

① 陈荣昌：《乙巳东游日记》，东京云南同乡会事务所刊，光绪三十一年，第34—35页。

实质性成果？"① 那是些只知道从公文到私信都必须用毛笔书写的时代的中华士大夫，当看到冷漠的铅字、名字只是临时填上、又不署介绍者姓名的介绍信时，内心陡然一震，自然会有连自己的人格都受到了简慢这种感觉。

至于那些冷漠的公使馆官员，他们也有自己难言的苦衷。（刚才倾诉兼任总监督的苦衷的）公使报告书中有一节生动地描绘了全景图，紧张中表露了所有的动荡、焦躁和混乱，不可不看。

> 使事之繁杂各国以日本为最。自庚子以后，我国士夫来东游历者络绎于途。近经北洋奏准初选人员须到东考察三月方准到任，各省督抚相继照行。其咨复到东日期暨给咨回国等事无论矣，各员在东考察者今日考政治，明日考学务，介绍之书，日不暇给。至于代聘教习，托办各事，函电交驰，文牍之繁，应酬之难，为从前所未有者。使署参随翻译几成二十人，自朝至暮通为合作，犹有应接不暇之势，杯水车薪之观。

以上说的只是接受游历者的第一道关口。那么，为什么连去参观个学校和工场也必须要摆出"马马虎虎地导览"的态度呢？这是前面那位因为铅字填空式介绍信而感到屈辱的考察者某日参观之后的故事：

> 下午去参观王子制纸工场。接待者态度粗鲁冷漠，解说也极简单。后知近年来中国游历官绅如潮水涌入日

---

① 潘承谋：《瀛岛秋游日记》，京三田印刷所，1907年。

本，各工场学校每日皆要被迫接待参观。而即便接待方亲切和蔼，耐心导览解说，听者亦不集中，边走边三三五五吵闹说笑，甚至多人无所顾忌地吐痰，故招人白眼。后接待者甚为厌恶此般游历者，不能拒绝者即带领其走一遍。①

上一章所说的《东游鸿爪录》一书记载，由于游历者邋遢散漫，被弘文学院的老师一个月两次训话说："大家说今后都不愿让清国人参观。"这里其实还包含着另外一个很让人丢脸的问题。弘文学院的老师说，在各种考察班和速成班经常参观的高等女子师范学校及其所属的幼儿园里，大家都骚乱喧闹，这就不提了，还"目不转睛地盯这盯那，专盯着女学生看"②，很让人讨厌。这不奇怪。它使我联想起张资平描写1910年代之后的情形的某短篇小说中的一节："F君告诉C下星期六青年会的人要全体参观K区的女子职业学校，问C加进不加进。C暗想青年会的干事也太无聊了，今星期说参观，下星期也说参观，再下一星期又说参观。只参观的是女子大学、女子高等师范、女子美术学校、女子家政学校、女子医学校，今又说参观女子职业学校，无一而非女子！许多有益的，能够增见闻广见识的男性学校却不愿参观，他们只喜欢看女人。"③这与伴随着大规模的渡海东来而开始成为问题的堕落世界相联系，当地相关的报纸上刊载的丑闻以及当事人的暴露小说（实际上很多是兴趣本位的）数量庞大。本论没有余裕对这些问题展开论述，只想指出，让

---

① 潘承谋：《瀛岛秋游日记》，京三田印刷所，1907年，第39页。
② 冯延铸：《东游鸿爪录》，山西大同县署印，1921年，第12页。
③ 张资平：《一班冗员的生活》，《创造季刊》第三号。

这种腐败的空气弥散开来的，主要是由那些搭乘东洋留学和游历的浪潮混来的腐败官员、伪善绅士以及有钱人家的浪荡子构成的渔色组。

当然，认真的游历者也是有的。那种"人言之而不能解也，已疑之而不能问也"的苦恼，以及对"招人白眼"状态的叹息，都是率真之情。前面说的去参观姬路陆军阅兵式的铁良一行中的一个军官认真地记录下了见闻，他深有感触地说："（去）日本游玩的中国有心人无不由羡慕而生钦佩，由钦佩而生惭愧，由惭愧而生敬畏，颇受触动。"① 还有一个师团长级别的高官由于受到接待方的歧视，触发了国家之思而不禁悲从中来，以至被留学生杂志评价为"游历官之爱国泪"②。尽管这些人的日本见闻浅薄，而且多为细枝末节，但是由于他们的地位高，故而游历的结果未必像公使杨枢说的那样"于文明无补"。《暴风雨前》中被戏谑描写的"劝业场""戏院"（演艺场）以及东洋式警察等，若是没有这些人之力当然是无法在中国普及的，必须承认他们也对文明开化做了应职应分的贡献。与这些相比，还有一个有趣的例子。《东瀛见知录》的著者本人承认"此次东洋游历时间短，无法窥见事之万一"，尽管如此，他所提出的"直隶应及早执行十项目"中最为当务之急者，竟是"天津保定宜设演说练习所"。依他说，根据有三：一、"日本中学以上皆有辩论部，重论理练习"；二、"愚者近日对诸种维新甚感疑惧，唯演说能开中下社会之民智"；三、故结论曰："宜选速成师范生之通达时事者专研此学，数月后派往各县任演说之事，必较

---

① 傅廷臣：《东游日记》，1903年。
② 《游学译编》第六册"通信"部分。

第六章　留学生活诸样态

设学阅报收效更捷焉！"① 果然有理。秋瑾到日本之后迅速创办的是《白话报》和《演说练习会》；开化之初的四川腹地普遍流行过"一篇演讲能让纳税者停止纳税，让军队放弃征兵，让爱新觉罗氏动弹不得"这种逻辑；从日本归国的志士们普遍喜爱演讲；在当时的首都北京也有很多冠名《〇〇白话报》的小报，初期的连载作品不叫"小说"，而是题为"演说"。② 种种情形综合起来，能感受到时代的信仰和热烈蓬勃的风气逼来；再一层，如果想到所有这些都与福泽谕吉的《劝学篇》（其中的"演说"论）的影响分不开，这种现象就真是趣味无穷了。

　　不论见闻和感想如何，无奈的是，这群人所能做的只是些零星改良。《暴风雨前》的作者让那个和服赞美论者葛寰中说出了这样一番话："日本，我是去过的，我却敢说，假使我不是官，而又再年轻十几岁，我也很可作一个革命媒介物的。老侄，你不知道，但凡一个聪明人，只要走到外国，把别人的国势和我们的国势拿来比一比，再和一般维新志士谈一谈，不知不觉你就会走上革命道路去。这本不稀奇。所稀奇的，反而是留学回来了，难道自己的国情，还不清楚吗？为什么还像在国外一样，高谈革命？"③

　　因为顶多也只能是这样的立场，所以总体来看，不说在甲午战争之前就有的黄遵宪等人所撰写的那些名著高论，单是从清末日本游历以来，借助汉字国的便利之幸，将人家现成的条文和风俗汇集起来"以证行程"式的视察记录之多，就使得时

---

① 直隶巨鹿知县涂福田：《东瀛见知录》，光绪三十三年。
② 翁偶虹《京味小说》，《北京晚报》1988年9月13日。
③ 《暴风雨前》，《李劼人选集》（第一卷），成都：四川人民出版社，1980年，第518页。

隔一个世纪的笔者也不得不为之感叹。"日本游记"之类的东西，中国这方面的专家说读了二百余种，已故的实藤惠秀从战前到战中收集的所有书籍（收藏于东京都立中央图书馆"实藤文库"）中，这部分的数量也多达二百多册，但是其中出自实地生动体验最多的留学生之手的记述却极少。可能是因为他们没有撰写记录或报告书的义务和自装门面的必要，也没有自己出版的财力。如今保留的二百余种，基本上是参观日录和资料照抄、没有多少真实感受和中肯见解的游记类作品，如果以为它们反映了清末中国人的日本体验和日本观的全貌，那是值得商榷的，乘此谨作一提示。

精英的哀欢

最后，对那些在精神史的各个层面屡屡登场、承担重要角色的勤学的精英们的学习生活实态再作若干考察。若对他们做进一步区分的话，可分为姑且称作"好学深思"和"厕身庄岳"（《孟子》语，意为深入于灵山。张之洞等在力陈赴外国学习的意义时常用此典）的两个群体，或者正确地说，是分成这两个极端。前者是主流，是在中国近代文化和思想史上留下深深足迹的一群人。

杨昌济是怀抱着将东西之学"熔铸确立起一个新学派"的抱负去留学的，他在船上与同伴们"相约在东京除上讲堂外，以译书为私课，随译随印，以飨同胞"[①]；到达东京之后不久的鲁

---

① 朱德裳：《癸卯日记》，载《湖南历史资料》第一辑，1979年，第216页。

迅"初学日文，文法并未了然，就急于看书，看书并不很懂，就急于翻译"①。可以说这是这个群体共通的第一个特征。他们既与以运动为日课的志士们不同，但又不是被捆缚在特定课程上死抠课本的书呆子，他们是为了从学校和学科内外广泛寻求并传播知识而学习的。用当时的话来说，那是致力于"民智启蒙""文明输入"的留学态度。要在两年间掌握日语和相当于初中程度的科目，弘文学院普通科的课程绝不轻松。从南京新式学堂出来的鲁迅要跟着旧学出身的学子们一起从加减法和初级的 ABCD 开始学，这很烦人；但日语本来就很难，又想进一步提高英语，是很忙的。据说看着他一脸严肃地泡在自习室里的样子，同学们指道"斯诚越人也，有卧薪尝胆之遗风"②。不需要过深推测就能明白，语言只要够在日本生活之用就行了，而他之所以精力专注，是上面所说的使命感使然吧。

这种倾向，也可用以追溯亡命日本之后的梁启超的思想。他发自肺腑地感慨道："广搜日本书而读之。若行山阴道上，应接不暇。脑质为之改易。思想言论，与前者若出两人。"③梁启超亲自创办《清议报》，致力于介绍传播日本（和从外国传入日本）的新文明新思想，他的事业和文章对蔡锷、杨昌济、鲁迅等一代俊杰影响很大，可以说刺激了留学界丰富多彩的言论、翻译和出版活动。最初的留学生杂志是 1900 年 12 月创刊的以"专门译载介绍欧美的法政名著为宗旨"的《译书丛编》；同理，革

---

① 鲁迅:《集外集·序言》,《芒种》半月刊第一期,1935 年 3 月 5 日。
② 沈瓞民:《回忆鲁迅早年在弘文学院的片断》,载《鲁迅回忆录》（第一集）,上海：上海文艺出版社,1977 年。
③ 梁启超:《夏威夷游记》,载《饮冰室合集》专集之二十二,北京：中华书局,1989 年,第 186 页。

命文豪鲁迅的出发也是始于东京时代所做的《斯巴达之魂》《摩罗诗力说》等翻译介绍性工作。如果从这种整体的脉络中重新看的话，就更加感到意味深长。鲁迅离开仙台的医学专门学校回到东京之后的三年间，在把学籍（为了保持官费资格）放在独逸协会学校的情况下，靠自学耽读东西文学书籍，尤其关注果戈里等俄国现实主义文学和东欧被压迫民族的文学，并且编辑出版了《域外小说集》，这是文学史上众所周知的事实。回想起当时的创作动机，他这么说道："（自己）注重的倒是在绍介，在翻译，而尤其注重于短篇，尤其是被压迫的民族中的作者的作品。因为那时正盛行着排满论，有些青年，都引那呐喊和反抗的作者为同调的。"① 引入反抗的声音，播撒革命的火种，这不正是一种称得上是普罗米修斯式的事业与精神吗？

为此鲁迅他们那代人对书籍抱有的热情和挚爱，有着远比一般人强烈的感激、动情之处。如果说他们的留学生活最大的快乐、最有纪念意义的人生收获，是在日本"寻猎"书籍也不为过。挚友许寿裳和弟弟周作人的回忆，都提到了鲁迅遍历书店的事情。许寿裳说，他生平极少出门旅行和游览，在东京留学七年间仅有两次在许的陪伴下去上野赏过樱花（这反映了鲁迅的性格，但也未必非要把这看作灭私无欲的表现。志行高远的中国文人世界也有自古传承下来的"行万里路胜过读万卷书"的信条，留日期间的杨昌济就主张并践行之②），除此之外，他们就"同访神田一带的旧书铺，同访银座的规模宏大的丸善书店"③，特别是，鲁迅千方百计地筹钱，委托丸善书店从欧洲采买包括匈牙

---

① 鲁迅：《我怎样做起小说来》，收入《南腔北调集》。
② 王兴国：《杨昌济的生平及思想》，长沙：湖南人民出版社，1981年，第58页。
③ 许寿裳：《亡友鲁迅印象记》，人民文学出版社，1953年，第28页。

利、芬兰、波兰、捷克、塞尔维亚、保加利亚诸国文学的德语译本，1909 年印刷的两册《域外小说集》的原作都是这样收集来的。这是共同编纂此书的周作人的证言。① 然而必须说，最有滋味的描写，还是他本人笔下的这一节。

> 留学时候，除了听讲教科书，及抄写和教科书同种的讲义之外，也自有些乐趣，在我，其一是看看神田区一带的旧书坊。日本大地震后，想必很是两样了罢，那时是这一带书店颇不少，每当夏晚，常常猬集着一群破衣旧帽的学生。店的左右两壁和中央的大床上都是书，里面深处大抵蹲踞着一个精明的掌柜，双目炯炯，从我看去很像一个静踞网上的大蜘蛛，在等候自投罗网者的有限的学费。但我总不免也如别人一样，不觉逡巡而入，去看一通，到底是买几本，弄得很觉得怀里有些空虚。②

《浙江潮》第二期刊载的《东京杂事诗》中也描写了东京一隅"书肆约有千余轩家，购书者每于薄暮时始手披口沫充溢阛阓"的盛况。这是个足以吸引向学心强烈而往往囊中羞涩的读书人，又最能让他们意识到并满足于自身的文人抱负与骄傲的世界。故此，尽管"怀中空虚"，接下来的晚上仍然不由自主地迈向那个世界，即便"怀里空虚"却不以为苦，可以说这就是那个知识群体的禀性。下面是那个留日群体中产生的首位名

---

① 周作人:《关于鲁迅之二》，收入"现代作家选集第三集"《周作人代表作》，上海：三通书局，1941 年。
② 鲁迅:《小约翰·引言》，收入《鲁迅全集》第十卷，北京：人民文学出版社，1981 年。

诗人苏曼殊的故事,当时他和陈独秀、章士钊同住某一贷家里(即几个人合租一屋居住)。"有一次三人断炊,陈叫苏曼殊拿几件衣服去当铺当点钱来买吃食,他与章士钊在家里等待,哪知苏一去不返,等到半夜,他俩因不耐饥饿就睡了。午夜苏才回来,手上拿了一本书在看。他俩问他:'钱呢?买了什么吃的?'苏说:'这本书我遍寻不得,今天在夜市翻着了。'他俩说:'你这疯和尚!你忘记了我们正饿着肚子?'苏说:'我还不是一样,你们起来看看这本书就不饿了。'"用这样的话来哄他俩,结果"他俩气得连骂几声'死和尚,疯和尚',就蒙被而睡,而苏将这本书看到天明,直到看完为止"。①

既然鲁迅等第一期赴日留学生中诞生的文学家描述的是这样的体验,那么从种种比较的角度来看,1910年代以后的赴日留学生中诞生的文学青年群体的体验也不容忽略。这个群体中的代表人物郭沫若曾有过如下出色的描写:

> 我们在日本留学的时候,"书店渔猎"是我们学生间顶有趣味的一项风习。下课没事便走到书店里去徘徊,不必是因为定要去买什么书,只是如像女人们游玩公园,上海人上游戏场一样,完全是出于一种消遣。在书店里巡览书名,或者翻翻目录,遇着有好书的时候,有钱时便买他一本,没钱时便立着读完半本或一本小本的全书。无拘无束的精神,如像入了 Panorama 的画室一样。才看见阿拉伯的队商在沙漠中旅行,忽然又看见探险家在

---

① 濮清泉:《我所知道的陈独秀》,收入《文史资料选辑》七十一辑,北京:文史资料出版社,1980年。

北冰洋上探险。才看见罗马军队入了埃及的首都开罗，逼死了绝世的美王 Creopatra，又看见太空中无数的星云在构成新星系。人体的细胞在和细菌作战的时候，火星的人类又在谋侵略地球。Fichte 才在草告德意志国民的书，爱因斯坦已经在向日本人讲述相对论了。Pompeii 的居民在火山未爆发以前正在戏场中看戏的时候，赤色军已经占领了莫斯科宣告全世界大革命……一切实际的非实际的，有形的或无形的，旷古的或未来的，形形色色的世界展开在我们面前，使我们时而兴奋，时而达观，时而悲，时而喜，时而憎怒，时而爱慕，时而冷笑，时而自惭，时而成为科学家，时而成为哲学家，时而成为诗人，时而成为志士。①

正像他总结的一样，这是一种"超越时空的灵魂冒险和感情的交响曲"。所以，有日本留学经验者成千上万，但是如果不能像这样全身心地沉浸在知识的世界里，是无论如何品味不出、描写不出这样的境界。与此同时，它与前引鲁迅的那一节虽同样珍贵，但二人的兴奋与享受其间的情趣却那样地截然对照，不禁令笔者感到兴趣。若以一言蔽之，这反映出了二人的个性差异，和他们分别所去的明治三四十年代与大正时代的差异。"女人们游玩公园"的气氛也好，"像入了 Panorama 的画室一样"的感觉也好，那滴溜溜转动游移的目光与轻快有节奏的语调也好，无一不让我们感受到（郭沫若深受濡染的）大正时代的

---

① 郭沫若：《百合与番茄》，收入郭沫若著：《水平线下》，上海：联合书店，1930年，第 121—122 页。

时髦多激荡的时代氛围。正因此，会更加深切地感受到离开日本、离开书籍世界的寂寞。"但我回到上海来已经半年，上海的大小书店于我只是些破纸篓，把我的渔猎的消遣久已消灭了。"①这是郭沫若的感叹，而归国后在绍兴乡居了数年的鲁迅的寂寥，则更滋味难言了。他1911年7月31日给许寿裳的信报告了两个月前去日本半个月的情形："仅一看所陈书，咸非故有，所欲得者极多，遂索性不购一书。闲居越中，与新颢气久不相接，未二载遽成村人，不足自悲悼耶。"②

如果懂得了他们对书和书店的感情，大概就能理解他们与另一个乍看上去毫不相干的世界——当铺的渊源和亲近感了。我们明白，本来留学生活与当铺的关系，从流行抵押官费折子这一点就能看出，是很密切而且广泛的。学生们用汉语称呼它为"七店"（当铺的日文词"質屋"的发音），或者"一六银行"，"我们读书时节，很受了质店的救济"——"穷到没有饭吃的时候，我们的书可以送去押钱来开伙食。书不能当饭吃的话，在那里是不通用的。书可以当饭吃，而且大都可以抵到原价的三四折，所以我们很肯买书，因为不但可以读，还可以作济急之用。"③这是一个文学青年的回忆。

这个群体还有一个特征，那就是深思，即专注、深入地思索与探究。众所周知，鲁迅在留日时期很快就把改造中国的国民性认定为改造中国的根本问题，对此进行了持续的思考。许

---

① 郭沫若：《百合与番茄》，收入郭沫若著：《水平线下》，上海：联合书店，1930年，第122页。
② 鲁迅：《致许寿裳》（1911年7月31日），收入《鲁迅全集》第11卷，北京：人民文学出版社，1981年。
③ 章克标：《七店的记忆》，《东方杂志》第三十二卷第一号，1935年1月1日。

寿裳说，他除了文学，还广泛阅读哲学书籍。"鲁迅在弘文时，课余喜欢看哲学文学的书。他对我常常谈到三个相关联的问题：一、怎样才是理想的人性？二、中国国民性中最缺乏的是什么？三、它的病根何在？"后来，他立志医学，和放弃医学转向文学，都是因为起初想从科学着手尝试解剖国民性，对此绝望之后就把精神改造寄托于文学的力量。① 其如此执着的原因，看看他对"斯巴达之魂"的讴歌就很容易理解。不过前面说过，虽然也写文章，他却基本上不去参加实际的"排俄"运动。对与排俄密切相关的日本方面的意图抱有警惕是其中的一个理由，而更为切近和实质性的理由在于，他"觉得留学生好像也不外乎嬉皮笑脸"，演讲起来也不过发一些豪言壮语，夹带些"无聊的打诨"②。恐怕是这种无趣失望的感情使他疏远了的吧？这并非他一个人的孤高，也可以从吴玉章回忆说当时整个留学界都"好作清议，（中略）真心爱国者固然不少，但有的人则是想出出风头，而有的人干脆只是凑凑热闹而已。就是那些真心爱国的人，也多半只有'五分钟的热忱'"③，以及刚到东京就赶上《民报》一周年集会的谭人凤"入场观察，祝词颂语，多涉夸张，（中略）余以为在海外虚张声势，于实际无补，大有失望意。伫立片刻，即归"④ 的反应中，得到佐证。

与这种喧嚣世界保持着一定的距离，不懈地追求着独自课题的鲁迅，目光越来越冷彻，他的心也不能不被越来越深的寂

---

① 许寿裳：《我所认识的鲁迅》，北京：人民文学出版社，1952年，第6—7页。
② 《因太炎先生而想起的二三事》，《鲁迅全集》第六卷，北京：人民文学出版社，1981年。
③ 《吴玉章回忆录》，北京：中国青年出版社，1978年，第29页。
④ 谭人凤：《石叟牌词》，兰州：甘肃人民出版社，1983年，第44—45页。

寞所笼罩。1903年赠给许寿裳的诗——灵台无计逃神矢,风雨如磐暗故园。寄意寒星荃不察,我以我血荐轩辕。(《自题小像》)——是一首能够窥见其心迹的诗,非常有名。初次用爱神丘比特之箭入诗作比喻的,鲁迅是第一人,让人感到不愧其伟大。然而这种对从外面的世界受到的刺激,和欲逃而不能的痛苦的倾诉,是梁启超、蔡锷和所有忧国之士共有的,由此更对同胞的"不察""不醒"感到深彻心扉的焦急和孤独的,也绝非鲁迅一人。《江苏》杂志刊载有如下的一首诗——终宵倚剑瞰天衢,蒙难酣嬉悯众愚。气节动人唯一死,为民为国不为奴。[①]——姑且不论诗的巧拙,前两句中的伫立着仰望夜空的姿态,实在与鲁迅一模一样。秋瑾女史也吟有"世局堪惊,前车可惧,同胞何事懵懵。感此独心忡"[②]。不同的是,《江苏》上的诗歌所悼念的某留学生(和写此诗的他的同伴)只是认为唯以一死才能撼动同胞并因此而投海自杀,秋瑾则虽向敌人挥起了剑,但亦有想拼一死来敦促国民的革命决心。与此不同,发誓要以血荐轩辕的鲁迅则在此后的三十年间致力于改造国民的精神,直到最后一滴血在替国民照亮道路的火炬中燃烧净尽,这是何等的大智大勇啊。

不说别的,以鲁迅为代表的"深思"的群体,仅以对赴日留学所持的态度这一点,便显示了他们的卓尔不群。他们在出发之际就带着"熔铸东西之学""输入文明"的抱负,其后不论是留日的学习观还是生活观,都显示出了很地道的见解。总体上,当时留学界偏重实用之学,存在着轻视人文学科特别是

[①] 初我:《常熟殷次伊传》,《江苏》第四期,第20页。
[②] 秋瑾:《望海潮》,收入《秋瑾集》,上海:上海古籍出版社,1979年,第111页。

文学艺术的风气。某日,一个帝大工学部的同乡前辈问鲁迅,你弄文学干什么?文学有什么用处?鲁迅于是答道:"学文科的人知道学理科也有用处,这便是好处。"①杨昌济也表达了同样的自负。他在自己的《劝学篇》中断言:"即便同样居留外国,具备学习素养者他观察事物有独到的心得;他所究明的,肯定不是皮相浅薄之见;他观察国家的视野,比普通人更为敏锐。"而学知素养中文学是基础,如果没有文学素养,"虽然有一技之长也不能影响风俗与人心"②。在前一章中我们看到,周作人还从其他角度论述过这个问题。不是热的饭菜就无法下咽,不钻入壁橱就难以入睡,针对这类国人,周作人评论说:"到日本来单学一点技术回去,结局也终是皮毛,如不从生活上去体验,对于日本事情便无法深知的。"这是至为恰当之论。但是,从这里再进一步,我们就会遇上那个让人困惑的问题。这就是,纵观清末以来的日本留学史,如果像周作人那样主张并践行"从生活上去体验",融入日本的生活,进而完全濡染当时日本的学风和学理,就会有到底是幸还是不幸之一问。答案已经是否定的了。周作人还可以算作前者,好像就是喜欢日本的生活与情趣,由此娶了所租住房的房东的女儿为妻;也因这妻子的关系,归国后与兄长鲁迅失和,与居住在北京的政治色彩复杂的日本人瓜葛日深,并且随着他回到日本式的耽美趣味里去,就和革命文坛逐渐疏远,最后背上了"汉奸"的污名。

与这种现象相关联,要稍稍涉及一下勤学群体的另外一种类型,即"厕身庄岳"的人们的情况。与大多数止步于预备学

---

① 周启明:《鲁迅的青年时代》,北京:中国青年出版社,1957年,第128页。
② 杨昌济:《劝学篇》,载《公言》杂志第一卷第一期,1914年。

校教育的留学生群体以及像鲁迅那样总是游离于学校的群体不同，这是能够进入高等学校（专门学校）和大学、与日本人共同学习的一群人。但这一部分人数很少，也称不上是"群"。清末十年间赴日的一两万留学生中，能够进入大学的不到百分之一，进入高等学校的也不到百分之五，无疑都是精英。初期（实藤惠秀所谓的"少数良质时代"），这部分人的比例很高，日华学堂第一期学生章宗祥等人就作为第一波精英进入了一高。但是该学堂仅仅开办了一期就中止了，关于个中缘由，日华学堂校长高楠顺次郎博士说："因为我觉得学生的用心不纯。他们学习非常努力，但是并不像我们那样，是为了国家而学习。'回国之后，准备做什么？'当我这么询问他们的时候，他们的回答是：'要成为有第二个夫人或者第三个夫人的人'，使我大失所望。"① 把富贵荣达当作理所当然的学习目的，这就是"少数良质"的留学生们。他们进入一高学习，为了达成目标，"寄宿舍有东西南北四寮，各人特分居各寮，与日人杂处，盖厕身庄岳之意也"。②而"一高学生素有蛮勇之名，有所谓司叨姆者，犹言暴风雨骤至。每于深夜时，学生之中酒者，纠合十余人，侵入各寝室叫闹，甚或启衾将已睡者拖起。举动虽近粗暴，学校当事者为养成学生元气起见，亦放任之"③。他们首先要被迫习惯那样的环境。后来进入帝大法科之后，所有人都展现出了才俊的本色，不是章宗祥而是他的同学吴振麟还因颇得伊泽修二（当时日本教育界主官之一，贵族院议员）的青睐，被选为伊泽的女婿。不用说，无

---

① 实藤惠秀：《中国人日本留学史》，くろしお出版，1960年，《中国留学生史谈》，第一书房，1981年。
② 章仲和：《任阙斋东游漫录》，出版地、出版者不详，1929年，第32页。
③ 同上，第32—33页。

论是对派遣方还是接受方来说,这些才俊都被视为优等生。更为重要的是,清朝当局正在进行"宪政筹备",他们几个最先做好知识储备的人正好第一批赶上了大用。拜时机所赐,他们一帆风顺、节节升迁。可惜的是,从反清革命和革命后对日交涉的角度来看,这些人大多不能成为前进之力,或从一开始就被抽去了脊梁骨。十余年后,担任北洋政府驻日公使的章宗祥还说:"最不可思议的是,日本乃万世一系的君主国,学生们来到东京却习得了革命思想。今日的革命家多为当年的留学生。"① 他认真地发出了与那个时代以来始终缠绕一部分日本人的"为什么留日学生中更多抗日家"这个问题完全相同的疑问。可以想象,留学时代他们那样地喜欢"厕身"日本,那么他们与一般留学界是该多么隔膜。章在"五四运动"的反日高潮中被斥为亲日派、卖国贼,从而匿迹官场。在十多年后日本侵略中国的战争中通敌合作成为"汉奸"者,出自这个群体的也很多。即便不到这个程度,比如伊泽所赏识的吴振麟充其量也只能成为体制内的能吏,同样不为留学界所接受。实藤惠秀在他的著作中记述,吴"毕业之后成为驻墨西哥公使,由于妻子早逝,异常伤心,亡于上海"。如果此言属实的话,那么留学的青春年华与伊泽贵媛成就的爱情,还是应该算作一段纯情得到珍重的吧。然而甚至就是这唯一纯洁无瑕的纪念,也使他陷入烦恼的深渊。刚才说的"毕业之后成为驻墨西哥公使"的记述多少有些不确切,因为以前他还从事了其他职业,后来又一度担任驻日公使馆的参事官。1910年清政府颁布了"禁止东西洋游学生

---

① 章仲和:《任阙斋东游漫录》,出版地、出版者不详,第43页。

与外国人结婚"①的法令,可见问题已经严重到必须加以制止的程度,因此明令禁止也可以理解。可是,过去对清朝当局素来顶撞倾向最强烈的日本留学界这次又迅速拿出"以其人之道还治其人之身"的战术,一封《全体留日学生揭发驻日公使馆参事官娶日本妇人为妻一事书》送到了北京的外务部。按政府的禁令,若与外国女性结婚就被视为有弃国不回之虞的话,那么你们的外交官已经成了驻在国的贵族院议员的女婿,能够保证他不卖国吗?学生们看来是想以这样的说法给清朝当局吃一记闷棍的,吴振麟可就惨了。如果是这样,谁敢断言让这个没能赶对潮流的精英留学生陷入消沉、寂寞而死去的,仅仅是跟爱妻的死别呢?

---

① 《学部奏咨辑要·续编》,第四卷。

后记

这本书是笔者1989年向东京大学大学院综合文化研究科提交的博士学位论文《近代中国人留日精神史》，经压缩和改名之后付梓的。关于书名，根据中国的历史阶段划分，近代是指从1840年的鸦片战争到1919年的"五四运动"这一时期，因此对基本上只能写到清末的留日第一世代的本书，曾有过改名为《清末日本留学史》的方案。不过，之所以集成现今这样的一册，是因为随着调查与写作的进展，笔者明白了，对于连跨一、二两个世代的日本留学的状况全貌，具体来说，就是相对于献身反清革命的第一世代的激荡的青春群像，和中华民国成立之后郭沫若等留日第二世代的烦恼的青春群像，是根本不可能在一本书里全部写出来的。与此同时，当然就产生了随后必须写出续篇来的问题。在确定了这个前提之后，我便在副标题中保留了"近代"这个界定（本书日文原版的书名为《日本留学精神史——近代中国知识分子的轨迹》）。

本书以未完的形式终篇，自己这么说或有不妥，然而掩卷之后我仍然感到有种种余韵萦绕着挥之不去。最长久地回响在我耳际的，也是直接关乎本书的执笔动机，就是第六章末尾出现的鲁迅那首"灵台无计逃神矢"的诗。总的来讲，但凡是成长于二十世纪五十年代、激情投身于新中国建设的笔者这一代人，都很喜欢读鲁迅，他是我们的必修课。就上述那首诗而言，

"我以我血荐轩辕"——为我的祖国奉献自己的一切,我对这样气宇轩昂的结句总是伴有强烈的共鸣,它为我所喜爱,让我反复品味。然而,到达结尾发出誓词的逻辑过程,不说别的,正是首句的灵台云云构成了全诗精神蜕变和飞跃的弹射器——而我对此真正有所感悟的,是在自己也一度体验了日本留学之后。

年过四十,按说早就错过了留学机会的笔者,但受惠于"文革"结束之后新的开国时代,我来到了日本,进入了弥漫着自由的学术风气的东京大学驹场校区的比较文学研究室。这是距今十二年前(1979)的事儿了。在那里,尝试着将各种学术领域或纵或横加以联结,充满激情又敏锐地往返穿梭于过去与现在、知性与感性之间,致力于历史现场具象的发掘与学问空间的开拓,这样一种人文的智识氛围使我深受感染,真有一面新的天窗被打开的感觉。鸥外、漱石等人留学时代的精神历程和他们受到的西洋的冲击、他们身上发生的对东洋的背反或是回归等诸种命题,以及受邀参加的讨论留学和文化摩擦等问题的研究会,等等,都让我切实感到极为新鲜和切近。尽管已经是中年留学生,或者说正因为是中年留学生,我对于本国历史负荷之重和一路行来的艰难、对文化母体的自觉与顺应都已经沁入心灵和体肤,而且越发地强烈。来到东洋最为发达的国家,亲身站在所谓的边缘人的位置上来一看,那个眼花缭乱呀,那懊恼和不甘心呀……不愿意相信,又迅即陷入沉思,竟至于虽已进入不惑之年反而不能够"不惑"了。而且,一直到那时始终作为革命文学权威而仰视的鲁迅和郭沫若们,也不知不觉间切身感到自己的留学前辈了;他们文学的原初体验以及由此发出的一词一句,都不可思议地朝自己的身上逼近——特别是

后记

那借用爱神丘比特的典故,又极其自然地糅合到汉诗文所特有的磅礴大气的句式之中的那句"灵台无计逃神矢"。鲁迅等清末留日学生们把自己暴露于外面世界或许并不黑暗却格外迅疾而凄冷的风雨中的、在欲逃不能的所有刺激之下的苦闷悸动的身影,也就是在历史的今日被决定性(并且也是无以复加的屈辱)地落下了一大截的近代中国人在去包括日本在内的外国留学之际难以逃脱的所谓留学力学的基本构造,用一句七言诗就如此透彻而尖厉地展现了出来,我敢说无出其右者了。这一句诗在我的内心持续发酵,它让我向着数之不尽且巨大的精神领域的现场和活剧去探险、探究,并且在很长一段时间内想就用原句来做书的标题;拘执如此,自然也就是本书的创作主旨了。

有关清末以来的日本留学,迄今已经出版了已故实藤惠秀氏的名著《中国人日本留学史》(くろしお出版,1960年)和黄福庆著的《清末留日学生》(中国台湾,1975年)等两国学者的诸多先行研究成果,它们对留日现象的发生背景和过程、问题点和成果,以及对中国近代学术、文化、政治和军事的影响进行了全面的考察。外语出身的笔者在对这个领域进行重新学习时,深蒙上述诸著述的学恩,而本书在有关史实方面的叙述尽可能地作了简化处理,也正是因为有诸位先学的业绩作为依据,在此谨致谢忱。然而一如前述,既然笔者所关心的始终是在既往的正史未必予以充分关注的、围绕日本留学充斥于当时的社会与当事者们心中的精神的、文化的紧张,和有血有肉的人之上,那么必须从对与史实记述有别的各种记录类文字进行重新调查和重新结构开始。结果,当我发现据称到二十世纪三十年代的多达十万人的留日关系者留下的同时代证言,特别是有关精神层面体验的著述却出乎意料地少的时候,我的惊诧和失望很深。不过细想一想,这也难怪。处在从甲午战争开始、以日本侵华十四年战争为顶点的中日间的黑暗时代里,原来的留学生们站在民族大义的立场上,会书写警日论和抗日论,相应地把留学体验中的憎恨和痛苦升华为敌忾心,或者留下留日期间从事种种运动的英雄佳话,却绝不会去畅谈曾经有过的、因新文明而开阔了视野并享受于其间的喜悦与快乐,也耻于告白自己曾对新兴岛国感受到的复杂的自卑情结、苦恼和不忿。即便有写出来的,也是或者不能出版,或者毁掉旧版;还有一部分,在后来的岁月里随着作者本人的失意甚至是失节而影迹无存,这种情况也不少见。总而言之,都是有意识无意识地、由自己和他人埋葬于历史的黑暗之中了。同时,从战前、战中就开始涉足相关研究的日本研究者来看,除了上面的制约外,即便本人是良心派,但只要他们是属于小到(接纳留学的初期以来的)"代兴教育",大到"大东亚共荣圈",什么都是我施于你这一立场的人,那么就无法否认在考察的立场、角度和深度上自然就会有其界限。

但是,本书所论的大众层面的赴日留学,正是与中日不幸时代揭开序幕的同时而兴起的。因此,对精神史的考察也必须要以此为原点和基点来把它抓住、看准。这样,在围绕这个基准点反复展开尽可能多的实证调查和归纳演绎的过程中,也能观察到贯穿这个基点的纵横两条轴线。甲午战败之后,列强在中国掀起了瓜分"势力范围"的狂潮,受此震惊,在国内,有国人呼吁民族救亡和维新变法;在外面,日本乘机灌输、拉拢的战法奏效,启发了国人"东洋对西洋"的意识,"黄白竞争""黄种崛起""东亚连带论"甚嚣尘上。这样一种从19世纪末到20世纪初叶的中国以及东亚的时空条件,成了发挥正面作用的横的轴线。因此志士们大举到"同文同种"的邻国去寻求维新的范本。然而从留学生活的维度看,等待着他们的,还有一条经常发挥负面作用的轴线。这就是,汉唐以来的文化宗主国对附属国,鸦片战争后半殖民地化的老大帝国对因明治维新成长起来的新兴帝国,进而是甲午战争之后的被害国与加害国,在时间纵轴上的古今恩仇与位置关系的变迁。我把这种横向、纵向的正负交错作用视为留日精神史的整个磁场。如果能正确地把握这种磁场,那么迄今看起来已经死去的矿脉竟超乎想象地从种种资料的字里行间及其背面显现了出来,从先辈们的对日观到留学动机到留日生活的诸种层面,无不呈现出复杂多歧的样相,其时其地不得不上演二律背反的精神剧的原理、原因也清晰起来,而能够使这一切流到纸面上时的那种喜悦也是难以言喻的。

  也是论证的自然推移。本书在对另一方的日本"老师"方面的应对,特别是有别于直接的国策行为的,笔者称作摩擦、冲突的构造进行了反复的剖析,是基于以下的缘由。笔者不论是从实藤惠秀氏的著作和老留学生们的交友记录,还是自己留学时代的体验中,都不止一次地接触到"为什么中国的留日学生中盛产抗日家"这样一个堪称经典式的问题。在我看来,就是再度把那些国策因素搁置一边,也只能说这是一个不得要领的问题。当我看到越是善良的人们越是这样问并真的困惑不解时,我也一再地感到焦灼。从那以来,我的内心就萌生了一个愿望,为了能够达到两国国民层面的真正的相互理解,为了"子子孙孙世代友好"不再是寒暄的套话,假如通过自己的考察,能够对弄清楚这个问题多少提供一些启示,也就"吾愿足矣"。这暗中许下的愿望,就是本书另一个隐含的主题——谨以这最后一句表白结束此文。

对于把我引上这条治学之路,并且十余年来,给了我难以数计的学问的营养和激励的佐伯彰一、芳贺彻、平川祐弘、小堀桂一郎以及东京大学驹场校区的其他比较文学专业诸先生学长们,我愿把这本书作为首次提交的作业奉献给他们。对在本书出版之际给予鼎力支持的岩波书店以及编辑部的高村幸治和马场公彦两位先生表示衷心感谢。

为资助我撰写博士学位论文,从1988年10月起日本国际交流基金提供了特别研究员奖金,在此也要特意记一笔,以示深切的谢意。

最后,包括这篇让我心底拘执和肩头发紧的感觉仍未消尽的后记在内,多年来的工作的志向尚未遂愿,许多头绪还没有理清,我今后仍愿意继续保持这种紧张感,努力下去。我的这份心情若能得到读者诸贤的理解,那将不胜幸运。

严安生
1991年11月4日

译后记

"夜行性肉食动物"的恐惧、贪婪与警觉
——清末留日学生精神史的考察

中国人留学日本的历史始于甲午战后,而1898年6月,张之洞所著的被誉为"留学日本的宣言书"的《劝学篇》的广为刊布,则起到了推波助澜的作用。张之洞以路近、费省、同文同种之便,加之日本明治维新有成,力倡日本留学。受到甲午战败、日俄战争中日本取胜和1905年清廷废除科举制的刺激,抱着建设近代国家使命的爱国青年和官僚苗子纷纷激起了赴日留学的热望。至于日本,则以"亲善提携""保全东亚"为名,实欲培养中国的亲日势力,而积极推进中国学生留日事宜。这些留日学生日后对中国历史进程的推动做出了难以估量的贡献,对中国近代的政治、教育、学术和思想等领域均有深远的影响。

实藤惠秀的《中国人留学日本史》(1960年初版)一书详述了1896年至1937年间留日运动的缘起和演变、留日学生就读学校的种类和课程设置、留日学界的种种政治组织和活动,以及留日学生对中国近代诸领域的贡献和影响。虽然距离初版已过去半个多世纪,就资料之丰富、论述范围之广、所涉年代之完

整而言，它依然是最重要的中国人留学日本史著。作者作为一个在战时枵腹从公的文人，在战后深有反省和忏悔，意识和立场的衍变也在书中有充分体现。黄福庆的《清末留日学生》（台湾，1975）一书则把视域限定在清末，详细阐明清廷与日本政治形势变化之下学生在日本的一切活动，着眼于晚清留学中的事件、变化和特殊的物事。就断代留学史而言，它取材广博，论述扎实深入，乃继实藤的拓荒工作之后最为重要的专题研究成果。此外亦有舒新城的《近代中国留学史》（1933）、陈青之的《中国教育史》（1936）等。

与上述向来的史实记述有所不同，而又以它们构成可能性的条件，严安生（以下称"严师"）所著《灵台无计逃神矢——近代中国人留日精神史》（以下简称《精神史》。1991年出版日文版时书名为《日本留学精神史——近代中国知识分子的轨迹》）一书前四章以事件为主轴，纵向探讨留学生与时代进行激烈交锋、对诸种事件采取行动的驱动力，到底在哪里；后两章则从衣食住行的横切面反复咀嚼中日文化摩擦给留学生造成的心理冲击，全书通过比较不同的案例，来追溯和反思清末留日学生的精神史。一般而言，"精神史"所处理的对象往往是文化精英，作者在充分重视对后世知识和文化走向有重大影响的留日精英之外，观照的对象亦扩及普通留日群体中的绝大多数，层层剥离留学生未经组织化、规范化的生活意识和精神态度，让"精神"这一抽象的历史现象以可见可触的方式回到历史本身。那么这种研究所开启的可能性会有哪些呢？

译后记

"中国留学生像夜行性肉食动物一样蹑手蹑脚"

《精神史》1991年在日本的岩波书店出版,翌年即获得大佛次郎奖。当年该奖的选考委员、著名作家安部公房(1924—1993)曾经在"满洲国"度过了自己的少年期,对殖民地生活有相当程度的了解。《精神史》一定是让他看得心惊胆战而又充满羞愧,才把中国留日学生比喻成"蹑手蹑脚的夜行性肉食动物"的。何以是"肉食"的?因为更凶猛、更贪婪。何以是"夜行"的?那是一种避敌行为,源自对生存环境的恐惧,也是相区别于昼行性动物的根本点;并且相较于后者,夜行性动物还具有灵敏的感官和高度的警觉性。留日从肇兴到风气日盛,无不源于朝野共同选择"忍辱求学于仇敌之国",希图以曾经的弟子为师,改造自身。虽然发现留日学生中出现了以推翻清王朝为目标的革命势力,清廷也没有听从永远终止留学的意见,而是制定出了更为切实的方针继续鼓励留学。当时的日本社会,从政府高官、军人到民间,从课堂外到课堂内,从老人到孩童,从白丁阶层到知识精英,无不表现出对留日中国学生的歧视。从1930年代初就开始对留日学生展开研究的实藤惠秀后来承认,尽管他那时候对中国社会和中国人都有一定的接触,但对华意识与普通日人无异,"完全成了军部的一个吹鼓手"(《中国人留学日本史·后记》)。曾经在留欧时尝过歧视滋味的夏目漱石也礼赞清末留学生的辫子——连这样的"国民大作家"都表现出了与自己的学识身份不相符的历史的、文化的失察,更何况普通日本人?日本人很难意识到普遍的歧视所造成的难以修复的巨大影响,而作为"夜行性肉食动物"的留学生则异常敏感与警

373

觉，比如在日本发生的事件是直接针对某个具体的清国留学生的，但是留学生却认为是在践踏全体中国人的尊严，往往群起而攻之。尽管有少数因忍受不了日人的歧视愤而归国，更多的人则带着屈辱感如饥似渴地汲取知识。那种情形即如鲁迅所云，"凡留学生一到日本，急于寻求的大抵是新知识。除学习日文，准备进专门的学校之外，就赴会馆，跑书店，往集会，听讲演"，接着就是改正朔、弃发辫、变衣冠。他们越是受挫，自尊心越强；越是更深入地接触日本社会，反日的民族主义思想就越烈。这就是日本原冀通过留学为日后侵华活动培养里应外合的亲日分子，却不意出现如此众多的反日精英的最为重要的原因。

　　如果说安部公房等知识精英因为读出了日本人那超乎想象的丑陋和傲慢而羞愧的话，我则以为《精神史》其实并不仅仅意在凸显留学生的悲情，毋宁说，它包含着作者对留学生这一群体更多的反思和批判。留日学生无视两国饮食差别，每每在食堂闹事，更有赌博、买春、吸食鸦片者，特别是那些搭乘留学快车而来的腐败官员、伪善士绅以及纨绔子弟构成的渔色组，完全荒弃学业，相率堕落者不可胜数，加剧了留学生中腐败空气的弥散。以这种种贪婪与上述百折不回地汲取新知的留学生群体的"贪婪"形成对照，作者毫不留情地揭示出了留日群体的种种丑态。

　　严师留学的时代和环境，与清末已大不同。1980年代，改革开放之初的中国到处弥漫热气蒸腾的氛围。严师带着无比强劲的复苏的生命力去日本留学，时值中日关系的蜜月期，那时的日本知识人对中国留学生友善关照中也夹杂着赎罪意识。严师没有感受到歧视，却从中日两国的巨大差距中生出自省和不甘，进而默默地、孜孜不倦地汲取新知。他描述自己十多年的

译后记

状态说:"孩子们是看着我的背影长大的。每当他们半夜醒来,都只能看到坐在书桌前的我的背影。"严师也是以这种状态最终成就了这部让中日读书界都反躬自省的著作的。从敏感、警觉和对新知的贪婪的角度讲,严师又何尝不位列"夜行性肉食动物"系谱之中?

留日学生"日常生活"批判

把大阪世界博览会上的"人类馆"事件、靖国神社内的"游就馆"体验、日俄战争现场的冲击、悬挂国旗事件、在留学生教育最前线的教室里遭到老师嘲笑等相当屈辱的经历,作为留日精神史的研究对象,应该是严师有意识的选择,它挑战了向来研究轻视感性、贬低日常生活的研究传统。严师把看似琐碎的、重复性的日常生活拿来研究,显然是发现了其中超乎寻常的活力与创造能量,以及当事人沉沦其中却浑然不觉的无意识对人的伤害,而这种种脱离标准范式的现象或许更能表现出群体的文化特征,比如闭锁的乡党意识,比如沉溺于无谓的交际而无力自拔的种种普遍的留学生活模式。

因为生活习惯的差异而滋生摩擦,来自日本社会的歧视和对日本社会、日本文化的误解与蔑视,都加强了国人之间的连带感,形成了一个一个的留学生小圈子,"同仇敌忾"的心理反过来又造成自身惯习的不断重演,这又进一步加剧了与日本社会的隔绝。在这种情况下,认为学习日语的必要性不大也成为留学生的普遍意识。书中列举的黄尊三、石陶钧和宋教仁等人的日记、回忆录里均难寻觅到与日本人交往的踪迹,记述的往往是疲于乡人之间的应酬。鲁迅在《致蒋抑卮》的信中坦陈自己是赴日两年后到了仙台才开始"深入彼学生社会间"的，他无疑是意识到了闭锁的危害性而刻意与留学生圈子保持疏离的；愤怒投海的陈天华到了日本很久也说不出一句完整的日语，他的直接死因固然是日本媒体的扭曲报道，称1905年清国留学生取缔事件乃留学生"放纵恣劣"所致，但是包括陈天华在内的留学生的愤怒，在一定程度上也源自他们对"取缔"一词的误解。"取缔"在日语中是管理、管束、管制等意，与中文里的意思差异很大。自我设置诸多壁垒，不愿意去了解日本的语言、社会和文化，严师认为支撑这种生态持续下去的强大惰性，就是中国士人身上的乡党意识。而在表面强大的连带感背后，歧视留学生事件一发生，就有留学生喊着要罢课、要归国，接着就有反对派，于是留日学界不断上演上课与罢课、返国与不返国两派之间的倾轧斗争。当然，满汉相克的情形也始终存在。

而以杨昌济、鲁迅等为代表的勤学组中的"好学深思组"虽则成天泡在教室里，但又不被束缚在课堂上死抠课本。他们带着"卧薪尝胆之遗风"广泛寻求并传播知识，学了日文不久就急于译介、办报，致力于"民智启蒙"和"文明输入"。这一留日群体最大的快乐，就是"书籍寻猎"。许寿裳描述，鲁迅极少出门旅行和游览，这种事在东京的七年间仅有两次，但却遍览了书店。勤学组中的"厕身庄岳组"对知识的渴求程度不亚于上述群体，但大多以"要成为有第二个夫人或者第三个夫人的人"为目标，如果从反清革命和革命后对日交涉的角度来看，这些人大多没能成为推动历史前进的动力。

作者对留学生日常生活的描述少有批判，但这种对照性的春秋笔法则表明他并非止于情绪的抒发，而是将日常生活对留学生精神文化的控制纳入历史的脉络，从学理上考察日常生活与历史进程之间的互动。至于哪种日常生活值得推许，如何从沉沦的日常生活无意识中逃脱出来，作者在叙述中提示了最好的方式。

海浪的节奏

《精神史》回溯汉代刘熙的《释名》对"海"的描述："海，晦也，其色黑而晦也。"对于古老的大陆文明来说，海一向神秘幽晦，历代王朝在国家经营的层面从来不具有挑战海洋的格局和意识，明代倭寇来犯，除了施行海禁以外也是一筹莫展。到了古老的中国被抛入"海禁大开"的时代，福建水师在1884年的中法战争中全军覆没，甲午之役中北洋舰队葬身鱼腹，偌大的中华成了无海军的国家。时人不由得感慨"神州无限伤心事，总觉重洋是祸根"。《精神史》从"大海"这一视点出发来谈其对国人精神的影响，并且基本以时人所作的古体诗为分析对象，梳理了蹈海而死的留学生诗作中对海的憎恨、畏惧与挑战，还厘清了赴日留学生面对海洋所呈现出的期待与兴奋的精神谱系。使用"以诗证史"的方式，如果学养不深，很难达到研究的目的。作者用"掉头东"的意象把"济世穷"的求道之旅上的从梁启超到周恩来的留日者的气概与志向连在了一起；通过比较留洋之际的秋瑾和森鸥外诗作中的大海形象，作者点出了迟日本一步被海洋时代催醒的中国海洋意识先觉者阶层的兴奋与焦虑。第一代与第二代留学生对大海由恐惧到喜爱的态度转变，也被作者敏锐地捕捉到了。

如果说作者引入"大海"这一观察视角比较独特，那么再加上他通过对故事的多重叙述，使叙事不断回旋，以衍生的多条枝蔓形式补充和颠覆正史。这种叙事就如层层叠加又消散开来的海浪，因此可称之为有"海浪的节奏"。比如关于推进赴日留学事宜上清廷矛盾的态度和反复的过程，作者就描述得相当清晰，清廷为建设近代国家的苦心孤诣得到了相当程度的体现，改变了清廷向来与留学生处处为敌的"反革命"形象。关于日本政府因 1905 年颁布《取缔规则》引发的留学生罢课事件，作者也并没有停留在陈天华蹈海自杀的悲情上，而是关联到很多历史背景，比如留日学生骤增、日本教育制度混乱、以牟利为目的的日本"学店"林立、留日学生无人管束等，为整顿学校、管理留学生起见才有《取缔规则》的颁布，其间还伴随着日本政府针对清廷和留学生的两面派伎俩，留日学界对规则的理解和误读，为此而不断分化、对立和斗争等，各个层面都剥离得很清楚。在梳理留学生派遣史的过程中，书中穿插的种种派遣乱象，也弥补了正史的不足。比如河南武备学堂的校长将 120 名学生按照反抗自己由强到弱的顺序排列，授予靠前的 50 人官费，将其打发到日本留学，这种"惩罚"恰好是志向远大的学生求之不得的。同样的趣事甚至发生在张之洞身上：他对参加集会的武汉武备学堂的学生加以区分，虽然同是留学，但过激派远去欧洲，稳健派则前往日本。再比如，"捐官留学"（向政府捐金成为官吏后获得士官留学资格）本是清廷体制腐败的表征，但利用这样的体制漏洞，革命党人开始策划实施将同志送入日本的士官学校，继而打入清廷新军内部，成为清廷掘墓人的计划。当然，这只是其中几例，这种叙事风格其实是贯穿始终的。严师挖掘出片断的历史记录，将立场各异、利害有别的各种相

译后记

关史事加以联络贯通，以求史事的生成推衍及内在关联，故能呈现出留日学界复杂多歧的样相，揭示出二律背反的精神剧的原理，清晰地阐明中国人"轻日""师日""仇日""知日"的过程和渊源。

大佛次郎奖是日本非小说文艺类作品的最高奖，严师的大作获奖是它首次授予非日本境内的外国学者，授奖的一个理由是，该书阐述了中国留学生与日本人接触的方式等问题，触发了日本人对自身制度与文化的反思。评委有马朗人赞道："（它）于近日仍极有参考价值，是我们日本人的反思教材"；安部公房则说："看了严氏之书才明白，我们日本人的丑陋和傲慢，远远超过了我们自己的想象。"作为中国人，深植于严师心中的忧国意识又促使作者不断反复思考"中国为什么落后"这一命题，这既回应了世纪的焦虑，对于当今的中国社会也仍具有现实意义。我在翻译完成之后，仍能深切地感受到当年严师身上那沉重的十字架，那负荷源自晚清留日学生因小脚、辫子、衣着而导致的精神上的疾患、创伤、源自历史性的屈辱所赋予他的内在动力，这也就是他不惜牺牲自己与研究对象的距离，打破这一研究禁忌，将自己与当时的留学生融为一体的原因吧！

该书日文版已再版5次，并于2005年被译成韩文，由韩国一潮阁出版社出版。遗憾的是，这部追问中国人自身的历史和自我认知问题的著作，这部唯一研究留日学生精神史的著作，至今却无中译本。事实上，当我们面对繁复难辨的中日关系时，当更多的中国学生赴日留学时，它仍然不过时，我们仍然需要它。我在不揣浅陋试图弥补这一遗憾的同时，又不揣浅陋地与读者诸君分享自己的心得，若未能充分理解和阐释清楚，纯粹是因为肤浅的学术功底所致。至于作者，作为学者，严师的功绩在于：凭借第一手资料的扎实的实证研究，把中国的日本研究水准从单纯的日本概论、日本地域理解的层面提升到了"人文学"的水准。而作为一名教育者，他也已积累了逾五十年的教育经验，培养了众多的日本学研究者、中国各大学的日语教师、政府机关的对日交流工作者。为了表彰他促进中日友好事业的显著功绩，日本政府于 2015 年 6 月授予他"旭日中绶章"。事实上，严师八十载光阴的经历本身就书写了一部与日本在精神上交错咬合的历史。

严安生其人
——另一部中国留日学生精神史

1937 年 7 月 7 日，"卢沟桥事变"爆发。在日本推进全面侵华战争的 1937 年 11 月某日，战火暂歇，一个婴儿诞生，父母欣喜间为之取名"安生"，内中包含的对和平的祈愿如此朴实和切肤，这是那个长大后曾在很长一段时间内嫌恶自己名字俗气的严安生很难体会的。1956 年 8 月他被保送进入北京外交学院，本来分到了英语班的严安生在 8 月 30 日那天下午跟随同学去了苏联展览馆（今北京展览馆）看电影，学校突然召集英语班同学开会，要从他们中间分出一个日语班，让愿意学习日语的报名。那时候，大家都很清楚未来将是英语的天下，且日本侵华战争已成为集体记忆，自然无一人报名。于是学校决定把那些去看电影没到场的同学分到了日语班。从此，这个从出生就与中日之间相互缠绕的命运相羁绊的青年就走上了一条与日本结缘的不归路。

译后记

在1957年,他被定为"内控右派",这顶隐形的帽子断送了他的政治生命,也让他失去了恋爱的机会。带着这种完全被强加的"原罪",他勤勉于学,以优异的成绩毕业。留校任教后,他怀着"忠诚党的教育事业"的信念,全力以赴地备课,课后则一本接着一本地阅读松本清张、司马辽太郎等人的小说,以"不红而专"的方式度过了大多数同时代中国人荒废了学业的年代。我一直有个疑问:作为一个成长时期始终生活在政治气息浓厚的中国的人,为什么严师的日语著作要多于中文著作?当他提起笔想要表达的时候(除去博士论文之外),首先想到的为什么是日语而不是母语汉语?是他从大学时代起长时间的阅读习惯养成的日语思维所致?

据悉在他1979年成为改革开放之后第一批国家公派留学生时,因抱着对自己在封闭的环境里所学的日文的怀疑——殊不知那条大量阅读日语文学作品的道路是学习语言的正途——他想攻读日本语言学,学习纯正的日语,后来却阴差阳错地进入了东京大学比较文学比较文化研究室。在接下来的那几年间,他度过了在本书的后记里动情地写下的到处听课、贪婪汲取知识的光阴。归国后的大多数日子里,除了教学,他每天带着方便面,坐着摇晃的公交车,奔向并一头扎进图书馆,勉力搜集以"日本""东洋""留学生"等为关键词的文献资料。1988年10月,他二度赴日留学,凭着对知识的"贪得无厌",他攻下了博士学位,并且有了这部以博士论文为蓝本的大著。继1992年获得大佛次郎奖之后,1993年本书又获得日本的"亚洲太平洋奖"。日本知识界的重量级作家、学者如安部公房、有马朗人、萩原延寿、多田道太郎、鹤见俊辅、安藤彦太郎、芳贺彻、平川祐弘、北冈伸一等纷纷发表意见或书评,高度评价这部让日本人脸红的书。

有意思的是，这样一位对中国近现代文学和中日比较文学有着独到见解的学者，一位做出了杰出贡献的教育者，一位日本从政府到学界都颇为瞩目的中国人，除了少数深谙日语、从事中日比较文学的大前辈外，中文学界（除了日语教学界）对他几乎完全陌生。而且据严师讲，在准备第二部著作的过程中，他宁愿因完不成单位年度考核任务而多次被扣工资，也不愿意放弃日语写作思路而迁就自己不满意的学术成果评估考核制度。当然，说一句戏言，他不被中文学界所知，也应"归咎"于他的日语写作，由严师"引咎责躬"。

同样奇妙的是，一个有着独特的日文文体——我想那是以汉语思维为根基，深得日语欲言又止、以心传心的秘笈，兼糅含蓄婉曲与洒脱利落于一体的风格——平日里说话诙谐生动的"中国的司马辽太郎"（芳贺彻语），竟然畏惧由自己来翻译自己的著作，而在选择译者的问题上，他又犹豫不决。这一犹豫，就是二十多年。2014年夏，在董炳月师兄的举荐下，我幸运地成了严师此书的译者。

这两年间，我为翻译此书花了很大的心力。这么说，不是为了表功，而是因为我要补的课太多。首先要补晚清史这门课。严师讨论的时间范围是清末，我对这段历史很是陌生，所以边翻译边阅读了大量的清末报刊如《清议报》《浙江潮》《江苏》等、各类晚清游学日本札记、清末政府公文、民国及1949年后晚清人回忆录。文献之浩瀚，常常让我有望洋兴叹之感。其次是我的日语功力薄弱，所以要补日语这门课。学习一门语言，本来就是一条望不到头的漫漫长路，而严著独特的文体，又是严师本人及赵京华、董炳月等诸多大前辈反复叮嘱要注意的翻

译后记

译要点,我的压力因此越发地大了。在这两年间,每每碰到在 2015 年 6 月因为严师获得"旭日中绶章"而为他举行晚宴的那一群学界大前辈王中忱师、赵京华师、董炳月师兄、王志松老师、秦刚老师等,我都不由自主地会为严著的翻译之事而忐忑不安。回首这两年的翻译路,真有战战兢兢、临深履薄之感啊。

所幸的是,在翻译过程中,我一直得到了大家的帮助。赵京华师不仅提供了《浙江潮》等文献,还主动把他的访问学者、日本佛教大学的濑边启子老师介绍给我,我译完一章即发给濑边老师校对。她在结束北京的一年访学之旅回京都之后,仍然被我叨扰。在翻译过程中遇到难题时,我还不断地向好友陈朝辉、盖晓星请教。全书译完之后我的同道好友刘晓丽帮我通读理顺了全部中文表达。2016 年 4 月严师动手术之后,花了 4 个月的时间仔细审看了全部译稿。责编叶彤先生也特别提醒我译文中存在的因受原文的束缚而出现的中文表达日文化的问题。为此我感谢提携、提醒、扶持和宽容我的上述诸位师友,感谢为我和严师的相聚留下珍贵照片的好友葛东升,也感谢生活·读书·新知三联书店选中了这本书。

感谢严师在选择译者问题上那二十多年的犹豫。他这一犹豫,让他在无意间等待一个无知的文学少女在磕磕绊绊中成长为一个对生活有了痛感,对这个社会极度恐惧又极度热爱,也有了短暂的留学经历,有了一定写作和翻译经验而不是拿他的大著来练手的中年女性之后,再与他相遇。一相遇即投缘,回想起来,我和严师每次通电话都不少于半个小时,与他在咖啡馆里一动不动地坐上六七个小时,却感觉只如一瞬间。除了他的这部书,我们还有很多共同的话题:沦陷区、博览会、日本、北京、我们共同的家乡江苏,他还会因为我翻译中出现的问题而给我讲授日语语法。严师之通达、透亮、幽默、慈爱，实在令人着迷，他对于"俗"与"恶"之嫌恶的生活态度让我心生共鸣，他甘居边缘的姿态也是我所认同的。总之，我这个苏北侉女丝毫感觉不到与这个苏南才子之间有什么鸿沟。

几千字的短文实难全面描述严师的精神史，我只是想点出他的写作特征，勾勒他与日本的关联，以期引起中国读者阅读他的兴趣。自然，我自己今后仍会不断地阅读他。

陈言

2017年6月18日谨记于知止斋